T0178781

Después de la muerte

Después de la muerte

Un acercamiento médico a
las experiencias cercanas
a la muerte, la vida y el más allá

Bruce Greyson

Traducción de María Serrano

VERGARA

Papel certificado por el Forest Stewardship Council®

Título original: *After, a Skeptical Scientist's Journey to Understand Life, Death and Beyond*

Primera edición: mayo de 2021

© 2021, Bruce Greyson, M. D.
Publicado originalmente en Estados Unidos por St. Martin's Essentials,
un sello de St. Martin's Publishing Group
© 2021, Penguin Random House Grupo Editorial, S. A. U.
Travessera de Gràcia, 47-49. 08021 Barcelona
© 2021, María Serrano Giménez, por la traducción

Printed in Spain – Impreso en España

ISBN: 978-84-18045-57-8
Depósito legal: B-4.749-2021

Compuesto en Llibresimes

Impreso en Romanyà Valls, S. A.
Capellades (Barcelona)

VE 4 5 5 7 8

*Para todas aquellas personas que se han
enfrentado a la muerte y que con tanta
generosidad han compartido conmigo sus
experiencias más personales y profundas*

Índice

Introducción

Un viaje a un territorio inexplorado

Hace cincuenta años, una mujer que acababa de intentar suicidarse me contó algo que me hizo cuestionarme todo aquello que creía saber sobre la mente y el cerebro y sobre quiénes somos realmente. Yo estaba a punto de meterme en la boca un tenedor lleno de espaguetis cuando me sonó el busca que llevaba enganchado al cinturón y el cubierto se me cayó de la mano. Estaba concentrado leyendo un manual de urgencias psiquiátricas que había sujetado entre la bandeja y el servilletero, y el inesperado pitido me sobresaltó. El tenedor cayó al plato y provocó un salpicón de salsa de tomate que manchó la página que tenía abierta. Cuando bajé la cabeza para apagar el busca vi que también me había manchado la corbata. Renegando entre dientes, la limpié frotándola con una servilleta húmeda: la mancha adquirió un tono más desvaído, pero a cambio se hizo más grande. Había terminado mis estudios de Medicina pocos meses antes e intentaba desesperadamente parecer más profesional de lo que en verdad me sentía.

Me acerqué hasta el teléfono que había en la pared de la cafetería y marqué el número que aparecía en la pantalla del busca. Había llegado a urgencias una paciente con una sobredosis y su compañera de habitación estaba esperando para hablar conmigo.

No quería perder tiempo cruzando todo el aparcamiento para ir a cambiarme de ropa a la sala de guardias, así que cogí la bata blanca de laboratorio que tenía colgada en el respaldo de la silla, me la abroché hasta arriba para esconder la mancha de la corbata y bajé a urgencias.

Lo primero que hice fue leer las notas de ingreso de la enfermera. Holly era una estudiante universitaria de primer año, su compañera la había llevado al hospital y me estaba esperando en la sala al final del pasillo. Las notas de la enfermera y del médico residente indicaban que Holly estaba estable, pero no consciente, y la habían llevado a la Sala de Examen 4, donde descansaba bajo la atenta mirada de un «cuidador», como marcaba el protocolo establecido para todos los pacientes de urgencias psiquiátricas. La encontré tumbada en una camilla, con un camisón de hospital, una vía en el brazo y los cables del monitor cardíaco tendidos desde su pecho hasta una máquina portátil colocada junto a la camilla. Su cabello pelirrojo se desparramaba despeinado sobre la almohada, enmarcando un rostro pálido y anguloso con una nariz fina y unos labios delgados. Tenía los ojos cerrados y no se movió cuando entré en la habitación. Bajo la camilla, en un estante, había una bolsa de plástico con su ropa.

Posé suavemente la mano sobre su antebrazo y la llamé: «Holly». No reaccionó. Me volví hacia el cuidador, un hombre mayor afroamericano que leía una revista en un rincón de la sala, y le pregunté si Holly había abierto los ojos o había hablado en algún momento. Hizo un gesto de negación con la cabeza. «Ha estado inconsciente todo el rato», dijo.

Me incliné hacia Holly, acercándome más a ella para examinarla. Su respiración era lenta pero regular; olía a alcohol. Di por hecho que se trataba de una sobredosis causada por algún medicamento. En su muñeca, su pulso latía a un ritmo normal, pero cada pocos segundos faltaba un latido. Le moví los brazos para comprobar si estaban rígidos, con el fin de obtener alguna pista sobre el tipo de drogas que había tomado. Tenía los brazos sueltos y relajados, y no se despertó cuando se los moví.

Le di las gracias al cuidador y me dirigí a la sala de espera, al final del pasillo. A diferencia de las salas de examen, la sala de espera tenía sillas cómodas y un sofá. Había también una urna de café y vasos de papel, azúcar y leche en una mesita auxiliar. Cuando entré, la compañera de habitación de Holly, llamada Susan, caminaba de un lado a otro. Era una chica alta de constitución atlética y tenía el cabello castaño recogido en una tirante cola de caballo. Me presenté y la invité a sentarse. Recorrió la habitación con la mirada y se sentó en un extremo del sofá, jugueteando con un anillo que llevaba en el dedo índice. Aproximé una silla. La habitación no tenía ventanas ni aire acondicionado y, con el calor del final del verano de Virginia, yo había empezado a sudar. Acerqué el ventilador de pie un poco hacia nosotros y me desabotoné la bata blanca.

—Has hecho bien trayendo a Holly a urgencias, Susan —empecé—. ¿Puedes contarme lo que ha pasado esta noche?

—Llegué a casa después de una clase que tenía a última hora de la tarde —dijo—, y encontré a Holly inconsciente en su cama. Traté de despertarla, pero no lo conseguí. Así que avisé a la supervisora de la residencia y ella llamó a la ambulancia para que la trajeran aquí. Yo los seguí en mi coche.

Dando aún por hecho que Holly había tomado una sobredosis de algún medicamento, le pregunté:

—¿Sabes qué ha tomado?

Susan negó con la cabeza.

—No vi ningún frasco de pastillas —dijo—, pero tampoco lo busqué.

—¿Sabes si toma alguna medicación habitualmente?

—Sí, toma un antidepresivo que le han recetado en el servicio de salud para estudiantes.

—¿Hay algún otro medicamento en la residencia que pueda haber tomado?

—Yo tengo unas pastillas para la epilepsia guardadas en el armarito del baño, pero creo que no se ha tomado ninguna.

—¿Bebe con regularidad o toma otras drogas?

Susan volvió a negar con la cabeza.

—No que yo sepa.

—¿Tiene algún otro problema médico?

—No lo creo, pero la verdad es que no la conozco demasiado bien. No nos conocíamos antes de llegar a la residencia, hace un mes.

—¿Pero la estaban viendo en el servicio de salud por una depresión? ¿Te parece que últimamente estaba más deprimida o tenía más ansiedad? ¿Actuaba de forma extraña?

Susan se encogió de hombros.

—No somos tan íntimas. No he notado nada raro.

—Entiendo. ¿Por casualidad sabes de algo concreto que la haya estresado últimamente?

—Por lo que yo sé, le ha ido bien en clase. Es decir, a todos nos cuesta un poco adaptarnos a la universidad, estar lejos de casa por primera vez. —Susan vaciló y luego añadió—: Pero tenía problemas con un chico con el que estaba saliendo. —Hizo otra pausa—. Creo que puede que estuviera presionándola para que hiciera cosas.

—¿Presionándola para hacer cosas?

Susan se encogió de hombros.

—No sé. Esa es la sensación que tengo.

Esperé a que siguiera, pero no lo hizo.

—Susan, has sido de mucha ayuda —le dije—. ¿Hay alguna cosa más que creas que tenemos que saber?

Susan se encogió de hombros otra vez. Volví a esperar que dijera algo, pero no lo hizo. Me pareció detectar un ligero estremecimiento.

—¿Tú cómo llevas todo esto? —Le pregunté, tocándola levemente en el brazo.

—Estoy bien —dijo, demasiado rápido—. Pero debo volver a la residencia. Tengo que escribir un trabajo.

Asentí.

—Bueno, gracias por traer a Holly y por esperar para hablar conmigo. Vete y ponte con ese trabajo. Si quieres, mañana puedes venir a ver cómo está. Y si se nos ocurre algo más, te llamaremos.

Susan asintió, se levantó, la acompañé a la puerta. Al alargar la mano para estrechar la suya, vi de refilón mi corbata manchada y me aboné otra vez la bata hasta arriba para que el personal de urgencias no se diera cuenta.

Volví a la habitación de Holly para ver si ya se había despertado. Seguía inconsciente y el cuidador me confirmó que no se había movido desde que yo me había ido. No había mucho más que pudiera hacer aquella noche. Hablé con el médico residente que estaba a cargo de Holly y me dijo que la iba a ingresar en la unidad de cuidados intensivos para controlar su ritmo cardíaco, que era irregular. Después llamé al psiquiatra del hospital, que era mi supervisor aquella noche. Estuvo de acuerdo conmigo en que no podía hacer mucho más, pero me dijo que me asegurara de dejarlo todo bien documentado y que, a primera hora de la mañana, volviera a ver cómo estaba Holly y a hablar con ella. Tendría que explicar su caso a los psiquiatras del equipo de consultas en la sesión clínica de las ocho. Mientras cruzaba el aparcamiento camino de la sala de guardias, me alegré de no haber hecho el ridículo y de haber tenido la suerte de que la paciente hubiera ingresado en la UCI, así el responsable de las notas de ingreso y de las prescripciones sería el médico residente que estaba de guardia aquella noche y no yo.

A la mañana siguiente, llegué a la unidad de cuidados intensivos temprano, descansado tras una noche de sueño reparador y con ropa limpia, y busqué la ficha médica de Holly en el estante del puesto de enfermeras. Una de ellas estaba escribiendo en ella y me miró.

—¿Eres de psiquiatría? —preguntó.

Asentí y dije:

—Soy el doctor Greyson. —No era muy difícil identificarme como psiquiatra, era el único de toda la UCI que debajo de la bata llevaba ropa de calle, no pijama de enfermería.

—Holly está despierta, puedes hablar con ella, pero sigue

bastante somnolienta —me dijo—. Ha estado estable toda la noche excepto por algunas CVP (contracciones ventriculares prematuras).

Yo sabía que aquellos latidos irregulares podían no significar nada, pero también podían estar relacionados con las pastillas que hubiera tomado la noche anterior.

—Gracias —dije—. Hablaré un poco con ella ahora, pero el equipo de consultas llegará como en una hora, aproximadamente, para entrevistarla. ¿Crees que estará lo bastante estable como para transferirla hoy a la unidad de psiquiatría?

—Uy, sí —dijo la enfermera haciendo un gesto de exasperación—. La sala de espera de urgencias está llena de pacientes esperando una cama libre.

Fui a la habitación de Holly y golpeé con los nudillos en el umbral de la puerta abierta. Tenía un tubo en la nariz y una vía en el brazo, y los cables del monitor cardíaco estaban conectados a una pantalla encima de la cama. Cerré detrás de mí la cortina que rodeaba su cama y la llamé con voz suave. Abrió un ojo y asintió.

—Holly, soy el doctor Greyson —dije—. Del equipo de psiquiatría.

Cerró el ojo y volvió a asentir. Unos segundos después, murmuró en voz baja, arrastrando un poco las palabras:

—Sé quién eres. Te recuerdo de anoche.

Me quedé un momento en silencio, recordando nuestro encuentro de la noche anterior.

—Anoche, en urgencias, parecías dormida —le dije—. No creí que pudieras verme.

Con los ojos aún cerrados, murmuró en voz baja:

—En la habitación, no. Te vi hablando con Susan, sentados en el sofá.

Aquello me desconcertó. No podía habernos visto u oído hablando al otro lado del pasillo. Me pregunté si era posible que aquella no fuera su primera visita a urgencias, y si quizá había intuido que Susan y yo habríamos estado allí hablando.

—¿Te han dicho que hablé con Susan anoche? —insinué.

—No —me contestó, con más claridad—. Te vi.

Titubeé, sin saber muy bien qué hacer. Supuestamente debía ser yo quien llevara la conversación, tenía que reunir toda la información relativa a sus ideas de autolesionarse y sobre lo que estuviera pasando en su vida. Pero estaba confundido y no sabía cómo proceder. Me pregunté si estaría jugando conmigo, el residente nuevo, intentando ponerme nervioso. Si era así, lo estaba haciendo bien. Holly percibió mi vacilación y abrió ambos ojos, estableciendo por primera vez contacto visual.

—Llevabas una corbata a rayas que tenía una mancha roja —dijo con convicción.

Me incliné hacia delante, muy despacio, preguntándome si la había escuchado bien.

—¿Qué? —dije, casi incapaz de articular palabra.

—Llevabas una corbata a rayas con una mancha roja —repitió, mirándome a los ojos. Y continuó, replicando la conversación que habíamos tenido Susan y yo, todas mis preguntas, sus respuestas, los paseos de Susan por la sala, cuando cambié el ventilador de sitio, sin cometer ningún error.

Se me erizó el vello de la nuca y se me puso la piel de gallina. Era imposible que Holly supiera todo aquello. Se podía haber imaginado el tipo de cosas que yo iba a preguntarle a Susan, pero ¿cómo podía saber todos aquellos detalles? ¿Acaso esa mañana ya había hablado alguien con ella y le había explicado todo lo que yo había apuntado? Pero en aquella salita solo estábamos Susan y yo. ¿Cómo iba a saber nadie los detalles de lo que habíamos dicho y hecho? Y solo alguien que hubiera estado en la sala de espera podía haber visto la mancha en mi corbata. Era imposible que Holly supiera que yo había hablado con Susan, y mucho menos que conociera el contenido de nuestra conversación o supiera lo de la mancha de mi corbata. Pero lo sabía. Cada vez que intentaba centrarme en lo que me acababa de decir Holly, se me emborronaban los pensamientos. No podía negarme a aceptar que ella conocía los detalles de mi conversación con su compañera de habitación. Lo había escuchado con mis propios oídos; era real. Pero era incapaz de comprender cómo lo sabía. Me dije que debía tratarse de algún tipo de truco o que habría acertado por casualidad. Pero no conseguía averiguar cuál era el truco. Holly acababa de volver en sí tras la sobredosis. No había hablado con su compañera desde el día anterior. ¿Cómo podía saber los detalles de la conversación que habíamos mantenido Susan y yo? ¿Se habrían puesto de acuerdo ambas antes de la sobredosis y habrían planeado lo que iba a contarme Susan? Pero lo de que me cayera salsa de tomate en la corbata no podían haberlo planeado. Además, Susan estaba preocupada cuando hablamos en urgencias, y Holly aún estaba amodorrada y deprimida. Aquello no tenía pinta de ser un engaño.

No tenía respuesta para aquellas preguntas, pero tampoco tenía tiempo para pensar en ellas, ni categoría adecuada en la que archivarlas. Todo aquello ocurrió años antes de que nadie en el mundo de habla inglesa hubiera oído hablar del concepto «experiencia cercana a la muerte». Aquel incidente me dejó bloqueado porque no podía explicarlo. Lo único que pude hacer fue archivar aquellas preguntas en el fondo de mi mente.

La respiración errática de Holly, que indicaba que se había vuelto a dormir, me devolvió al presente. Mi desconcierto no podía ser el tema central del día. Mi trabajo era ayudar a Holly, ayudarla a resolver sus problemas y a encontrar razones para vivir. En aquel momento debía centrarme en averiguar todo lo que pudiera sobre los factores estresantes de su vida y evaluar sus pensamientos suicidas antes de que la visitara el equipo médico.

Le rocé el brazo con suavidad y la llamé de nuevo. Holly abrió un ojo e intenté seguir con las preguntas. «Holly, ¿puedes hablarme de la sobredosis de anoche, qué la provocó?» Conseguí recuperar la compostura suficiente como para averiguar que había tomado una sobredosis de Amitriptilina, que puede causar alteraciones peligrosas del ritmo cardíaco, y que ya había sufrido «algunas» sobredosis anteriormente en el instituto. Corroboró todo lo que me había dicho Susan y añadió algunos detalles más. Me contó que la presión social de la universidad la abrumaba y que sentía que no encajaba entre sus compañeros. Me dijo que quería dejar la facultad, volver a casa e ir a alguna universidad de su ciudad, pero que sus padres insistían en que esperara un poco más. Cuando pareció que se estaba quedando dormida otra vez, le di las gracias por hablar conmigo y le dije que el equipo de psiquiatría pasaría a verla como en una hora. Holly asintió y cerró los ojos.

Llamé a la clínica universitaria para avisar de que Holly estaba ingresada y solicitar su historial psiquiátrico. Después escribí una breve nota de ingreso, basada fundamentalmente en lo que me había contado Susan la noche anterior y en lo poco que había podido observar esa mañana sobre el estado de ánimo y el proceso mental de Holly. Pero la presentación que hice al equipo de psiquiatría en la sesión clínica no fue ni de lejos completa. Evité deliberadamente hablar de que ella aseguraba haberme visto y oído mientras estaba dormida en otra habitación, y decidí, en aquel mismo momento, ocultárselo a todos mis colegas, al menos hasta que pudiera dar con una explicación razonable. En el mejor de los casos, lo que pensarían es que se me iba un poco la cabeza y que mi comportamiento era poco profesional. En el peor, que había perdido completamente la cabeza y que me lo estaba imaginando todo.

Estaba claro, me dije, que era imposible que Holly hubiera visto u oído lo que ocurría en la sala de espera si estaba dormida en la otra punta de urgencias. Tenía que haber averiguado todo aquello de alguna otra forma. Lo que ocurría, simplemente, es que yo no era capaz de dilucidar cuál era. Ninguna de las enfermeras de la UCI sabía que había mantenido una conversación con Susan en la sala de espera, y el personal de urgencias que estaba de guardia la noche anterior tampoco conocía los detalles que me había contado Holly. Por desconcertante que me resultara aquel incidente, siendo un residente novato que intentaba aparentar que sabía lo que estaba haciendo, mi única opción era guardármelo para mí, y quizá volver a pensar sobre ello en algún otro momento en el futuro. Ni siquiera se lo conté a mi mujer, Jenny. Era demasiado extraño. Me hubiera dado vergüenza contárselo a cualquiera y decirle que me lo estaba tomando en serio. Y también sabía que contarlo haría que me resultara más difícil olvidarlo, y me vería obligado a lidiar con ello de alguna forma.

Creía que tenía que haber alguna causa física razonable que explicase por qué Holly sabía aquellas cosas y que tendría que encontrarla yo mismo. Y en caso de que no la hubiera…, bueno, pues solo había una alternativa: que la parte de Holly que pensaba, veía, oía y recordaba había salido de su cuerpo de algún modo y me había seguido por el pasillo hasta la sala de espera y, sin tener ojos ni oídos, había percibido mi conversación con Susan. Para mí aquello no tenía ningún sentido. No podía ni imaginarme lo que significaría salir de mi cuerpo. Para mí yo era mi cuerpo. Pero, en aquel momento de mi vida, no podía permitirme pensar en aquellas cosas. No estaba en condiciones de investigar aquel incidente: buscar a Susan para preguntarle si se había fijado en que tenía una mancha en la corbata y, de ser así, si se lo había comentado a alguien; localizar a las enfermeras del turno de urgencias de la noche anterior; buscar a quienes pudieran haber visto cómo se me caía el tenedor en la cafetería y que después hubieran podido hablar con Holly, por improbable que pareciera. Era imposible hacer todo eso. Y tampoco estaba en condiciones mentales de investigar el incidente. Solo quería que su recuerdo se desvaneciera.

He dedicado el último medio siglo a intentar comprender cómo es posible que Holly supiera lo de aquella mancha de espaguetis. Hasta aquel momento, ni mi experiencia ni mi formación científica me habían preparado para semejante asalto frontal a mi cosmovisión. Me había educado un padre pragmático y escéptico, para el que la vida era pura química, y yo había seguido su ejemplo labrándome una carrera como científico convencional. En calidad de psiquiatra e investigador académico, he publicado más de cien artículos en revistas médicas sometidas al proceso de revisión por pares. He tenido la suerte de formar parte del equipo docente de la facultad de Medicina de la Universidad de Michigan, donde dirigí el servicio de urgencias de psiquiatría; de la Universidad de Connecticut, donde fui director clínico de psiquiatría, y de la Universidad de Virginia, donde ocupé la Cátedra Chester F. Carlson de Psiquiatría y Ciencias neuroconductuales. Encontrarme en el lugar y en el momento adecuados me ha permitido obtener becas de investigación de instituciones públicas, de empresas farmacéuticas y de organizaciones privadas de investigación sin ánimo de lucro. He tenido el privilegio de formar parte de los tribunales de becas de los Institutos Nacionales de Salud, así como de los de planificación de los programas de sus talleres, y he intervenido en un simposio sobre la consciencia en las Naciones Unidas. He recibido varios premios por mis investigaciones médicas y he sido nombrado miembro distinguido y vitalicio de la Asociación Estadounidense de Psiquiatría.

En términos generales, he disfrutado de una carrera muy satisfactoria como psiquiatra académico, gracias, en gran medida, a unos mentores y colegas que merecen buena parte del crédito de mi éxito. Pero durante todos estos años, en mi cabeza han seguido resonando de forma persistente las preguntas sobre el cerebro y la mente que Holly despertó aquel día cuando me dijo que sabía que tenía una mancha en la corbata. Como toda persona escéptica, mi necesidad de investigar las pruebas al enfrentarme a sucesos como ese —sucesos aparentemente imposibles— me ha impedido cerrar los ojos y me ha embarcado en un viaje para estudiarlos científicamente.

Me nombraron director de urgencias psiquiátricas en la Universidad de Virginia en la misma época en la que Raymond Moody empezó su formación allí, en 1976. Cuando su libro, *Vida después de la vida*, el primero en lengua inglesa que utilizaba tanto el concepto de «experiencia cercana a la muerte» como el acrónimo

ECM, se convirtió por sorpresa en un éxito de ventas,[1] Raymond se vio sepultado de inmediato por un aluvión de cartas de lectores que habían vivido experiencias como aquellas. Como Raymond era becario y no tenía tiempo para contestar todas aquellas cartas, me pidió ayuda a mí, su supervisor académico en el servicio de urgencias, y fue entonces cuando descubrí con estupefacción que la experiencia de Holly, que en su momento me había dejado atónito, no era ni mucho menos única. Raymond había entrevistado a otros pacientes que aseguraban haber salido de su cuerpo y podido contemplar lo que estaba sucediendo en otro lugar mientras se encontraban en un estado próximo a la muerte.

Aquella revelación captó mi atención y me embarcó en un viaje que tenía por objeto analizar las ECM con un enfoque basado en el método científico. Si no hubiera conocido a Raymond o no hubiera leído su revolucionario libro, es probable que jamás me hubiera puesto a seguir el rastro de aquella mancha de espaguetis. Pero pronto descubrí que las ECM no eran un fenómeno nuevo. Encontré una plétora de relatos sobre experiencias cercanas a la muerte en fuentes griegas y romanas antiguas,[2] en las principales tradiciones religiosas,[3] en historias recogidas en el seno de poblaciones indígenas de todo el mundo[4] y en documentos médicos del siglo XIX y principios del XX.[5]

1. Raymond A. Moody, *Life After Life*, Covington (Georgia), Mockingbird Books, 1975. [Hay trad. cast.: *Vida después de la vida*, Barcelona, Círculo de Lectores, 2006.]
2. Jeno Platthy, *Near-Death Experiences in Antiquity*, Santa Claus (Indiana), Federación de Fundaciones Internacionales de Poesía de la UNESCO, 1992.
3. Farnaz Masumian, «World Religions and Near-Death Experiences», en *The Handbook of Near-Death Experiences*, Janice Miner Holden, Bruce Greyson, y Debbie James (eds.), Santa Barbara (California), Praeger/ABC-CLIO, 2009, págs. 159-183.
4. Allan Kellehear, «Census of Non-Western Near-Death Experiences to 2005: Observations and Critical Reflections», en *The Handbook of Near-Death Experiences*, *op. cit.*, págs. 135-158.
5. Terry Basford, *The Near-Death Experience: An Annotated Bibliography*, Nueva York, Garland, 1990.

Junto con colegas de otras universidades que también se habían encontrado con casos de ECM, cofundé la Asociación Internacional de Estudios Cercanos a la Muerte (IANDS, por sus siglas en inglés), organización destinada a promover y financiar la investigación de dichas experiencias. Durante más de veinticinco años, fui director de investigación en la IANDS y edité el *Journal of Near-Death Studies*, la única revista académica dedicada a la investigación de las ECM. Durante décadas he ido reuniendo una colección de más de mil testimonios de personas que han pasado por este tipo de experiencias y que han tenido la amabilidad de rellenar todos los cuestionarios que les he ido enviando, uno tras otro, algunos de ellos durante más de cuarenta años. He podido comparar los hallazgos procedentes de los relatos de estos «voluntarios» con las ECM de pacientes que habían sido hospitalizados por paradas cardíacas, ictus o intentos de suicidio, entre otras dolencias. En ese viaje, he descubierto que este tipo de experiencias presentan algunos elementos comunes y universales, que trascienden la interpretación cultural,[6] y también algunos patrones en lo relativo a sus secuelas, que se manifiestan en las actitudes, creencias, valores y personalidad que muestran los individuos después de haber vivido una ECM. Y he conseguido demostrar que estas experiencias no pueden ser descartadas como simples estados de ensoñación o alucinaciones.

Lo que he descubierto durante este viaje de cuarenta y cinco años es un compendio de experiencias cercanas a la muerte registradas a lo largo y ancho del mundo y que se remonta siglos atrás. He descubierto que las ECM son algo habitual y que no hacen distinciones, les ocurren hasta a los neurocientíficos. Eben Alexander, neurocirujano de profesión, sufrió una extraña in-

---

6. Geena Athappilly, Bruce Greyson e Ian Stevenson, «Do Prevailing Societal Models Influence Reports of Near-Death Experiences? A Comparison of Accounts Reported before and after 1975», *Journal of Nervous and Mental Disease* 194(3), 2006, págs. 218-222.

fección cerebral que lo dejó en coma durante una semana y, cuando despertó, lo hizo con el recuerdo vívido de una detallada experiencia cercana a la muerte, lo que le llevó a acudir a mi despacho para que le ayudara a dar sentido a aquel aparente imposible.

Después de casi medio siglo dedicado a desentrañar el significado de las experiencias cercanas a la muerte, he descubierto que su impacto no solo afecta a la vida de la persona que la sufre. Cuanto más investigaba sobre ellas, más claro tenía que exigían una explicación que trascendiera nuestras ideas habituales sobre la mente y el cerebro, cuya capacidad de comprensión es limitada. Y esas formas nuevas de pensar acerca de nuestra mente y nuestro cerebro abren la posibilidad de explorar la cuestión de si es posible que nuestra consciencia siga existiendo después de que nuestro cuerpo muera. Lo que, a su vez, desafía nuestras ideas sobre quiénes somos, cómo encajamos en el universo y qué es lo que queremos hacer con nuestras vidas.

Algunos de mis colegas científicos me han advertido de que el estudio de experiencias «imposibles» como las ECM bajo un enfoque abierto de estas características puede dar pie a todo tipo de supersticiones. Como escéptico, digo ¡bienvenidas sean! Que nuestras creencias no nos hagan prejuzgarlas; sometamos estas ideas —que suponen todo un desafío— a un proceso de comprobación para ver si realmente son supersticiones o si abren una ventana a una imagen más completa del mundo. La investigación sobre las ECM no nos aleja en absoluto de la ciencia ni nos empuja hacia la superstición, por el contrario, nos demuestra que al aplicar el método científico a aquellos aspectos de nuestro mundo que no son físicos podemos describir la realidad de forma mucho más precisa que si limitáramos el ámbito de competencia de la ciencia exclusivamente al estudio de la materia física y la energía.

Al decantarme por seguir el rastro de estas pruebas científicas acumuladas a lo largo de las últimas décadas, en lugar de posicionarme y defender una teoría o un sistema de creencias determinado, soy consciente de que voy a decepcionar a muchos de mis amigos, partidarios de una perspectiva concreta u otra. Sé que algunos de mis amigos más espirituales estarán en contra de que considere que las ECM tienen su origen en alteraciones físicas del cerebro. Y sé que a algunos de mis amigos más materialistas les exasperará que me tome en serio la posibilidad de que la mente pueda funcionar con independencia del cerebro. Y sé que en ambos grupos, muchos podrán aducir que al negarme a tomar partido elijo el camino más fácil.

Pero, en realidad, el rigor intelectual exige que evite tomar partido en este debate. Creo que hay pruebas suficientes como para valorar seriamente tanto la idea de que las ECM tienen que ver con mecanismos fisiológicos como la de que la mente pueda seguir funcionando de forma independiente del cerebro. Creer que las ECM se deben a un proceso fisiológico que aún no hemos identificado es plausible y también coherente con la idea filosófica de que el mundo real es una entidad puramente física. Por otro lado, también es plausible creer que las ECM son un don espiritual, coherente con la idea filosófica de que aquello que somos entraña aspectos no físicos. Pero ninguna de estas ideas, por plausibles que sean, son una premisa científica, porque no existen pruebas que puedan refutar ninguna de las dos. Son, por el contrario, una cuestión de fe.

Como espero poder demostrar en este libro, nada impide que las ECM puedan ser al mismo tiempo un don espiritual y estar posibilitadas por una causa fisiológica específica. Las pruebas científicas sugieren que ambas ideas pueden ser ciertas sin entrar en conflicto, y esto nos permite avanzar más allá de la división artificial entre ciencia y espiritualidad. Pero el hecho de estar abierto a ambas perspectivas no significa que yo no tenga mi propia opinión sobre lo que significan las experiencias cercanas a la muerte.

Décadas de investigación me han convencido de que las ECM son enteramente reales, que tienen un profundo impacto y que, de hecho, constituyen una importante fuente de crecimiento espiritual y de conocimiento, sea cual sea su origen. Sé que para las personas que las experimentan adquieren una enorme importancia por el modo en que transforman su vida. Creo que para los científicos también son importantes, pues contienen claves vitales para entender la mente y el cerebro. Y creo que también son importantes para todos los demás por todo lo que nos revelan sobre la muerte y, lo que es más importante, sobre la vida.

En este libro he decidido pasar por encima de los detalles metodológicos y estadísticos de mi investigación, pero quienes deseen conocer los datos técnicos de los estudios que menciono pueden consultar las notas del libro. Todos mis artículos académicos han sido sometidos al proceso de revisión por pares y se pueden descargar desde la página web de la División de Estudios sobre la Percepción de la Universidad de Virginia: www.uvadops.org.

Aunque este libro se basa en mis cuarenta y cinco años de investigación científica sobre las ECM, no está escrito específicamente para otros científicos. Y aunque espero que las personas que han tenido una ECM consideren que he hecho justicia a su experiencia, el libro tampoco está escrito específicamente para ellos. En realidad, he escrito este libro pensando en todos los demás, en todos aquellos que sienten curiosidad por el increíble alcance de la mente humana y por las cuestiones profundas acerca de la vida y la muerte.

Se ha escrito y dicho mucho sobre la muerte y sobre lo que es posible que ocurra después de ella; generalmente confrontando puntos de vista científicos y religiosos. En este libro trato de ir un paso más allá y de imprimir un cambio a ese diálogo. Mi intención es demostrar que ciencia y espiritualidad son compatibles, que ser una persona espiritual no exige abandonar la ciencia. Este viaje me ha enseñado que entender el mundo científicamente, basando nuestras ideas y creencias en los hechos, no tiene por qué impedir que seamos capaces de apreciar los aspectos espirituales y no físicos de nuestra vida. Y, por otro lado, apreciar lo espiritual y aquello que no es físico no tiene por qué impedirnos una evaluación científica de nuestra experiencia y tampoco que nuestras ideas y creencias se basen en pruebas científicas. Aunque he aprendido mucho sobre la muerte y lo que puede ocurrir después, este libro no trata únicamente de la muerte. También es un libro sobre la vida y el arte de vivir, sobre el valor de la empatía, sobre nuestra interconexión como seres humanos y sobre qué es lo que dota a la vida de sentido y plenitud. Mi objetivo al escribir este libro no es convencer a nadie de un punto de vista concreto, sino hacer pensar. Espero demostrar que un enfoque científico puede ayudarnos a entender lo que las ECM nos dicen sobre la vida y la muerte, y sobre lo que puede venir después. Siguiendo un método científico, he aprendido mucho sobre el significado de las experiencias cercanas a la muerte. He escrito este libro para compartir mi pasión por ese viaje. Mi objetivo es motivar una reflexión sobre las preguntas y las respuestas, no convencer a nadie de un punto de vista concreto, e invitar a reevaluar nuestra forma de pensar la vida y la muerte. No soy una especie de Moisés bajando con las tablas de los Diez Mandamientos. Soy un científico que expone lo que creo que indican los datos.

Por muchas ganas que tuviera de borrar de mi memoria aquel encuentro con Holly, en ese momento ya tenía los suficientes mimbres de científico como para saber que no iba a poder ignorar el episodio sin más. Hacer como que algo no ha sucedido solo porque somos incapaces de explicarlo es justo lo contrario de lo que propugna la ciencia. Mi intento de explicar de forma lógica el jeroglífico de la mancha de salsa me llevó a embarcarme en una investigación que dura ya medio siglo. No ha proporcionado la respuesta a todas mis preguntas, pero sí me ha llevado a cuestionar algunas de mis respuestas. Y enseguida me hizo adentrarme en un territorio que jamás habría imaginado.

1

Una ciencia de lo inexplicable

Nunca había visto a nadie que tuviera solo la mitad de la cara. Cuando Henry ingresó en el hospital, yo llevaba seis meses de residencia en psiquiatría. La primera vez que lo vi, tumbado en la cama, me resultó difícil apartar la mirada del lado derecho de su cara, donde tenían que haber estado la mandíbula y la mejilla. El trabajo que habían hecho los cirujanos plásticos para cerrarle las heridas del rostro con injertos de piel extraída del vientre era magnífico, pero aun así, al verlo me costó muchísimo guardar la compostura. Hablaba despacio, utilizando solo el lado izquierdo de la boca y arrastrando ligeramente las palabras. Sin embargo, a pesar de lo incómodo que me sentía yo, él no parecía estar en absoluto avergonzado ni se mostraba reacio a hablar conmigo. De hecho, cuando me contó todo lo que le había pasado después de pegarse un tiro parecía estar muy tranquilo y sereno.

Henry ya había cumplido los cuarenta. Era el hijo pequeño de una humilde familia de granjeros. Todos sus hermanos y hermanas se habían mudado lejos de la granja familiar después de casarse, pero Henry, aunque también se había casado, nunca se había ido de casa. Un día, a los veintitrés años, mientras estaban cazando juntos, a su padre le dio un infarto. Henry consiguió llevarlo hasta la granja, pero una vez allí su padre murió en sus brazos. A partir de entonces, fue su madre quien asumió la responsabilidad de administrar la granja. Unos años más tarde, la mujer de Henry se separó de él y se fue a vivir con sus padres a la ciudad, llevándose a sus hijos.

Diez meses antes de que Henry se pegara un tiro, su madre había enfermado de neumonía y él la llevó al hospital, donde quedó ingresada. Su madre le pidió que no la dejara sola, pero esa noche Henry tuvo que volver a casa para atender a las gallinas. Cuando regresó al hospital a la mañana siguiente, ella estaba inconsciente. Murió pocas horas después.

Henry se quedó devastado y empezó a beber a menudo. Lo atormentaba la culpa por haber abandonado a su madre en el hospital, y por las noches soñaba que estaba viva. No se atrevía a tocar ninguno de sus efectos personales y mantuvo todo lo que había en la casa tal como ella lo había dejado. Cuando bebía, lo embargaba la desesperanza, y entonces murmuraba sin parar: «esta casa ya no es casa». Un día, después de varios meses deprimido, cogió su rifle de caza y se fue al cementerio donde estaban enterrados sus padres. Llevaba toda la mañana bebiendo.

Estuvo un par de horas sentado en la tumba, reviviendo e imaginando las conversaciones con sus padres, y después decidió que había llegado el momento de reunirse con ellos. Se acostó sobre la lápida y reposó la cabeza donde imaginó que estaría el pecho de su madre. Colocó el rifle de calibre 22 entre sus piernas,[7] lo apuntó hacia su barbilla y apretó suavemente el gatillo con el pulgar. La bala le atravesó el lado derecho de la cara y le dejó un rastro de fragmentos de proyectil en la mejilla y en la sien, pero, gracias a un golpe de suerte, no le tocó el cerebro.

Mientras hablaba con él traté de mantener un tono de voz firme y de no mirarle la mejilla zurcida.

7. He descrito tanto la experiencia cercana a la muerte que tuvo Henry como mi interpretación psicológica de la misma en John Buckman y Bruce Greyson, «Attempted Suicide and Bereavement», en *Suicide and Bereavement*, Bruce L. Danto y Austin H. Kutscher (eds.), Nueva York, Foundation of Thanatology, 1977, págs. 90-104.

—Suena bastante doloroso todo —sugerí—. No puedo ni imaginarme lo que pudo pasarle por la mente. ¿Qué sintió? El lado izquierdo del rostro de Henry se contrajo en una media sonrisa.

—En cuanto apreté el gatillo —dijo—, todo lo que había a mi alrededor desapareció: las colinas, las montañas tras ellas, todo se desvaneció.

Me miró; yo asentí y le pregunté:

—Y después ¿qué?

—Me encontré en un prado exuberante lleno de flores silvestres. Allí, recibiéndome con los brazos abiertos, estaban mi madre y mi padre. Oí que mamá le decía a papá: «Ahí viene Henry». Parecía muy contenta de verme. Pero después me miró fijamente y le cambió la expresión. Movió la cabeza en signo de reprobación y exclamó: «¡Oh, Henry, pero qué has hecho!».

Henry hizo una pausa, se miró las manos y tragó saliva. Esperé un momento y luego le dije:

—Tuvo que ser difícil. ¿Cómo se sintió?

Se encogió de hombros, negó con la cabeza y respiró profundamente.

—Eso fue todo. De pronto estaba de nuevo en el cementerio y mis padres se habían ido. Sentí la calidez del charco de sangre debajo de mi cabeza y pensé que más me valía buscar ayuda. Empecé a arrastrarme hacia mi camioneta, pero antes de alcanzarla, un sepulturero me vio y vino corriendo. Me vendó la cabeza con un trozo de tela y me llevó al hospital. —Henry volvió a encogerse de hombros—. Y aquí estoy.

—Menuda experiencia —dije—. Después del fallecimiento de sus padres, ¿los había visto así alguna vez?

—No —negó—. Pero me sentí bien cuando los vi allí juntos.

—Por lo que parece, después de dispararse se desmayó, al menos un rato breve. ¿Cree que la visión de sus padres pudo ser un sueño?

Henry frunció los labios y volvió a negar con la cabeza.

—No fue un sueño —dijo—. Vi a mamá y papá igual que te estoy viendo a ti ahora mismo.

Tuve que tomarme un momento para tratar de dar sentido a lo que me estaba diciendo. Para Henry todo cuadraba perfectamente: había visto a sus padres porque lo estaban recibiendo en el cielo. Pero según mi cosmovisión científica ese tipo de cosas no podían ser reales. Repasé mentalmente todas las posibilidades. ¿Habría sufrido un brote psicótico? ¿O estaría tan borracho como para sufrir alucinaciones? ¿Acaso había pasado tanto tiempo sentado en la tumba de sus padres que tenía síndrome de abstinencia, delirium tremens? ¿O simplemente aquella visión podía ser una manifestación de su dolor por la muerte de sus padres?

No contemplaba la opción de que Henry estuviera loco. En aquel momento, tras varios días ingresado en el hospital, hablaba con serenidad y su forma de actuar no denotaba nada extraño. Desde que estaba allí no había manifestado ningún síntoma del síndrome de abstinencia propio del alcoholismo. Y, para mi sorpresa, no parecía que estuviera triste en absoluto.

—Cuando apretó el gatillo, ¿qué esperaba que sucediera? —le pregunté.

—Era solo que no quería vivir más —contestó con rapidez—. No me importaba lo que fuera a pasar. No podía más y no podía seguir viviendo sin mamá.

—¿Y ahora? ¿Qué piensa de la idea de acabar con todo?

—Ahora no pienso en ello en absoluto —dijo—. Sigo echando de menos a mamá, pero estoy contento porque sé dónde está.

En el poco tiempo que llevaba como psiquiatra residente, no había visto a nadie que se mostrara tan seguro y confiado tras un intento de suicidio. Decía que se sentía avergonzado por haber intentado suicidarse, pero también agradecido por haber tenido aquella visión. Y estaba deseando hablar con otros pacientes para convencerlos del valor y la santidad de la vida. Fuera lo que fuese lo que le había llevado a ver a sus padres, no había duda de que aquella visión le estaba ayudando a sobrellevar su dolor.

Aún tendrían que pasar años hasta que el término «experiencia cercana a la muerte» se incorporara a la lengua inglesa, y el único marco con el que yo contaba entonces para comprender la experiencia de Henry era el de la alucinación, un encuentro imaginario con sus padres fallecidos. Entendía su experiencia como un mecanismo de defensa psicológico, nada más.

Aquello ocurrió tan solo unos meses después de que Holly asegurara haber visto la mancha de mi corbata, y yo aún seguía intentando entender aquel incidente. Pero la experiencia de Henry me pareció muy distinta a la de Holly. Ella aseguraba haber visto y oído cosas que sucedían a cierta distancia de donde se encontraba su cuerpo inconsciente, pero que estaban ocurriendo en el mundo físico normal. No hablaba de haber visto u oído a un espíritu. Henry, por su parte, afirmaba haber visto y oído a los espíritus de sus padres fallecidos. Sin embargo, la mayor diferencia entre ambos era que la visión de Henry sí podía analizarla desde un punto de vista científico y objetivo. Holly, en cambio, me había arrastrado en persona a su campo de visión, y cada vez que intentaba analizar su experiencia perdía el equilibrio y trataba de aferrarme en vano a cualquier explicación.

La visión de Henry podía etiquetarla dentro de la categoría «mecanismo de defensa psicológico». Pero ¿cómo convencerlo a él de que no había sido algo real? Sabía que si le decía que eran todo imaginaciones suyas perdería la relación de confianza que habíamos establecido. También era consciente de lo útil que le resultaba a Henry aquella visión y de la importancia que comportaba a la hora de superar sus pensamientos suicidas. Yo entendía su visión como una alucinación generada por su mente inconsciente para ayudarlo a sobrellevar la muerte de su madre. Decidí que, como médico, la forma de serle más útil a Henry era reforzando el valor de su visión, no cuestionando lo único que le estaba dando una razón para vivir. El mensaje que tenía para él era sencillo: «Por lo visto, has tenido una experiencia muy fuerte que ha dado un nuevo sentido a tu vida. Vamos a ver qué significa para ti y adónde puede llevarte».

Mi intención era explorar el significado simbólico de la visión de Henry, entendida como una forma de reunirse psicológicamente con su madre fallecida, pero él interpretaba aquel encuentro con sus padres de forma concreta, no como un símbolo. En ese momento no se me ocurrió pensar, ni por asomo, que si Henry había experimentado el encuentro como algo real era simplemente porque en verdad lo era. La formación que yo había recibido hasta entonces no dejaba ni un resquicio: ni siquiera podía llegar a plantearme que Henry hubiera visto a sus padres de verdad. Me había educado un químico que basaba su percepción de la realidad en la tabla periódica de los elementos.

De día, mi padre era químico. De noche... En fin, de noche también era químico. Cuando yo era pequeño, mi padre construyó laboratorios en el sótano de todas las casas en las que vivimos. Lo único que estaba a la altura de su pasión por la ciencia era la alegría que le proporcionaba compartirla con los demás. Cuando yo aún estudiaba en la escuela primaria de Huntington, en Nueva York, me enseñó cómo funcionaba un mechero Bunsen, una balanza, una centrifugadora, un agitador magnético, una probeta, un matraz de Erlenmeyer y un balón de destilación.

En muchos de sus experimentos mi padre empleaba teflón, un material que por aquella época acababa de descubrir de forma casual un científico de DuPont. Mi padre trabajaba en una pequeña empresa química que fabricaba distintos objetos con teflón, como aislamiento para cableado y pilas de combustible. La principal ventaja de este polímero sobre otros recubrimientos es que su superficie es tan resbaladiza que casi nada se adhiere a ella. Algunas de las creaciones de mi padre terminaron concretándose en avances útiles. Roció las cazuelas, sartenes y espátulas de mi madre con diversos tipos de teflón años antes de que empezaran a comercializarse los utensilios de cocina recubiertos de este material, aunque de vez en cuando nos encontrábamos trozos de teflón en la comida. Otros inventos suyos tuvieron menos éxito. Nos puso plantillas de teflón en los zapatos para evitar que nos salieran ampollas, pero eran tan resbaladizas que, a cada paso, los pies se deslizaban dentro de los zapatos. Caminar se volvió una complicación y correr era francamente peligroso. Pero para mi padre lo más importante de todo no era que los experimentos salieran bien, sino la emoción que le suscitaba todo el proceso, la incertidumbre de si llegarían a buen puerto o no.

Un escalofrío de anticipación me recorrió la columna vertebral mientras yacía boca arriba sobre la piedra sacrificial. Los rayos de sol se filtraban entre los pinos gigantescos y bañaban de luz los arbustos silvestres de laurel y rododendro. Los pájaros trinaban en el aire de la mañana. Una hendidura de un centímetro y medio de profundidad bordeaba la gran losa de granito y rodeaba mi cuerpo, y justo a mis pies quedaba un pequeño canalón, entre la hendidura y el borde de la losa. La piedra, que debía de pesar más de una tonelada, descansaba a casi un metro del suelo, apoyada sobre otras cuatro piedras.

Mi padre, un hombre no muy alto, ancho de hombros y de mirada brillante, daba vueltas en torno a la losa con una cinta métrica en la mano y una pipa en la boca, tomando notas y dibujando diagramas en su cuaderno. La docena de cámaras de piedra, muros y canalones que rodeaban la losa de granito, así como las piedras en posición vertical que parecían alinearse según una perspectiva específica con respecto a la posición del sol en determinadas épocas del año, resultaban un misterio. De hecho, el agricultor al que habían pertenecido aquellas tierras de Salem, en New Hampshire, a mediados del siglo XX, había llamado al lugar «Mystery Hill». Algunos investigadores han especulado con la posibilidad de que el conjunto lo construyeran los colonos vikingos en torno al año 1000 d. C., cientos de años antes de que Colón llegara a América; o los celtas de las Islas Británicas en torno al 700 a. C., o las diversas tribus indias abenaki y pennacook a lo largo de miles de años.

Fuera cual fuese su origen, cuando me tumbé sobre aquella fría losa un escalofrío me recorrió la espalda. Podía imaginar mi sangre derramada acumulándose en el surco que rodeaba mi cuerpo y discurriendo por el canalón que quedaba a mis pies hasta caer en la cubeta puesta allí para recogerla. Era al mismo tiempo aterrador y excitante. Ahí estaba yo, un niño de diez años, ayudando a mi padre a resolver un misterio científico. No sabía si el estremecimiento que sentía se debía más bien a una reacción producida por el frío de la piedra en el fresco otoño de Nueva Inglaterra, o a la emoción propia del descubrimiento. Para mi padre, obviamente, se trataba de lo segundo, y yo percibía su entusiasmo por poder participar en la Marcha de la Ciencia haciendo retroceder las fronteras de lo Desconocido. A los diez años, yo ya estaba enganchado a la ciencia, a dar respuesta a diversas cuestiones por medio de la compilación y el análisis de datos en lugar de recurrir a especulaciones de salón o aceptar como fuentes la rumorología y las historias populares.

En la actualidad, el verdadero origen de Mystery Hill sigue sin estar claro, probablemente porque a lo largo de los siglos numerosos grupos humanos han alterado el estado de las ruinas y han destruido o modificado las pruebas de sus orígenes. Puede que la «piedra sacrificial» sea solo la mitad inferior de una prensa de sidra del siglo xix y que el canal que la bordea sirviera para recoger el jugo de las manzanas machacadas, o puede que se trate de una prensa de piedra destinada a extraer la sosa de las cenizas de la madera para fabricar jabón. Mi padre y yo no encontramos prueba alguna que respaldara alguna de las diversas teorías sobre Mystery Hill, pero la emoción que me produjo el proceso sistemático de busca de la verdad es algo que no he olvidado nunca.

Siempre escéptico, mi padre albergaba sempiternas dudas sobre su propia interpretación de las cosas. Cuando más feliz estaba era cuando investigaba algo que no entendía o que contradecía sus presupuestos. Y a mí me transmitió no solo su pasión por la ciencia, sino también la certeza de que esta siempre es, en esencia, provisional. La ciencia es siempre, por naturaleza, un proceso en desarrollo. No importa lo sólidamente fundamentada que creamos que está nuestra visión del mundo, debemos estar dispuestos a repensarla si aparecen nuevas pruebas que la cuestionen. Una de las recompensas de mantener esta actitud abierta es que uno es capaz de apreciar cosas que no puede explicar. Estudiar las cosas que se ajustan a nuestras ideas preconcebidas nos ayuda a comprender mejor sus detalles; estudiar las cosas que no encajan con nuestras ideas preconcebidas es lo que a menudo impulsa los avances científicos.

Si bien mi padre siempre me estimuló para que investigara todo aquello que no podía explicar, nunca me habló de la mente ni de otros conceptos abstractos como los pensamientos o los sentimientos, y mucho menos de entidades aún más abstractas como Dios, el espíritu o el alma. Yo, que estaba bastante satisfecho con mi formación científica y con mis planes de emprender una carrera en ese ámbito, acepté, siguiendo el ejemplo de mi padre, que la búsqueda de la verdad se sustentaba por norma en la comprobación empírica.

Estudié en la Universidad de Cornell y allí me especialicé en psicología experimental. Aplicando una metodología científica estudié el proceso de aprendizaje que permitía a los carpines dorados recorrer un laberinto, a las ratas obtener comida presionando una barra en unas ocasiones determinadas y en otras no, y a los ejemplares jóvenes de macacos Rhesus buscar comida debajo de un tipo concreto de objetos. Pero por mucho que me fascinara la inteligencia de los animales, mi deseo de trabajar con personas me llevó de la facultad de Psicología a la de Medicina. Allí descubrí muchas cosas que me gustaba hacer, desde asistir en los partos a prestar atención domiciliaria a los pacientes mayores. Pero cuanto más aprendía sobre enfermedades mentales más cuenta me daba de lo poco que sabíamos del cerebro, y el atractivo de las preguntas sin respuesta terminó por llevarme a la psiquiatría.

En una de las visitas que hice a casa de mis padres durante mi tercer año en la facultad de Medicina, sorprendí a mi padre con la noticia de que estaba pensando en hacerme psiquiatra. Le conté que me fascinaba el efecto que tenían los pensamientos y emociones inconscientes sobre nuestro comportamiento. Mi padre, que estaba sentado en su sillón con una pierna cruzada, sacó del bolsillo de su chaqueta una pipa de maíz y una bolsa de tabaco y, con gesto pausado, llenó meticulosamente el hornillo de la pipa, apisonó el tabaco, añadió un poco más, lo apretó otra vez, encendió una cerilla de madera, la aproximó cuidadosamente al hornillo mientras daba suaves caladas al caño y, por fin, levantó la vista y, para mi sorpresa, me preguntó: «¿Qué te hace pensar que tenemos pensamientos y emociones inconscientes?».

Este cuestionamiento tan directo me desconcertó. No era que mi padre estuviera negando la existencia del inconsciente, sino que, como buen científico escéptico, me pedía pruebas de ello. Pero a mí su pregunta me cogió desprevenido. La influencia del inconsciente —lo que pensamos y sentimos sin ser conscientes de ello— ha sido el tema con el que la psiquiatría lleva ganándose el pan desde hace al menos cien años.

Sigmund Freud comparó la mente con un iceberg.[8] Los pensamientos y sentimientos de los que somos conscientes son solo la punta visible sobre el mar. Por ejemplo: uno se da cuenta de que tiene sed y decide conscientemente beber. Pero nueve décimas partes del iceberg se mantienen invisibles bajo la superficie marina, y son las que conforman el inconsciente, los pensamientos y las emociones. No somos conscientes de ellos, pero influyen igualmente en nuestro comportamiento. Por ejemplo: de forma consciente, los profesores, en su mayoría, no pondrían mejores notas a los estudiantes más guapos.[9] Pero existe una

8. Sigmund Freud, «The Unconscious», en *Standard Edition of the Complete Psychological Works of Sigmund Freud*, vol. 14, James Strachey (ed.) Londres, Hogarth Press, 1915, págs. 159-204. [Hay trad. cast.: *Lo inconsciente*, Createspace Independent Pub, 2016.]
9. David Landy y Harold Sigall, «Beauty Is Talent: Task Evaluation as a

gran cantidad de pruebas que demuestran que, de hecho, los profesores sí ponen mejores notas a los estudiantes más atractivos, sin ser siquiera conscientes de ello. La idea de que nuestros pensamientos y sentimientos inconscientes afectan a nuestro comportamiento es una de las muchas cosas que yo había aceptado como un acto de fe —fe en mis profesores y en los libros de texto—, sin cuestionármela.

Por mucho que me desconcertara que mi padre pusiera en duda el papel de los pensamientos y sentimientos inconscientes, me di cuenta de que tenía razón. Antes de aceptar la existencia del inconsciente debería haber buscado pruebas que la confirmaran. Pero eso planteaba otra cuestión: ¿qué consideramos «pruebas» en lo que respecta a cosas que no es posible ver ni mesurar, como los pensamientos y los sentimientos? Aunque los científicos han realizado grandes avances en la comprensión de la parte física de nuestro mundo, también experimentamos cosas no físicas, como pensamientos y emociones. Estos elementos no físicos son tan parte de nuestro mundo como los objetos físicos, como las sillas y las piedras. Los científicos pueden hacer observaciones y recopilar datos sobre ellos igual que lo hacen con los objetos físicos.

De hecho, existe una larga tradición de científicos que se han dedicado al estudio de fenómenos que no son directamente observables, y que abarcan desde las emociones a las partículas subatómicas. No podemos observar directamente sentimientos como el amor, la ira o el miedo, pero sí podemos estudiarlos de forma indirecta, analizando el efecto que tienen en nuestra forma de expresarnos, en nuestro comportamiento y en nuestras reacciones físicas. Por ejemplo, cuando nos enfadamos —una emoción no física—, nuestro tono de voz se eleva y nuestras palabras se vuelven más secas, es posible que frunzamos el ceño, que nos suba la presión sanguínea o que estampemos cosas sobre

Function of the Performer's Physical Attractiveness», *Journal of Personality and Social Psychology* 29(3), 1974, págs. 299-304.

la mesa o el mostrador. A partir de esos efectos, que sí son observables, los demás pueden deducir que estamos enfadados.

Ocurre lo mismo con algunas partículas subatómicas que resultan demasiado pequeñas y tienen una vida demasiado corta como para aprehenderla: los físicos no pueden observarlas directamente. Pero en 1960 el físico Donald Glaser ganó el Premio Nobel de Física por estudiarlas de forma indirecta: demostró que al disparar una cantidad de partículas diminutas y de corta duración en una cámara de burbujas —un recipiente lleno de fluido, generalmente hidrógeno líquido—, es posible estudiar el rastro de burbujas que las partículas dejan en el líquido. Y este rastro nos enseña muchas cosas sobre las propias partículas.

Fue precisamente esta tradición científica basada en el estudio de las pruebas la que me mostró las limitaciones del marco conceptual en el que había sido educado. Había un montón de cosas que no podían explicarse enteramente en términos de partículas y fuerzas físicas, pero que aun así manifestaban su existencia. Rehuir algunas cuestiones solo porque eran difíciles de explicar no parecía una actitud muy científica. Todas aquellas cosas que no encajaban en mi cosmovisión me pedían a gritos que tratara de comprenderlas en lugar de descartarlas. Respetar aquellas cosas que resulta difícil mesurar en vez de rechazarlas considerándolas irreales no implica renunciar a la ciencia. Es consagrarse a ella.

Durante mi época de formación como psiquiatra, traté a algunos pacientes que creían que podían leer la mente de otras personas. Como la mayoría de los psiquiatras, di por hecho que aquellas ideas respondían a puras ilusiones, a una confusión entre fantasía y realidad. Pero ¿acaso contábamos con pruebas que sustentaran esta hipótesis? ¿Cómo sabíamos que lo que creían dichos pacientes —que eran capaces de leer la mente— era el síntoma de una enfermedad mental y no una realidad? Por supuesto, como científico no podía conformarme con aceptar sin más la realidad de sus afirmaciones, sin comprobarla, pero tampoco podía limitarme a descartarla, catalogándola de delirio sin haberla investigado. Consideraba que tanto aceptar una afirmación así como rechazarla sin pruebas era hacer un flaco favor a aquellos pacientes, además de una violación de los principios científicos. Por eso decidí diseñar un experimento controlado para comprobar si de verdad podían leer la mente o no, y lo llevé a cabo junto con otros residentes de psiquiatría. Los riesgos que comportaba un estudio de este tipo me inquietaban un poco. Como científico, quería saber si estos pacientes podían aportar pruebas que corroboraran sus afirmaciones, pero como psiquiatra, parte de mi trabajo consistía en persuadirlos de sus delirios y falsas creencias y en enseñarlos a pensar de forma más realista. Y si la capacidad de estos pacientes para leer la mente se demostraba falsa, ¿tomármelos en serio no tendría más bien el efecto de reforzar sus ideas ilusorias?

Me preguntaba si los beneficios que podía aportar la investigación compensarían los riesgos potenciales para los propios pacientes. Por tanto, planteé mi propuesta de investigación al personal médico y de enfermería del servicio de psiquiatría. Les expuse mis dudas sobre la realización del estudio y mi temor de que si trataba como algo serio las inusuales creencias de estos pacientes pudiera terminar por consolidar sus delirios. Pero para mi sorpresa, tanto al personal como al jefe del servicio el estudio les pareció interesante y consideraron que, en el entorno seguro del hospital, sería posible lidiar con cualquier empeoramiento de los síntomas de los pacientes, en caso de que se produjera. Así que, con el beneplácito del personal, seguí adelante, y otros dos residentes se ofrecieron voluntarios para actuar como «emisores» en el experimento, es decir, para ser las personas cuyas mentes tendrían que intentar leer los pacientes.

Los pacientes se sentaban en un sillón reclinable de mi despacho, solos, de uno en uno; se relajaban unos minutos y, cuando estaban listos, describían en voz alta, ante una grabadora, cualquier imagen o impresión que les llegara. Mientras tanto, el «emisor», sentado en otro despacho al final del pasillo, se concentraba en una fotografía de una revista seleccionada al azar, una imagen que podía ser tranquila, aterradora, violenta, divertida o erótica. Cinco minutos después, yo entraba en mi despacho y entregaba a los pacientes un sobre con cinco fotografías. Los pacientes ordenaban las cinco imágenes según el grado de vinculación que tuvieran con sus impresiones. Al terminar, yo les decía cuál era la imagen en la que se había concentrado el «emisor» y dedicábamos unos minutos a comentar la sesión.

El resultado del estudio fue el que tanto mis colegas como yo esperábamos. Ninguno de los pacientes mostró indicio alguno de haber sido capaz de leer la mente del «emisor». No existía ninguna evidencia de que su supuesta capacidad para leer las mentes tuviera un fundamento real. Pero el estudio reveló también otro hallazgo que yo no había anticipado. Una vez terminado el experimento, pregunté a cada uno de los pacientes qué les había parecido la experiencia. Para mi sorpresa, todos estaban contentos de haber participado y, lo que era aún más importante, sentían más confianza en el personal del hospital porque nos habíamos tomado sus pensamientos y sentimientos lo bastante en serio como para ponerlos a prueba. Además, uno de los pacientes añadió que el hecho de no haber sido capaz de leer la mente del «emisor» lo había hecho dudar del resto de sus ideas irracionales y lo había ayudado a separar fantasía y realidad. Su terapeuta, por su parte, me dijo que en el curso del experimento el paciente había manifestado una mejoría notable. Ninguno de los pacientes sufrió un empeoramiento de los síntomas de su enfermedad como resultado del estudio.

La realización de este experimento me produjo la misma excitación que había sentido al tumbarme sobre aquella piedra «sacrificial» de Mystery Hill. Estaba recopilando datos para contrastar una idea que la mayoría de mis colegas ni se habría molestado en considerar, idea que mi investigación podía probar como errónea, pero que también tenía el potencial de cambiar completamente nuestra forma de pensar sobre la enfermedad mental. El resultado —los pacientes no tenían el poder de leer la mente— confirmaba lo que esperábamos, pero lo emocionante no era eso. Lo que me generaba excitación era recurrir a la ciencia para someter a estudio una idea provocativa. Era más importante el proceso que el resultado. Posteriormente, una conocida revista médica[10] publicó la memoria de aquel experimento, y ese mismo año el estudio obtuvo el premio William C. Menninger a la mejor memoria de investigación realizada por un médico residente en el ámbito de la neurología, la psiquiatría o la neurocirugía.

No conocí a Raymond Moody ni oí hablar de las experiencias cercanas a la muerte hasta varios años después. Raymond comenzó sus estudios de psiquiatría en la Universidad de Virginia el mismo año que yo empecé a dar clases allí, como última incorporación del equipo docente de psiquiatría. Hizo su primera rotación clínica en urgencias, donde yo era el supervisor de todos los residentes. Sabía que Raymond había sido profesor de filosofía antes de matricularse en la facultad de Medicina y que había escrito un libro siendo aún estudiante,[11] pero no sabía sobre qué trataba. Un día, durante un rato de calma en el servicio de urgencias, nos pusimos a hablar de su trayectoria y me habló de su libro, titulado *Vida después de la vida*, en el que empleaba el término «experiencia cercana a la muerte» para denominar las insólitas vivencias que experimentaban algunas personas cuando se encontraban, aparentemente, en el umbral de la muerte. Poco a poco, a medida que me lo explicaba, fui tomando consciencia de que lo que describía en su libro tenía que ver con los dos casos que yo había atendido cuatro años antes: el de Henry y la visión de sus padres fallecidos, y el de Holly, que sostenía que me había

10. Bruce Greyson, «Telepathy in Mental Illness: Deluge or Delusion?», *Journal of Nervous and Mental Disease* 165(3), 1977, págs. 184-200.
11. Raymond A. Moody, *op. cit.*

visto hablando con su compañera mientras su cuerpo yacía inconsciente en otra habitación. Tanto Holly como Henry habían descrito algunos de los elementos que Raymond señalaba como propios de las ECM. Nunca sabré si experimentaron alguno más, porque en ese momento no conocía estos rasgos característicos y no pude preguntarles al respecto. Pero saber que otros médicos habían oído hablar de dichas experiencias —¡y que incluso les habían dado nombre!— fue toda una revelación. Me sentí como si una puerta empezara a entreabrirse.

Cuando llegué a la Universidad de Virginia conocía la existencia de su Unidad de Estudios de la Percepción, fundada por el catedrático de psiquiatría Ian Stevenson, ya tristemente fallecido, y dedicada a la investigación. Ian había recopilado y estudiado durante décadas la misma clase de experiencias inexplicables que Raymond describía en su libro. Por supuesto, Ian no las denominó experiencias cercanas a la muerte hasta que Raymond introdujo el término. Las había archivado en categorías diversas como «experiencias extracorpóreas», «visiones en el lecho de muerte» o «apariciones».

Me encargué de presentar a Raymond e Ian y los tres debatimos sobre cómo podíamos estudiar científicamente aquellas experiencias. Por entonces, Raymond recibía un enorme volumen de correspondencia cada semana, y cuando empecé a leer las cartas descubrí que todas versaban sobre el mismo tema. Casi todos los remitentes se habían sorprendido al descubrir que no estaban solos, y escribían a Raymond para expresarle su gratitud por haber demostrado que no estaban locos.

El libro lo reeditó después una importante editorial de Nueva York e inmediatamente atrajo una enorme atención. A lo largo de los años siguientes numerosos médicos, enfermeras, trabajadores sociales e investigadores escribieron a Raymond interesados en el estudio de este fenómeno. Raymond los invitó a un encuentro celebrado en la Universidad de Virginia, y a partir de aquella reunión, cuatro de nosotros (el psicólogo Ken Ring, el cardiólogo Mike Sabom, el sociólogo John Audette y yo) fundamos la Asociación Internacional de Estudios Cercanos a la Muerte (IANDS, por sus siglas en ingles) para fomentar la investigación de las ECM. Hablar con personas que habían tenido dichas experiencias, observar las secuelas que habían dejado en sus vidas y trabajar con otros investigadores para los que las ECM resultaban igualmente cautivadoras me enganchó. Las experiencias cercanas a la muerte parecían ser la intersección natural de, por un lado, fenómenos inexplicables que reclamaban a gritos una explicación; y, por otro, el encuentro con la muerte, que era el objeto central de mi trabajo en urgencias. Las ECM aglutinaban tres elementos que me habían acompañado desde la infancia: la medicina, la mente y la pasión por la investigación científica, una convergencia de factores que marcaría el rumbo del resto de mi carrera.

Aquel viaje hasta el fondo de las ECM iba a llevarme de hospital en hospital, de universidad en universidad y de estado en estado en busca de respuestas. Durante años, realicé investigaciones con pacientes hospitalizados que por una razón u otra habían estado al borde de la muerte: paros cardíacos, patologías, accidentes, intentos de suicidio, conflictos bélicos o complicaciones durante una operación o un parto. Casi la mitad de ellos manifestaron una pérdida de la frecuencia cardíaca, la presión arterial o la respiración, o llegaron a ser declarados oficialmente fallecidos. En colaboración con diversos colegas, durante estos años he publicado más de cien artículos en revistas médicas sometidas al sistema de revisión por pares donde se exponen los hallazgos de nuestras investigaciones.

Además de las investigaciones con pacientes hospitalizados, también comencé a compilar los relatos de más de mil personas que se pusieron en contacto conmigo para explicarme sus ECM. Las experiencias que me describían eran iguales que las de los pacientes hospitalizados. Por eso registré sus historias, con la esperanza, una vez reunidas las suficientes, de encontrar algunos patrones comunes. Y finalmente dichos patrones me llevaron a comprender mejor lo que se escondía detrás de estas experiencias.

2

Fuera del tiempo

Las llamas habían alcanzado ya una altura de más de sesenta metros cuando Bill Hernlund, de veintitrés años y bombero especializado en rescates de emergencia de la Fuerza Aérea estadounidense, aparcó el camión junto a la cola del avión en llamas. La primera explosión hizo que perdiera el equilibrio; cayó al suelo, pero resultó ileso, así que se levantó para seguir luchando contra las llamas. Fue entonces cuando detonó una segunda explosión, mucho más potente. Una ráfaga de llamas, metal y cables lo lanzó despedido hacia atrás y lo estampó contra uno de los costados del camión. Con la segunda explosión, sintió un dolor en la cabeza y en el pecho y un sabor a sangre, y se quedó sin respiración. Se desmayó antes de caer al suelo.

A partir de ahí, Bill tuvo una elaborada ECM. Aquello ocurrió en 1970, años antes de que el libro de Raymond Moody pusiera nombre a aquellas experiencias. Cuando Bill se recuperó e intentó explicarle a su médico lo ocurrido, fue derivado a psiquiatría. Desde aquel momento, Bill se guardó aquella ECM para él solito hasta que, casi dos décadas después, descubrió la existencia de un grupo de apoyo local vinculado con la Asociación Internacional de Estudios Cercanos a la Muerte. Antes de eso, supo de mi interés por las experiencias cercanas a la muerte y me envió una carta a la Universidad de Connecticut, donde yo era jefe de psiquiatría clínica.

En su carta, Bill me explicaba lo que le había ocurrido después de salir volando por los aires a consecuencia de la explosión de los restos de aquel avión en llamas en la Base de la Fuerza Aérea de Ellsworth, en Rapid City, Dakota del Sur. Mientras estaba inconsciente aseguraba haber visto y oído cosas que a todas luces no parecían posibles. Pero yo había aprendido a no desdeñar ninguna afirmación solo porque mi concepción del mundo me dijera que tenía que ser imposible. Y, además de su propio relato, Bill me envió recortes de periódico del *Rapid City Journal* del 4 de abril de 1970, con fotos del avión incendiado y una copia de la medalla al valor que había recibido, que aludía a «su valiente actuación y consideración humanitaria... con total indiferencia ante su seguridad personal».

Así es como Bill contaba su experiencia:

«Tuve la sensación de que me elevaba y vi que dos de mis compañeros se estaban llevando a uno de los bomberos inconscientes. De alguna forma, aunque tenían puestos los trajes aluminizados con capucha, yo sabía quiénes eran, lo que no sabía es a quién se estaban llevando. Grité: "¡Eh, Dan, Jim, ayudadme!", pero no me oían. Y entonces me di cuenta de que, dado que yo era el único bombero que estaba en aquella posición, y dado que no sentía dolor y que había perdido el gusto y el olfato, el cuerpo que estaban arrastrando debía de ser el mío. Podía verlo todo con mucha claridad y experimenté un sentimiento de calidez, seguridad y paz.

»Hubo un rugido como una explosión, pero más apagado y prolongado. Vi que Dan y Jim se precipitaban sobre mi cuerpo. Estaba en la oscuridad, pero era plenamente consciente, vívidamente consciente de lo que me rodeaba. Me encontraba en una especie de túnel que se parecía a lo que debe de ser el embudo de un tornado desde el interior: distinguí una luz a lo lejos y vi las espirales de luz azul verdosa yendo y viniendo como una aurora boreal.

»La luz me atraía. Me desplacé excepcionalmente rápido por aquel túnel y no tardé en llegar hasta ella. Tenía la sensación de que allí el tiempo era distinto, o de que no existía, fuera lo que fuese aquel "allí". La luz provenía de un ser que emanaba un resplandor muy brillante como parte de su esencia. Era hermoso contemplarlo, proyectaba unos sentimientos de amor y paz incondicionales. Sentí también la presencia de otros seres, pero no vi a ninguno porque no fui capaz de desviar mi atención del Ser de Luz. Me hizo varias preguntas a la vez, como impresiones que proyectaba en mí, no en forma de frases verbalizadas, palabra por palabra. Me preguntó: "¿Qué valoración haces de tu vida?". "¿Cómo has tratado a los demás?". Según me hacía aquellas preguntas, aparecieron ante mí todos y cada uno de los sucesos de mi vida, desde mi primera infancia hasta lo del avión. Detalles relacionados con personas y cosas que había olvidado hacía mucho tiempo. Había tenido comportamientos con otras personas de los que no estaba orgulloso, pero la luz perdonó inmediatamente todos mis errores. Me dijo "queda en paz" y también me dijo que mi trabajo en este mundo aún no había acabado, que tenía que regresar. Y, de pronto, desaparecí de allí.

»Estaba de vuelta en mi cuerpo. No recuerdo cómo. Volvía a sentir el dolor, olía a combustible de avión y oía el ruido de las sirenas y las explosiones. Los médicos y auxiliares se afanaban con Dan, Jim y los tripulantes del B-52, pero no se ocupaban de mí. Después descubrí que me habían atendido ya durante el tiempo suficiente como para comprobar que estaba muerto y después se habían centrado en aquellos a quienes sí podían ayudar.

»Dos días después, el médico me dijo que tenía suerte de no haber muerto. Yo me limité a contestarle que sí había muerto. Me miró de forma muy rara y me prescribió que me hicieran una evaluación psicológica. A partir de ahí, aprendí a mantener la boca cerrada sobre todo lo que tenía que ver con aquel incidente.»

La experiencia de Bill es solo una de las muchas que han

desafiado mi forma de entender cómo funciona el mundo. Pero, tomados de uno en uno, era difícil analizar científicamente los relatos particulares. A medida que se fue conociendo mi interés por las experiencias cercanas a la muerte —bien por el boca oreja o bien a partir de los artículos que fui publicando en medios académicos y generalistas—, fui recibiendo un mayor número de historias para mi colección.

Y me propuse someter a examen aquellas características de las ECM que aparecían de forma recurrente en los relatos y que me resultaban particularmente desafiantes, con el fin de hallar algunos patrones que pudieran arrojar algo de luz sobre su naturaleza y su origen. Una de las características que más me desconcertaba era la extrema lucidez y rapidez del pensamiento. No es lo que uno podía esperar de una situación que frecuentemente sobreviene cuando el cerebro está falto de oxígeno. Era escéptico ante el hecho de que todos los que atravesaban esta experiencia pudieran pensar realmente con la claridad y velocidad con la que aseguraban hacerlo en un momento en el que a sus cerebros les faltaba oxígeno, así que decidí analizar toda la gama de procesos mentales que describían. Y descubrí que muchos de ellos explicaban, efectivamente, que su pensamiento se había vuelto mucho más rápido, claro y lógico de lo habitual.

Por lo que parece, este no es un fenómeno nuevo. En 1892, el profesor suizo de geología Albert von St. Gallen Heim publicó la primera gran compilación de ejemplos de experiencias cercanas a la muerte en el *Anuario del Club Alpino Suizo*.[12] El propio Heim había tenido una ECM dos décadas antes, a los veintidós años, mientras escalaba en los Alpes. Sufrió una caída de veinte metros montaña abajo y su cuerpo rebotó repetidamente contra las paredes rocosas. En su texto contaba que ya había visto despeñarse a varias personas con anterioridad y que

---

12. Albert von St. Gallen Heim, «Notizen über den Tod durch Absturz [Notas sobre muertes accidentales]», *Jahrbuch des Schweizer Alpen-Club [Anuario del Club Alpino Suizo]*, 27, 1892, págs. 327-337.

aquella visión le había parecido aterradora. Pero cuando la caída la sufrió él mismo, la experiencia le resultó —para su sorpresa— hermosa. En su relato explica que le asombró no sentir dolor en absoluto. Quedó tan afectado por esta experiencia que empezó a hablar con otros escaladores que habían sobrevivido a accidentes potencialmente fatales, y pronto encontró a otros treinta que tenían historias parecidas. Según describe Heim, sus pensamientos se iban acelerando a medida que caía:

«Todo lo que sentí en un lapso de entre cinco y diez segundos no podría contarse ni en diez veces más de tiempo.[13] Mis pensamientos e ideas eran coherentes y muy claros, y en absoluto susceptibles de ser olvidados, como lo son los sueños. Primero, consideré las posibilidades de lo que me esperaba y me dije: "Es evidente que el punto del peñasco sobre el que pronto me veré arrojado desciende por debajo de mí en forma de pared vertical, puesto que no llego a ver el suelo en la base. Que haya o no nieve al pie de la pared será determinante. Si ese fuera el caso, la nieve se habrá desprendido de la pared y formado un reborde en la base. Si caigo sobre esa capa de nieve, quizá salga de esta con vida, pero si no hay nieve caeré, a ciencia cierta, sobre las piedras, y a esta velocidad la muerte será inevitable. Si tras el impacto no estoy muerto o inconsciente, lo que tengo que hacer es sacar inmediatamente la petaca de vinagre de alcohol y echarme unas gotas en la lengua. Tengo que esforzarme por no perder el bastón; quizá aún pueda serme útil". Por tanto, lo así con fuerza. Pensé en quitarme las gafas y tirarlas para que los cristales rotos no me dañaran los ojos, pero con los golpes y tumbos de la caída no conseguí mover las manos. Luego me sobrevinieron una serie de pensamientos sobre los compañeros que había dejado atrás. Me dije que, por afecto a ellos, al aterrizar debía gritarles un: "¡Estoy bien!", independientemente de si estaba o no herido

13. El autor cita la traducción al inglés de la experiencia cercana a la muerte que tuvo Heim, publicada en Russell Noyes y Roy Kletti, «The Experience of Dying from Falls», *Omega* 3, 1972, págs. 45-52.

de gravedad. Así mis hermanos y los tres amigos que estaban con ellos podrían recuperarse del susto lo suficiente como para emprender el difícil descenso hasta mi posición. Lo siguiente que pensé es que no podría dar mi conferencia inaugural en la universidad, que estaba programada para cinco días después. Pensé en cómo afectaría la noticia de mi muerte a mis seres queridos y los consolé en mis pensamientos. Experimenté simultáneamente observaciones objetivas, pensamientos y sentimientos subjetivos. Luego escuché un ruido sordo y dejé de caer.»

Me llamó la atención que a Heim le llevara un rato largo relatar la larga e intrincada cadena de pensamientos que había tenido durante los escasos segundos que duró la caída. Otras muchas personas que han tenido estas experiencias hablan de esta misma aceleración del pensamiento. John Whitacre tuvo una ECM a los cuarenta y siete años durante la convalecencia de una operación de cáncer de páncreas y de hígado. Según me contó, su proceso mental durante la ECM fue el siguiente:

«También percibí que tenía un cuerpo, muy parecido al cuerpo físico que había dejado. Noté que me encontraba en un estado de consciencia ampliado, mi mente estaba extremadamente activa y alerta ante lo que estaba experimentando. Mientras duró ese estado estuve muy atento y mis pensamientos parecían ir casi al doble de la velocidad normal, aunque eran de naturaleza muy clara».

La mitad de las personas a las que he entrevistado afirmaron que durante su ECM experimentaron un estado mental más lúcido de lo habitual y casi el mismo número lo describió como más ágil y rápido. Gregg Nome estuvo a punto de ahogarse a los veinticuatro años, cuando el neumático hinchable en el que iba volcó al caer por una cascada. Me contó que de pronto se había encontrado atrapado boca abajo en la arena del lecho del río:

«En ese momento, mis pensamientos discurrían rapidísimo. Parecía que por mi mente pasaban muchas cosas simultáneamente, superponiéndose. De pronto, comenzaron a pasar imágenes a una velocidad extremadamente alta. Y me quedé atónito al descubrir que mi mente tenía la capacidad de comprenderlas a la misma velocidad. Después, me asombró aún más comprobar que además podía pensar en otras cosas al tiempo que procesaba las imágenes. De repente, todo tenía sentido. Recuerdo que pensé: "Ahhh, así que es esto. Todo es así de sencillo y está perfectamente claro; simplemente, nunca lo había contemplado desde este punto de vista"».

Otra característica vinculada a la rapidez del pensamiento es la sensación de que el tiempo se ralentiza. Rob tuvo una ECM a los cuarenta y cuatro años. La escalera en la que estaba subido perdió el apoyo y él cayó hacia atrás. Me contó que su percepción del tiempo se había ralentizado mientras su pensamiento se aceleraba:

«La caída en sí transcurrió muy lentamente, casi como una serie de fotogramas a cámara lenta. Una especie de progresión visual en "clic", "clic". Y esta lentitud aceleró radicalmente el ritmo de mis pensamientos, lo que me permitió calcular cómo podía manipular la escalera para no impactar sobre el adoquinado desde una altura de dos pisos. No es solo que la caída se ralentizara, sino que mi pensamiento se volvió muy claro. De hecho, recuerdo haber pensado que era mejor orientar la caída hacia los arbustos, así, aunque quizá me desgarraran la piel, al menos amortiguarían el golpe. Y eso es exactamente lo que sucedió. Rodé y evité golpearme la cabeza. Aquella ralentización maravillosa que me permitió pensar con tal claridad en fracciones de segundo fue fantástica».

Lo que contaba Rob sobre cómo el tiempo se había ralentizado, dándole margen para pensar una estrategia que le diera opciones de sobrevivir, me recordó a la historia de Albert Heim cayendo por la montaña. Es posible que la descripción de la

ECM de Heim tenga implicaciones científicas interesantes. El psicólogo Joe Green ha planteado la cuestión de si el relato de Heim pudo llegar a desempeñar algún papel en la teoría de la relatividad de Einstein.[14] En un artículo publicado en 1892, Heim escribió que, según caía, «El tiempo se expandió considerablemente». En otras palabras, para él el tiempo pareció ralentizarse, lo que le permitió analizar su situación. Heim solía compartir su historia de la ECM con sus estudiantes en el Instituto Politécnico de Zúrich, donde enseñaba geología. Uno de aquellos estudiantes era un adolescente Albert Einstein,[15] que asistió al menos a dos clases con él, sesiones que después, en una carta dirigida al hijo de Heim, describiría como «mágicas».[16] Una década después, Einstein publicó un artículo revolucionario en el que describía su teoría de la relatividad, según la cual el tiempo se ralentiza cuanto más rápido se viaja.[17] Es imposible saber con certeza si esto es algo más que una coincidencia, pero me hizo preguntarme si el relato de Heim sobre la desaceleración del tiempo a medida que su caída se aceleraba se alojó, sigilosamente, en el fondo de la mente de Einstein y terminó influyendo en su idea de que el tiempo no es una constante, sino que varía según la velocidad a la que uno se desplace.

Una versión más extrema de esta ralentización del tiempo es

14. Joseph Timothy Green, «Did NDEs Play a Seminal Role in the Formulation of Einstein's Theory of Relativity?», *Journal of Near-Death Studies*, 20(1), 2001, págs. 64-66.

15. Ronald W. Clark, *Einstein: The Life and Times*, Nueva York, Avon, 1971, pág. 54.

16. Albrecht Fölsing, trad. al inglés de Ewald Osers, *Albert Einstein*, Nueva York, Penguin, 1997, pág. 66.

17. Albert Einstein propuso su teoría de la relatividad en, «Zur Elektrodynamik bewegter Körper», *Annalen der Physik* 322(10), 1905, págs. 891-921. (Traducido al ingles por George Barker Jeffery and Wilfred Perrett y publicado como «On the Electrodynamics of Moving Bodies» en *The Principle of Relativity*, Londres, Methuen, 1923.) [Hay trad. cast.: «Sobre la electrodinámica de los cuerpos en movimiento», en *Teorema. Revista internacional de filosofía*, vol. 24, núm. 2, 2005, págs. 91-119.

la sensación de atemporalidad total que aparece en muchos relatos de experiencias cercanas a la muerte. Joe Geraci, un policía de treinta y seis años que estuvo a punto de desangrarse durante una operación, afirmó haber tenido esta sensación en su ECM: «Supe lo que era experimentar la eternidad, que no exista el tiempo. Intentar explicárselo a otra persona es extremadamente difícil. ¿Cómo puedes explicar un estado de atemporalidad, en el que nada progresa de un punto a otro, donde todo está ahí simultáneamente mientras tú te encuentras totalmente inmerso en ello? No me importaba en absoluto si estuve ido tres minutos o cinco, esa cuestión solo tiene relevancia aquí».[18]

Para Joe, no es que el tiempo se ralentizara, sino que pareció esfumarse por completo. Muchas personas que han tenido una ECM describen esa sensación de atemporalidad. Hay quienes cuentan también que, aunque el tiempo sí seguía existiendo, de algún modo la ECM parecía discurrir fuera de él. Todo sucedía a la vez, o bien eran ellos quienes parecían ir adelante y atrás en el tiempo. Otros sostienen que durante su ECM el tiempo dejó de existir y el mismo concepto de tiempo dejó de tener sentido.

Tres cuartas partes de las personas que me han narrado sus ECM me han hablado de esta alteración en la percepción del tiempo y más de la mitad ha afirmado haber tenido una sensación de atemporalidad. Según descubrí, esta ralentización o detención del tiempo, igual que la aceleración de los procesos mentales, solía ocurrir más habitualmente en las ECM que sobrevenían de forma imprevista, como en un accidente automovilístico o tras un fallo cardíaco en personas aparentemente sanas, y eran menos comunes en las ECM que sí podían esperarse,[19] como en los casos de

18. La ECM de Joe está descrita en Darlene Taylor, «Profile of an Experiencer: Joe Geraci», *Vital Signs* 1(3), 1981, págs. 3 y 12.
19. Ian Stevenson y Bruce Greyson, «Near-Death Experiences: Relevance to the Question of Survival after Death», *JAMA*, 242(3), 1979, págs. 265-267; Bruce Greyson, «A Typology of Near-Death Experiences», *American Journal of Psychiatry* 142(8), 1985, págs. 967-969; Bruce Greyson, «Varieties of Near-Death Experience», *Psychiatry* 56(4), 1993, págs. 390-399.

personas que padecían una enfermedad mortal y sufrían un agravamiento de su dolencia, o que habían intentado suicidarse. En los casos en los que sí se producen, estas alteraciones en el pensamiento y el sentido de la temporalidad suelen aparecer al comienzo de las ECM y parece que el hecho que las desencadena es la toma de consciencia de la cercanía de la muerte. Este vínculo entre la ralentización del tiempo y lo inesperado de la proximidad de la muerte es un factor que solo descubriría después de analizar una muestra muy amplia de ECM.

Me parecía que la relación entre la inesperada cercanía de la muerte y la claridad y agilidad del pensamiento tenía sentido. Si uno se encuentra súbitamente en una situación crítica de vida o muerte, tratando de salvarse, puede resultarle útil tanto ralentizar la percepción del tiempo como pensar más rápido y con claridad, tal como hicieron Albert Heim y Rob al precipitarse al vacío. Sabemos también que las personas que tienen la certeza de que van a morir pronto a menudo hacen un repaso de su vida porque anticipan el final. Quizá estas personas no necesiten contemplar de nuevo toda su historia vital cuando finalmente les sobreviene la muerte. Por este motivo, tiene sentido que estas alteraciones en el pensamiento sean más pronunciadas cuando las ECM ocurren súbita e inesperadamente. Pero aunque encontrara razones que dieran sentido al hecho de que estas personas, al ver amenazada su vida, pensaran con mayor claridad y rapidez y alteraran su percepción del tiempo, ralentizándola, lo que seguía desconcertándome es que pudieran hacerlo; lo que uno podía esperar es que estuvieran aterrorizadas e histéricas. Podía entender por qué el tiempo podía verse alterado durante una ECM, pero esto seguía sin responder a la pregunta sobre cómo ocurría este fenómeno.

Aparte de este incremento en la velocidad y claridad habitual de su pensamiento, muchas de las personas que tienen una experiencia cercana a la muerte explican que también se les aguzan los sentidos, como la vista o el oído. Jayne Smith tuvo una ECM a los veintitrés años, durante el parto, al sufrir una reacción adversa a la anestesia.[20] Me describió así el comportamiento de sus sentidos durante esa experiencia:

«De pronto estaba en un prado, tenía una gran claridad mental, la identidad intacta y de nuevo era consciente de poseer un cuerpo. Era un prado verde precioso, con hermosas flores y colores, iluminado por una luz radiante y gloriosa, distinta de cualquier luz que hubiera visto antes, y lo mismo sucedía con el cielo, la hierba y las flores, tenían unos colores totalmente nuevos. Recuerdo muy bien haber pensado al mirarlos: "¡Algunos de estos colores no los he visto nunca!". Y, maravilla de maravillas, me di cuenta de que lo que estaba viendo era la luz interior de todas las cosas vivas, una absoluta gloria de color. No era la luz reflejada, sino un suave resplandor interior que brillaba en todas las plantas. Y sobre mi cabeza, el cielo, límpido y azul, refulgía con una luz infinitamente más hermosa que cualquiera que conozcamos».

Las extraordinarias sensaciones de Jayne eran de tipo visual, pero en ocasiones también intervienen otros sentidos. Gregg Nome, que estuvo a punto de morir ahogado al precipitarse por una cascada montado en un neumático, también me habló de la extraordinaria agudeza de sus sentidos:

«De repente, podía oír y ver de una forma totalmente nueva. El sonido de la cascada era tan nítido y claro que resulta verdaderamente indescriptible. Dos años antes de aquello, había sufrido una lesión en el oído derecho. Alguien tiró un petardo enorme y potentísimo durante un concierto dentro de un bar y

20. Jayne ha narrado su experiencia cercana a la muerte en Jayne Smith, «... Caught Up into Paradise», *Vital Signs* 3(1), 1983, págs. 7 y 10; y en Jayne Smith, «Unconditional Love: The Power and the Glory», *Vital Signs* 19(1), 2000, pág. 4.

me explotó justo al lado. Pero durante la ECM oía con perfecta claridad. Y lo de la vista era aún más bello. Era como si hasta entonces hubiera vivido limitado por mis sentidos. Podía ver con absoluta claridad y de forma simultánea tanto las cosas que estaban muy lejos de mí como las que tenía cerca. Y de forma nítida, sin un ápice de desenfoque».

En el caso de Gregg, no solo su vista se volvió más vívida de lo habitual, también recuperó su deteriorado sentido del oído y, en conjunto, todos sus sentidos físicos se aguzaron. Dos tercios de los casos de ECM recogidos en mi investigación incluían sensaciones extraordinariamente vívidas durante la experiencia. La mayoría, relacionadas con percepciones visuales insólitas o colores únicos, o con una agudeza extraordinaria del oído que les permitía escuchar sonidos nuevos y singulares. En raras ocasiones, los participantes hablaban también de olores o sabores inusuales.

No tenía muy claro qué pensar de estas experiencias. Es muy difícil explicar la extraordinaria capacidad perceptiva y mental que se produce durante las ECM —en un momento en el que el cerebro está dañado— bajo los presupuestos habituales de qué es y cómo funciona el cerebro. Pero su naturaleza paradójica me atraía y deseaba intentar comprenderla. No podía descartarla sin más. Tenía la esperanza de que contemplar estas experiencias en un contexto más amplio pudiera ayudarnos a entender su significado. Y ese contexto más amplio incluía otra característica de las ECM que también suponía todo un desafío.

3

El visionado de la propia vida

Otra característica común a muchas ECM que me parecía particularmente importante era la de ese «visionado de la propia vida», y que consiste en que el sujeto ve sucederse ante sus ojos algunas escenas de su pasado.[21] Gregg Nome, el chico que estuvo a punto de ahogarse a los veinticuatro años cuando el neumático en el que iba montado volcó al caer por una cascada, me dijo que había visto pasar ante sus ojos toda su vida en rápida sucesión, incluidos acontecimientos que había olvidado hacía mucho tiempo:

«Me daba cuenta de que en ese proceso yo era un espectador pasivo, como si hubiera otra persona manejando el proyector. Por primera vez contemplaba mi vida desde un punto de vista objetivo, lo bueno y lo malo. Me daba cuenta de que aquellas imágenes eran una especie de capítulo final, y de que, en el momento en que el flujo de imágenes se detuviera, perdería la consciencia para siempre.

»Las imágenes empezaban con algunas escenas de mi infan-

---

21. Ian Stevenson y Emily Williams Cook, «Involuntary Memories during Severe Physical Illness or Injury», *Journal of Nervous and Mental Disease* 183(7), 1995, págs. 452-458; Russell Noyes y Roy Kletti, «Panoramic Memory: A Response to the reat of Death», *Omega* 8(3), 1977, págs. 181-194.

cia en colores vívidos. Me dejó pasmado verme sentado en una trona de bebé, cogiendo la comida con la mano y tirándola al suelo. Y ver a mi madre, veinticinco años más joven, diciéndome que los niños buenos no tiraban la comida. Después, me vi en un lago durante unas vacaciones de verano, con tres o cuatro años. Mi hermano mayor y yo todavía no sabíamos nadar y nos metíamos al agua con una burbuja en la espalda que nos ayudaba a flotar. Por la razón que fuera yo estaba enfadado con mi hermano y, para demostrarlo, le tiré la burbuja al lago. Mark se llevó un disgusto enorme y empezó a llorar, y entonces llegó mi padre y me explicó que lo que había hecho no estaba bien, y que ahora él y yo teníamos que coger el bote y remar para ir a buscarla y que después yo tendría que disculparme. Me sorprendió ver todas esas cosas que había olvidado hacía tanto tiempo.

»Me parecía que, de algún modo, todas las escenas que veía tenían que ver con experiencias de las que había aprendido algo y me habían hecho madurar. También vi algunos sucesos que de una forma u otra me habían resultado traumáticos. Las imágenes continuaban pasando a gran velocidad y sabía que el tiempo se acababa, porque las escenas cada vez se acercaban más al presente. Y entonces, cesaron. Solo había oscuridad y una sensación como de breve pausa, como si estuviera a punto de ocurrir algo».

Repasando la bibliografía existente sobre este tipo de fenómeno, descubrí que el visionado de la propia vida tampoco era algo nuevo. En 1791, el contraalmirante sir Francis Beaufort, que por entonces solo era un guardiamarina de diecisiete años, se cayó de un barco en el puerto de Portsmouth, en la costa sur de Inglaterra.[22] Por desgracia, aún no había aprendido a nadar. Tras luchar por mantenerse a flote durante unos minutos, terminó

22. La descripción de su ECM aparece en las páginas 77 y 78 de Francis Beaufort, *Notice of Rear-Admiral Sir Francis Beaufort, K.C.B.*, Londres, J. D. Potter, 1858.

exhausto, perdió el conocimiento e inmediatamente experimentó una sensación de calma y ciertas transformaciones en su proceso mental. Más tarde, lo explicaría de esta manera:

«En cuanto cesaron todos mis esfuerzos por mantenerme a flote —imagino que como consecuencia directa de la asfixia total—, un sereno sentimiento de la más perfecta tranquilidad se impuso al tumulto de sensaciones previas. Podríamos llamarlo apatía, pero sin duda no resignación. Aunque los sentidos se encontraban amortiguados, no así la mente; su actividad parecía vigorizada, en una medida que desafía toda explicación, porque un pensamiento se superponía a otro a una velocidad no solo indescriptible, sino también probablemente inconcebible para cualquiera que no haya estado en una situación similar.

»Incluso ahora puedo reseguir en gran medida el curso de aquellos pensamientos: el suceso que acababa de ocurrir y la torpeza que lo había desencadenado fue la primera serie de reflexiones que se manifestaron. Seguidamente ampliaron su espectro: nuestra última travesía, un viaje y un naufragio anterior, mi escuela, los progresos que había hecho allí y el tiempo que había perdido, e incluso todas mis actividades y aventuras infantiles. Así, viajando hacia atrás en el tiempo, cada incidente pasado de mi vida asomaba a mi memoria en sucesión retrógrada; pero no en forma de mero esbozo, como aquí se cuenta, sino como una imagen completa que incluía cada minuto y cada detalle de la vivencia. En resumen, el período entero de mi existencia parecía situarse ante mí en una especie de repaso panorámico, y cada uno de sus actos parecía venir acompañado de una consciencia del bien y del mal, o de alguna reflexión sobre su causa o consecuencias; de hecho, muchos sucesos que tenía olvidados desde hacía tiempo se agolparon en mi imaginación, y lo hacían acompañados del carácter familiar de los acontecimientos recientes».

Según describe Beaufort, sus pensamientos no solo se iban acelerando, sino que también abarcaban todos y cada uno de los incidentes de su vida, y podía juzgar como correctas o incorrectas todas sus acciones. Muchas de las personas que me han hablado de sus ECM han descrito este tipo de visionado panorámico de la vida.

Tom Sawyer, supervisor del departamento de carreteras de la ciudad, tenía treinta y tres años cuando experimentó una ECM tras sufrir un accidente mientras trabajaba bajo una camioneta y el vehículo se le desplomó sobre el pecho.[23] Nuestro primer contacto fue por carta. En 1981 me escribió para decirme que le había prometido a la mujer de Raymond Moody, Louise, que se pondría en contacto conmigo para participar como voluntario en mi investigación. A lo largo de los veinticinco años siguientes llegaría a conocer bastante bien a Tom y a su mujer, Elaine, hasta que a Tom lo venció una enfermedad pulmonar crónica. Pero durante aquel cuarto de siglo, vivimos siempre a una distancia no superior a un día de viaje en coche, y con frecuencia Tom encontró razones suficientes para hacer ese trayecto. Me describió con todo detalle el accidente que había causado su ECM:

«Estaba arreglando mi camioneta. Mi hijo Todd, que tenía nueve años, acababa de volver del colegio y quería ayudarme. Había seguido con especial meticulosidad todos los procedimientos de seguridad, sobre todo por Todd. Tenía la camioneta elevada sobre una serie de bloques, vigas y borriquetas, muy bien asegurada. La había levantado con el gato y yo estaba tumbado boca arriba en una camilla de mecánico. Iba a cambiar una rótula de dirección y a reparar o reconstruir las juntas de la transmisión.

»Me deslicé bajo la furgoneta y le fui pidiendo a Todd las herramientas que necesitaba. Empecé con las juntas de la transmisión y de pronto la camioneta comenzó a tambalearse. En cuanto lo noté, supe que algo iba catastróficamente mal. Había hecho mucho más de lo necesario para asegurarla antes de me-

23. Tom describió su ECM en Sidney Saylor Farr, *What Tom Sawyer Learned from Dying*, Norfolk, Virginia, Hampton Roads Publishing, 1993.

terme debajo. Semanas después del accidente descubrí que el suelo en el que estaba apoyado el gato había cedido. Había una bolsa de aire debajo del asfalto, este se hundió bajo el peso del gato y desplazó hacia un lado la camioneta. El movimiento lateral tiró las vigas de seis por seis y, al ceder, la camioneta no se apoyó sobre las borriquetas que había colocado en la parte delantera y, claro, se me cayó encima.

»Me pareció que todo sucedía a cámara superlenta. Mientras la camioneta se me venía encima, intenté gritar: "¡Todd, pide ayuda!". Pero el vehículo de doscientos kilos me cayó sobre el pecho antes de que pudiera decir mucho y me dejó sin aire. El cuadro me golpeó justo entre la costilla inferior y el esternón.

»Solté todo el aire de golpe y con solo medio hálito en mi interior lo normal es que no hubiera podido contener la respiración por mucho tiempo. Moví la cabeza y traté de luchar contra la inconsciencia con un ferviente deseo de sobrevivir a aquel accidente idiota y de seguir con mi vida. Al final, me quedé sin oxígeno y perdí la consciencia. Noté que me había quedado paralizado y, en último término, percibí que mis párpados se cerraban y dejé de ver. En ese momento mi corazón aún latía, cada vez más despacio. Fue muy curioso, muy interesante, sentir los últimos tres latidos. Y después solo una especie de vacío».

Tom contaba que durante la ECM que siguió al accidente revivió algunos episodios dolorosos de su vida:

«Vi pasar ante mí toda mi vida. La mejor forma de explicarlo es con un ejemplo. Un día, cuando tenía unos ocho años, mi padre me dijo que cortara el césped y arrancara las malas hierbas del jardín. La tía Gay, hermana de mi madre, vivía en la casita de atrás. Siempre era muy divertido estar con ella. A todos los niños nos parecía que era una persona genial. Pues bien, la tía Gay me había contado los planes que tenía para unas florecillas silvestres que crecían en pequeñas enredaderas en el jardín trasero y me había pedido que no las tocara.

»Pero mi padre me había dicho que cortara el césped y las malas hierbas. Bueno, podía haberle explicado a mi padre que la tía Gay quería dejar crecer aquellas malas hierbas en esa zona en concreto. O podía haberle explicado a tía Gay que mi padre me había ordenado que cortara el césped y las malas hierbas. O podía, metódica y concienzudamente, cortar el césped y arrancar las malas hierbas. Y eso hice. Decidí deliberadamente portarme mal, ser malo. Mi tía Gay no me dijo jamás una palabra; nunca se habló del tema. Pensé: "Ajá, me he librado". Fin de la historia.

»Pero ¿sabes qué? Durante aquel repaso vital no solo reviví la experiencia, sino cada uno de mis pensamientos y mis actitudes con exactitud; percibí hasta la temperatura y otras cosas que sin duda era imposible que hubiera tenido en cuenta con ocho años. Por ejemplo, en esa época no era consciente de la cantidad de mosquitos que había en la zona. Pero mientras revivía el episodio, podía haber contado cada mosquito. Todo era mucho más exacto de lo que podría haberse percibido en el momento concreto y real del suceso. Experimenté cosas que no pueden percibirse. Me vi cortando el césped desde arriba, en una especie de *travelling* que abarcó de unos pocos metros hasta una altura de unos seiscientos. Lo contemplé todo. El visionado de mi vida fue absoluta y extremadamente completo, desde mi primer aliento en este mundo hasta el accidente. Aquella vista panorámica lo abarcaba todo. Lo era todo».

Otros pacientes me habían descrito episodios similares —durante sus ECM también habían revivido su vida al detalle—, y hasta entonces yo los había entendido como una reacción psicológica ante la amenaza de la muerte. Pero entonces Tom me habló de un elemento adicional que me resultó más difícil de entender. Tom revivió su vida entera no solo a través de sus propios ojos, sino también desde la perspectiva de otras personas, y me describió esta experiencia de forma muy gráfica:

«No solo volví a sentir la alegría y la emoción que experimenta un niño de ocho años después de librarse de un buen lío, sino que también observaba todo el suceso como un adulto de treinta y tres años, con la madurez y la perspectiva que había adquirido para entonces. Pero también era algo más que eso.

»También lo viví exactamente como si yo fuera mi tía Gay en el momento en que salió de su casa y vio que alguien había cortado las malas hierbas. Fui consciente de toda su cadena de pensamientos. "Oh, Dios mío, ¿qué ha pasado aquí? Vaya, Tommy se ha debido de olvidar de lo que dije. Pero cómo se va a olvidar... Bah, déjalo. Tommy nunca ha hecho una cosa así. Oh, era tan importante. Tenía que saberlo... No, no podía saberlo".

»Todo un ir y venir de pensamientos, entre valorar aquella posibilidad y descartarla: "Bueno, es posible. No, Tommy no es así. De todas formas, no importa; lo quiero. No le voy a decir nada. Si se ha olvidado de lo que le dije y se lo recuerdo, heriré sus sentimientos. ¿O debería preguntárselo directamente?".

»A lo que me refiero es a que estaba dentro del cuerpo y la cabeza de mi tía Gay, en sus ojos, en sus emociones y sentimientos, en sus preguntas sin respuesta. Sentí la decepción, la humillación. Fue una experiencia devastadora que cambió bastante mi actitud.

»Aparte de todo esto, y lo que probablemente es más importante desde un punto de vista espiritual, yo era capaz de observar la escena de forma absoluta, positiva, incondicional. En otras palabras, no con el horrible sentimiento de disgusto que experimentó mi tía Gay. Lo viví con el amor incondicional propio y exclusivo de la mirada de Dios, o la de Jesucristo, o la luz de Jesús, o la luz de Buda iluminado, la entidad espiritual. Sin emitir juicio alguno. Y todo ello, de forma simultánea al sentimiento de total aflicción que le provoqué a mi tía. Y a la arrogancia, los pensamientos sarcásticos, los malos sentimientos y la excitación que experimenté en mi propia vida a aquella temprana edad».

Una cuarta parte de los participantes de mi estudio afirmaron haber experimentado este fenómeno de revisión vital. En algunos casos, habían visto toda su vida desfilando ante sus ojos como un fogonazo, desde su nacimiento hasta el presente o en orden inverso. Otros habían visto distintas escenas, las que habían querido. La gran mayoría afirmaba que las imágenes de este repaso eran más vívidas que los recuerdos ordinarios. Algunos describieron la experiencia como si contemplaran imágenes de su pasado igual que lo harían en una pantalla de cine o en las páginas de un libro. Pero muchas otras, como Tom, aseguraban que habían vuelto a experimentar aquellos hechos del pasado como si estuvieran sucediendo en ese momento, reviviendo todas las sensaciones y emociones originales.

Tres cuartas partes de quienes habían experimentado este fenómeno aseguraron que habían cambiado el orden de prioridades de su vida. La mitad tuvo la sensación de que evaluaban sus actos, la mayor parte de las veces juzgándose a sí mismos sobre lo correcto o incorrecto de sus acciones. Y más de la mitad experimentó estos hechos pasados no solo a través de sus propios ojos, sino también, como en el caso de Tom, desde el punto de vista de otras personas, reviviendo los sentimientos de los demás tanto como los propios.

Barbara Harris Whitfield tuvo una ECM a los treinta y dos años a causa de las complicaciones respiratorias derivadas de una operación de espalda.[24] Me describió su episodio de revisión vital, durante el cual volvió a experimentar el maltrato infantil al que había sido sometida de niña, pero desde la perspectiva de otras personas implicadas en los hechos:

«Dejé mi cuerpo y salí de nuevo a la oscuridad. Miré hacia

---

24. Barbara describió su ECM en Barbara Harris y Lionel C. Bascom, *Full Circle*, Nueva York, Pocket Books, 1990; y en Barbara Harris Whitfield, *Final Passage*, Deerfield Beach (Florida), Health Communications, 1998.

abajo, a la derecha, y me vi dentro de una burbuja, en una cama circular, llorando. Luego miré hacia arriba, a la izquierda, y me vi en otra burbuja, con un año, boca abajo en mi cuna, llorando igual de fuerte. Decidí que no quería seguir siendo la Barbara de treinta y dos años y que prefería irme con el bebé. A medida que me alejaba del cuerpo de la Barbara de treinta y dos años que yacía en la cama circular, sentí como si me estuviera liberando de esta vida. Al mismo tiempo percibí una Energía que me envolvía y me atravesaba, impregnándome, sosteniendo cada molécula de mi ser.

»En cada una de las escenas del visionado de mi vida volví a sentir lo mismo que había sentido en cada uno de aquellos momentos. Y también podía sentir todo lo que habían sentido los demás como consecuencia de mis acciones. Algunos sentimientos eran agradables y otros horribles. Y todo ello se traducía en conocimiento y aprendizaje, ¡cuánto aprendí! La información fluía a una velocidad tan increíblemente vertiginosa que con toda probabilidad podría haber entrado en combustión de no haber sido por aquella extraordinaria energía que me sostenía. Me llegaba la información y después el amor neutralizaba el juicio que emitía contra mí misma. Revivía mis propias percepciones y sentimientos en cada escena, pero también las percepciones y sentimientos de todas las demás personas involucradas. No existía el bien ni el mal. Solo estábamos yo y mis seres queridos, tratando de vivir o, simplemente, de sobrevivir.

»Fui hacia el bebé que veía en el ángulo superior izquierdo, en la oscuridad. Imagínese al bebé dentro de una burbuja y esa burbuja en el centro de una nube de miles y miles de burbujas. Cada burbuja contenía otra escena de mi vida. Mientras me acercaba al bebé, era como si me desplazara entre las burbujas, mientras al mismo tiempo experimentaba una secuencia lineal que me permitió revivir mis treinta y dos años de vida. Me oía decir a mí misma: "No me extraña, no me extraña". Ahora creo que ese "no me extraña" significaba "No me extraña que seas como eres ahora. Mira todo lo que te hicieron cuando eras pequeña".

»Mi madre era drogodependiente, siempre estaba enfadada,

amargada. Con aquel repaso volví a revivir todo mi trauma infantil, pero no a través de pequeños fragmentos, como lo recordaba de adulta, sino que lo vi y lo sentí todo exactamente como lo había vivido en el momento en el que sucedió. Y yo no solo era yo, también era mi madre. Y mi padre. Y mi hermano. Éramos todos uno. Sentía el dolor de mi madre y su propia experiencia de haber sido abandonada en la infancia. Ella no quería ser mala, simplemente no sabía cómo ser cariñosa o tierna. No sabía amar. No entendía de qué iba la vida en realidad. Y seguía enfadada por su propia infancia, enfadada por haber sido pobre y por los ataques epilépticos de su padre. Los sufría casi a diario hasta que murió cuando ella tenía once años. Y mi madre estaba enfadada porque él la había dejado sola.

»Todo fluía en retroalimentación. Vi la rabia de mi hermano por los malos tratos que le infligía mi madre y cómo él volcaba aquella rabia contra mí. Vi cómo todos estábamos conectados en aquella danza que comenzaba con mi madre. Vi cómo su cuerpo expresaba su dolor emocional. Y me oí a mí misma diciendo: "No me extraña, no me extraña". Y entendí que me maltrataba porque se odiaba a sí misma.

»Vi que para poder sobrevivir yo también me había rendido. Olvidé que era una niña. Me convertí en la madre de mi madre. De pronto supe que a mi madre le había pasado lo mismo en su infancia. Dedicó su infancia a cuidar de su padre, porque era ella quien se encargaba de atenderlo cuando sufría los ataques. De pequeñas, tanto ella como yo nos convertimos en lo que los demás necesitaban. Durante aquella revisión de mi vida también vi el alma de mi madre, lo dolorosa que era su vida y lo perdida que estaba. En aquel repaso de mi vida vi que ella era una buena persona atrapada en un desamparo enorme. Vi su belleza, su humanidad y sus necesidades, que habían sido desatendidas durante su infancia. La amé, la entendí. Puede que estuviéramos atrapadas, pero aun así nuestras almas seguían conectadas mientras interpretábamos la danza de la vida, unidas por la misma fuente de Energía que nos había creado.

»En el transcurso de esta experiencia me vi casándome y teniendo mis propios hijos, y vi que estaba a punto de repetir el ciclo de abuso y trauma que había vivido de pequeña. Me estaba convirtiendo en mi madre. A medida que mi vida se iba desplegando ante mis ojos, podía ver con cuánta severidad me había tratado a mí misma, porque eso es lo que me habían enseñado de niña. Me di cuenta de que el único gran error que había cometido en mis treinta y dos años de vida era no haber aprendido a quererme a mí misma».

¿Cómo le damos sentido a una de estas revisiones de la propia vida? Durante el último medio siglo, los terapeutas que trabajan con personas que están en la última etapa de su vida han recurrido a la «terapia de revisión de vida» —un repaso minucioso, sistemático y guiado por los principales acontecimientos de la vida— considerándola una herramienta terapéutica fundamental.[25] Este tipo de terapia puede ayudar al sujeto a afrontar la pérdida, la culpa, los conflictos y las derrotas, y a encontrar significado a su vida y a sus logros. Este cierre puede ser fundamental para ayudar a las personas a afrontar la muerte con mayor serenidad.

Y en los casos de personas que han regresado después de una ECM, esta revisión de la vida puede ayudarles no solo a sobrellevar las pérdidas y a encontrar significado a su vida, sino también a implementar cambios en su comportamiento a partir de lo que han aprendido. El hecho de que Tom reviviera algunos sucesos no solo a través de sus ojos, sino también de los de otras personas, lo ayudó a entender el dolor que les había causado y

25. David Haber, «Life Review: Implementation, Theory, Research, and Therapy», *International Journal of Aging and Human Development* 63(2), 2006, págs. 153-171; Robert N. Butler, «The Life Review: An Interpretation of Reminiscence in the Aged», *Psychiatry* 26(1), 1963, págs. 65-76; Myrna I. Lewis y Robert N. Butler, «Life-Review Therapy: Putting Memories to Work in Individual and Group Psychotherapy», *Geriatrics* 29(11), 1974, págs. 165-173.

a no repetir ese tipo de comportamiento. El hecho de que Barbara reviviera los traumas de su infancia no solo a través de su experiencia, sino también desde la de su madre, la ayudó a comprender y a recolocar el maltrato sufrido, y también a modificar algunas aspectos de su vida para evitar reproducir el ciclo de maltrato con sus propios hijos.

Al margen de todos estos relatos recientes sobre este tipo de experiencias, no debemos dejar de lado ejemplos similares de siglos pasados, como el del contralmirante Beaufort y su ECM a finales del siglo XVIII. O la historia de Albert Heim, que a finales del siglo XIX contaba que sus pensamientos se habían ido acelerando y el tiempo ralentizándose mientras caía montaña abajo. Estos relatos históricos sugieren que las vivencias de las ECM no son solo un reflejo del modelo cultural actual sobre lo que consideramos qué ocurre cuando morimos. Estas experiencias llevan cientos de años desafiando nuestras ideas sobre cómo funcionan la mente y el cerebro.

Saber que no son fenómenos nuevos, sino quizá experiencias universales que los humanos llevan experimentando durante siglos, no nos explica lo que son. ¿Responden a un mecanismo psicológico común que nos permite experimentar una sensación de cierre antes de morir? ¿Se deben a una disfunción cerebral causada por la proximidad de la muerte? ¿Son algo completamente distinto? Como por entonces no disponía de las herramientas necesarias para estudiar más a fondo las ECM, me propuse desarrollar un modelo de organización y análisis más sistematizado que la simple compilación de relatos. Y eso traería consigo toda una serie de nuevas preguntas y desafíos.

4

Entender toda la historia

La noticia de que yo estaba interesado en las experiencias cercanas a la muerte se fue extendiendo y cada vez más gente empezó a ponerse en contacto conmigo para contarme su historia. Sabía que cuantas más ECM pudiera recopilar, más fácil me resultaría identificar imágenes y elementos comunes a todas ellas. Y también que cuanta más información tuviera sobre los detalles médicos concretos de cada episodio y de lo que había llevado a cada paciente hasta el umbral de la muerte, más fácil sería identificar el mecanismo biológico de estas experiencias. Al mismo tiempo, era consciente de que las ECM que me contaban todas estas personas podían representar una muestra sesgada de todos los tipos de ECM existentes. La muestra configuraba una selección particular: los relatos de aquellas personas que podían y deseaban contar su historia. ¿Podía darse el caso de que las ECM de aquella gente que no quería contarlas o que, simplemente, no podía expresarlas con palabras hubieran sido distintas?

Aparte de recopilar los relatos de estos «voluntarios», tomé la decisión de entrevistar a un gran número de personas que habían estado al borde de la muerte, pero no habían llegado hasta mí por sus propios medios. Mi trabajo en el hospital universitario me facilitaba el acceso a este tipo de pacientes. Con el visto bueno del departamento de cardiología, organicé un estudio para entrevistar a todas las personas que hubieran ingresado en mi hospital a causa de una patología cardíaca grave. Durante un período de dos años y medio, entrevisté a casi 1.600 pacientes ingresados en cardiología, de los cuales 116 habían sufrido un paro cardiorrespiratorio con parada completa del corazón, según se recogía en su historial médico.[26] Claude, un granjero de setenta y dos años, era uno de ellos. Entré en su habitación el día después de su ingreso, me presenté y le pregunté si estaba dispuesto a conversar conmigo sobre lo que le había sucedido. Me miró perplejo, como si lo que le había sucedido fuera perfectamente obvio. Pero accedió a hablar. Le dije que sabía que se le había parado el corazón y le pregunté, igual que le pregunto a todos los pacientes, qué era lo último que recordaba antes de perder el conocimiento.

—Estaba echando la comida a los cerdos —contestó Claude, despacio—, y empecé a marearme, así que volví al establo y me senté en una bala de heno. —Guardó silencio un momento y añadió—: Y eso es lo último que vi.

—¿Y qué es lo siguiente que recuerda, después de eso? —pregunté.

—Me desperté en esta cama, con cables pegados al pecho y una vía en el brazo. Y no sé cómo demonios he llegado aquí.

Intentando que sonara como algo sin importancia, le hice la tercera pregunta que hago a todos estos pacientes:

—¿Y qué recuerda entre ambos momentos?

Claude vaciló, como si me estuviera evaluando, y luego dijo, con el mismo tono casual:

—Creí que iba a encontrarme con mi hacedor, pero mi padre, que murió hace unos quince años, me detuvo y me dijo que tenía que volver.

Mantuve un tono de voz tranquilo y profesional, aunque

26. Bruce Greyson, «Incidence and Correlates of Near-Death Experiences in a Cardiac Care Unit», *General Hospital Psychiatry* 25(4), 2003, págs. 269-276.

el corazón se me había disparado, emocionado, al oír una ECM relatada por una fuente no sesgada. Me acerqué a él y, asintiendo alentadoramente le dije:

—Cuénteme eso de que vio a su padre.

Claude me miró con gesto paciente y, después de un silencio muy breve, me dijo:

—Se lo acabo de contar.

Asentí y traté de pensar en otra pregunta. Pero Claude cerró los ojos y dijo:

—Estoy cansado. Es todo lo que puedo contarle.

Aquello fue suficiente para corroborar mi hipótesis de que entre las personas ingresadas en el hospital sin duda había más pacientes con ECM, igual que Claude. Y en efecto, en el servicio de cardiología encontré otros veintiséis pacientes que me contaron sus experiencias cercanas a la muerte. El 10 por ciento de los que habían sufrido una parada cardíaca total afirmó haber tenido una ECM, y también el 1 por ciento del resto de los pacientes que habían sufrido un ataque al corazón u otra cardiopatía grave sin haber llegado a parada completa.

A continuación tenía que pensar cómo evaluar aquellos relatos de ECM. Estaba claro que no podía observar directamente las experiencias de los pacientes. Todo lo que sabía era lo que esos mismos pacientes me contaban sobre ellas y sobre cómo les habían afectado, pero justo una de las primeras cosas que destacan quienes han tenido una experiencia cercana a la muerte es que resulta imposible describirla con palabras. Así que cuando aun así les insisto y les pido que me cuenten su experiencia, soy consciente de que les estoy pidiendo algo extremadamente difícil. Muchos de ellos recurren a las metáforas culturales o religiosas que tienen a mano para describir algo para lo que carecen de calificativos. Por ejemplo, en sus ECM muchos estadounidenses dicen haber atravesado un espacio largo y oscuro al que llaman «túnel». Quienes proceden de países menos desarrollados donde los túneles no son algo tan habitual puede que lo describan como un «pozo» o «cueva». Dominic, un camionero que vivió una ECM cuando su camión de dieciocho ruedas chocó contra otro vehículo en una autovía, me dijo que había pasado por un «tubo de escape» largo y oscuro, recurriendo a la imagen que más familiar le resultaba. Muchas de las personas que tienen una experiencia cercana a la muerte sienten frustración al no poder expresarla con palabras. Joe Geraci, el policía que estuvo a punto de desangrarse tras una operación, me habló de la frustración que sentía cuando intentaba explicar su ECM:

«Es imposible describirla. Realmente no puede expresarse con palabras. Intentar describírselo a alguien es la cosa más difícil del mundo. No encaja en absoluto en ningún estereotipo. Creo que lo que intento decir es que en mi vida no existe nada a lo que pueda hacer referencia para empezar a explicarlo. Es frustrante intentar hablar de ello. Me esfuerzo por verbalizar ante otros algo que ni siquiera soy capaz de verbalizarme a mí mismo. Es enormemente simple y enormemente profundo, y ese es el problema.

»Es frustrante. Es imposible expresarlo tal y como es; siempre me quedo corto. Ahora mismo me estoy quedando corto. Cualquier cosa que le diga a otra persona se filtra por su pequeño tamiz, a través de sus propias experiencias, y lo registra en función de su propio marco de referencias. Deseaba contárselo a mi mujer, pero era, literalmente, incapaz de hablar. Es difícil tener la experiencia de algo tan hermoso, algo que significa tanto para ti, algo que ha transformado tu vida y, al mismo tiempo, estar tan solo».

También Bill Urfer, un empresario de cuarenta y seis años, me habló de su dificultad para describir la ECM que tuvo en el curso de una cirugía abdominal por apendicitis:[27]

27. Bill describió su ECM en Harry Cannaday (tal como lo cuenta Bill Urfer), *Beyond Tomorrow*, Heber Springs (Arkansas), Bill Urfer, 1980.

«Lo que diga aquí estará limitado por el alcance de la lengua inglesa, pues no se han inventado las palabras adecuadas para relatar esta historia con toda su belleza. Nada en la vida podría haberme preparado para lo que vi. Sé que intentar describir la escena es inútil, y aun así sigo intentándolo. Las palabras no se aproximan ni de lejos a aquello que vi. Tenía que contárselo a alguien, pero era incapaz de encontrar las palabras adecuadas para describir lo que había visto. Los pensamientos rebotaban en mi cabeza una y otra vez, y a veces parecía que iban a derramarse a la vista de todos. Hacía búsquedas en el diccionario y era inútil, las palabras parecían anodinas, les faltaba color.

»Intente dibujar un olor empleando ceras de colores. Por muchas ceras que haya en la caja es imposible. Pues así es describir una ECM empleando las palabras. Da igual el número de palabras que use, es totalmente imposible describir una ECM. Ahí, tumbado en la cama, despierto, en la oscuridad, intentado articular sonidos que lo expliquen. Quizá la música consiga lo que no consigue el lenguaje. Al fin y al cabo, la belleza de ciertos sonidos no puede describirse, sonidos que nos mueven a la acción o nos hacen llorar. Sí, quizá la música sea la única forma de comunicación que pueda explicar el perpetuo sentimiento de paz».

Steve Luiting, que tuvo una ECM a los ocho años, cuando estuvo a punto de ahogarse, explicaba de este modo lo difícil que era intentar describir su experiencia:

«Una vez traspasado el umbral de la muerte, el lenguaje era mucho mucho más complejo y podía, literalmente, encerrar experiencias. Tras regresar a mi cuerpo, hasta los recuerdos de la experiencia se veían atenuados, simplificados y convertidos en símbolos de lo que de verdad había sucedido. Creo que esta simplificación ocurre simplemente porque el cerebro humano es incapaz de entender un mundo mucho más complejo y posiblemente extraño. Cuando leo que hay personas que han visto calles hechas de oro me resulta muy cómico, porque este es justo un ejemplo simplificado de una referencia visual compleja: no se trata tanto de oro como de algo vibrante y vivo, creo».

A Steve la incapacidad de describir su experiencia de forma adecuada lo ha llevado a considerar los detalles concretos de los relatos de otras personas con ECM no en su sentido literal, sino como metáforas. Para él las descripciones de calles de oro, puertas engastadas con perlas y figuras angelicales son las mejores analogías que han podido encontrar las personas que han vivido una experiencia de estas características para transmitir algo que, en esencia, es indescriptible. Jalāl ad-Dīn Rumi, el místico sufí del siglo xiii, dijo: «El silencio es el lenguaje de Dios; todo lo demás es una mala traducción».[28]

Esto mismo es lo que muchas personas parecen querernos decir sobre sus ECM. Y la mayoría tiene menos habilidad con las palabras que Joe, Bill y Steve. Muchas de ellas, como Claude, son incapaces de describir sus ECM con detalle, o tal vez no desean hacerlo. Dicho esto, yo necesitaba sistematizar de alguna forma las descripciones de las ECM para poder llevar a cabo una investigación científica y alcanzar una comprensión lógica de las mismas.

La comunicación siempre es difícil, pues las palabras a menudo resultan inadecuadas, y eso es particularmente cierto en lo que respecta a la comunicación de experiencias emocionales intensas. Pero la dificultad que encuentran muchas personas con ECM a la hora de poner en palabras sus experiencias no es lo único que les impide contar sus historias. Algunas de estas personas temen, con razón, que se considere que están locas o que mienten. El caso de Gina, una policía que había intentado suicidarse, es un ejemplo de estos temores. La conocí mientras rea-

28. Esta cita aparece en la página 134 de Igor Kononenko and Irena Roglič Kononenko, *Teachers of Wisdom*, Pittsburgh, RoseDog Books/Dorrance, 2010.

lizaba un estudio con pacientes hospitalizados tras un intento de suicidio.[29] Mi objetivo era descubrir qué experiencias podían haber tenido durante su roce con la muerte, y posteriormente hacerles un seguimiento mensual para evaluar la persistencia o no de sus pensamientos suicidas. Lo que quería saber era si una experiencia cercana a la muerte podía modificar la actitud de estas personas hacia el suicidio.

Gina era una policía novata de veinticuatro años. De complexión menuda —medía un metro cincuenta y cinco— e indómita melena rizada, poseía una dureza de carácter y unas agallas que dejaban claro a cualquiera que no se andaba con tonterías. En la academia de policía había disfrutado enormemente de las clases y el entrenamiento, pero en cuanto ingresó en el cuerpo se vio atrapada en un entorno machista que la hacía sentirse ridiculizada y acosada. El único deseo que había tenido durante años era ser policía, pero cuando su sargento empezó a acosarla y a tocarla de forma agresiva se vio inmersa en una situación imposible. Se sentía atrapada e, incapaz de ver una salida, tomó una sobredosis y terminó en la unidad de psiquiatría. Pensé que la sobredosis era, al menos en parte, una petición, consciente o inconsciente, de ayuda. Si de verdad hubiera querido acabar con su vida habría usado su arma reglamentaria, un método más seguro y más acorde con su carácter resolutivo.

Le hice las preguntas habituales: ¿Qué era lo último que recordaba antes de perder el conocimiento? ¿Y después de eso? ¿Qué recordaba entre esos dos momentos? Gina afirmaba que no había tenido ninguna experiencia durante el tiempo que es-

29. Bruce Greyson, «Near-Death Experiences and Attempted Suicide», *Suicide and Life-Threatening Behavior* 11(1), 1981, págs. 10-16; Bruce Greyson, «Incidence of Near-Death Experiences following Attempted Suicide», *Suicide and Life-Threatening Behavior* 16(1), 1986, págs. 40-45; Bruce Greyson, «Near-Death Experiences Precipitated by Suicide Attempt: Lack of Influence of Psychopathology, Religion, and Expectations», *Journal of Near-Death Studies* 9(3), 1991, págs. 183-188; Bruce Greyson, «Near-Death Experiences and Anti-Suicidal Attitudes», *Omega* 26(2), 1992, págs. 81-89.

tuvo inconsciente. Así que en un primer momento pensé en incluirla en mi «grupo de control»: aquellos que intentaban suicidarse y no tenían ECM. Pero cuando volví a hablar con ella un mes después para ver cómo estaba y evaluar de nuevo el estado de sus pensamientos suicidas, me sorprendió.

—Gina —comencé—, ¿te acuerdas de que hablaste conmigo cuando despertaste de la sobredosis?

—Sí —respondió, algo vacilante—. Me preguntaste qué recordaba y no te lo conté.

—¿No me lo contaste...? —Arqueé una ceja.

Se quedó callada de nuevo y luego prosiguió:

—Mientras los de la ambulancia me llevaban al hospital, salí de mi cuerpo.

Entonces fui yo quien se quedó en silencio, preguntándome cómo responder a aquello. ¿Podía estar inventándose algo para complacerme, porque quizá creía que la respuesta que me había dado un mes antes me había decepcionado? Decidí concederle el beneficio de la duda, al menos por el momento.

—¿El mes pasado no te acordabas de esto o no te sentías cómoda contándomelo?

Asintió, la frente fruncida en un gesto de preocupación.

—No, no estaba segura de que te estuvieras tomando esto en serio, así que preferí no contarte nada en ese momento.

—Bueno, ¿y ahora qué me puedes contar?

Y empezó a explicármelo todo de inmediato:

—Estaba apoyada contra la ambulancia, mirando mi cuerpo y al sanitario que estaba sentado a mi lado ajustando el flujo de la vía intravenosa que yo tenía puesta en el brazo. Parecía aburrido y no demasiado preocupado por mí. Pero la verdad es que yo tampoco estaba preocupada. Mientras miraba cómo hacía todo aquello y veía que mi cuerpo no se movía ni un poco, pensé: «Vaya, qué interesante», y eso fue todo. No sentía más apego por mi cuerpo del que podría sentir por el suyo.

Esperé a que prosiguiera y luego le pregunté:

—¿Y qué más?

Se quedó en silencio y negó con la cabeza.

—Eso fue todo.

Terminé la entrevista haciéndole las preguntas habituales sobre sus pensamientos suicidas y sobre cómo le iba la vida. Me contó que había plantado cara a su sargento por el tema del acoso y que este había actuado como si no supiera de qué le estaba hablando, así que Gina elevó la queja al jefe de policía. Seguía ocupando el mismo puesto, pero parecía que el acoso había cesado. Le dije que a mi juicio había hecho lo correcto y que seguro que ponerlo en práctica había requerido muchas agallas. Le dije si quería preguntarme algo —no fue el caso—, y le agradecí que hubiera hablado conmigo.

La vi por tercera vez un mes más tarde.

—Gina, la última vez que hablamos me dijiste que habías salido de tu cuerpo cuando ibas en la ambulancia, después de la sobredosis.

—Sí —me contestó, con una sonrisa avergonzada—, pero no te conté que había visto a mi prima.

—¿A tu prima? —Alcé la ceja de nuevo.

—Sí —siguió, sin mirarme—, mi prima Maria estaba conmigo en la ambulancia. Murió hace cuatro años en un accidente de coche. Éramos de la misma edad y lo hacíamos todo juntas. Me dijo que yo aún tenía muchas cosas que hacer y que tenía otras opciones aparte de acabar con mi vida. Fue un poco sarcástica, como siempre, pero también se la veía triste porque me hubiera metido una sobredosis. —Hizo una pausa y luego prosiguió—: Me dijo que iba a enviarme de vuelta para que me enfrentara a mi sargento y no dejara que se saliera con la suya. Y me dijo que si volvía a intentar suicidarme me devolvería otra vez de una patada en mi lamentable culo.

—¿El mes pasado no te sentías segura para contarme esto? Entonces me miró a los ojos y se rio.

—¡Eres psiquiatra, por el amor de Dios! ¡No quería que me mandaras otra vez al hospital! ¡No iba a arriesgarme a que pensaras que estoy loca!

Asentí y me reí también.

—Pero ¿ahora te parece bien contármelo?

Se puso seria y siguió mirándome fijamente.

—Bueno, como no me ingresaste por decir que había salido de mi cuerpo, pensé que también podía contarte esto.

Hablamos un rato sobre los recuerdos que tenía de su prima y cómo se había sentido cuando esta la había hecho regresar, y finalmente pareció quedarse sin fuelle. Volví a terminar con las preguntas habituales sobre el suicidio y sobre cómo le iba. Gina suspiró profundamente y dijo que le parecía que el jefe de policía no la había tomado en serio. Había ido a hablar con su representante sindical y cumplimentado una queja formal, y después había escrito una carta al fiscal del distrito. Yo volví a animarla en su decisión de emprender acciones legales, le ofrecí la oportunidad de planearme cualquier pregunta y le di las gracias de nuevo por hablar conmigo.

Cuando traté de contactar con ella al mes siguiente, me enteré de que había dejado la policía y que le había dicho a su supervisor que volvía a su ciudad natal. Traté de localizarla para entrevistarla otra vez, pero no la encontré.

Sin duda, es posible que la primera vez que hablamos no me contara nada sobre su experiencia extracorpórea y el encuentro con su prima porque en realidad no había sucedido; es posible que se fuera inventando algo cada vez que nos veíamos, pero en realidad no tenía razón alguna para hacerlo y su reacción emocional parecía auténtica. La cuestión de si recordaba o no su experiencia con precisión es otro tema, y tampoco es algo que yo pueda verificar. Pero suena verosímil que Gina se mostrara reacia a hablarle de su experiencia a un psiquiatra, y más en la primera visita, cuando lo que quería era que le dieran de alta en el hospital. ¿Experimentaría algo más durante su ECM y no se atrevió a contármelo? Nunca lo sabré.

Entrevistando a pacientes que han vivido una experiencia cercana a la muerte, he descubierto que hay toda una serie de razones por las que pueden querer guardarse sus ECM para sí mismos.[30] Recordemos que a menudo se trata de experiencias trascendentales y que a algunas de estas personas la experiencia les remueve tanto que no están preparadas para hablar de ella. A algunos les deprime o les enfurece haber regresado a su cuerpo. Hay quienes experimentan un conflicto interno porque la experiencia vivida no concuerda con lo que su religión dice que deben esperar de la muerte. Otros temen que la ECM indique que padecen una enfermedad mental, o que los demás así lo consideren. Y algunas de las personas que han tenido una ECM después de una agresión, un intento de suicidio o un accidente que podrían haber evitado no desean hablar sobre la experiencia porque el suceso los ha traumatizado, les produce vergüenza o se sienten culpables.

A muchos les preocupa que los demás, incluidos los investigadores, no comprendamos lo que les ha sucedido. Temen que si hablan de su ECM se les ridiculice. Algunos sienten que el hecho de contar la experiencia a otras personas la mancillará o trivializará de alguna forma. Y otros sienten que es algo demasiado personal como para compartirlo. Creen que la información

30. Hay un buen número de investigadores clínicos que han explorado esta reticencia de quienes han tenido una ECM a hablar de su experiencia. Véase, por ejemplo, Kimberly Clark, «Clinical Interventions with Near-Death Experiencers», en *The Near-Death Experience*, Bruce Greyson y Charles Flynn (eds.), Springfield (Ilinois), Charles C. Thomas, 1984, págs. 242-255; Cherie Sutherland, *Reborn in the Light*, Nueva York, Bantam, 1995; Regina M. Hoffman, «Disclosure Needs and Motives after a Near-Death Experience», *Journal of Near-Death Studies* 13(4), 1995, págs. 237-266; Regina M. Hoffman, «Disclosure Habits after Near-Death Experiences: Influences, Obstacles, and Listener Selection», *Journal of Near-Death Studies* 14(1), 1995, págs. 29-48; Nancy L. Zingrone y Carlos S. Alvarado, «Pleasurable Western Adult Near-Death Experiences: Features, Circumstances, and Incidence», en *The Handbook of Near-Death Experiences*, cit., págs. 17-40; L. Suzanne Gordon, «An Ethnographic Study of Near-Death Experience Impact and Aftereffects and their Cultural Implications», *Journal of Near-Death Studies* 31(2), 2012, págs. 111-129; Janice Miner Holden, Lee Kinsey, y Travis R. Moore, «Disclosing Near-Death Experiences to Professional Healthcare Providers and Nonprofessionals», *Spirituality in Clinical Practice* 1(4), 2014, págs. 278-287.

que obtuvieron durante sus ECM les fue dada en beneficio propio y no está destinada a ser estudiada o analizada por la comunidad científica.

Para los investigadores, tanto como para la familia y los amigos, puede resultar complicado saber si una persona que ha vivido una ECM está contando la historia completa. Hay tantas razones para que los pacientes no estén dispuestos a hablar de su experiencia que siempre les doy las gracias cuando lo hacen. Después de una ECM, las personas pueden encontrarse en un estado muy vulnerable y lo que hagan después de una vivencia así puede tener gran importancia en su bienestar futuro.

5

¿Cómo distinguir lo que es real y lo que no?

En 1978, poco después de conocer a Raymond Moody y de empezar a explorar las experiencias cercanas a la muerte con Ian Stevenson, me di cuenta de que iba a necesitar una formación en técnicas de investigación médica superior a la que podía ofrecerme una institución orientada hacia la medicina clínica como lo era en aquel momento la Universidad de Virginia. Por eso acepté una plaza de profesor en la Universidad de Michigan, un centro puntero en investigación médica y que contaba con profesionales experimentados que iban a poder enseñarme todo lo que necesitaba saber para estudiar las ECM con rigor científico. En particular, tuve la fortuna de que Gardner Quarton, ya fallecido y por entonces director del Instituto de Investigación de Salud Mental de Michigan, me tomara bajo su tutela y me enseñara a formular preguntas prácticas de investigación y a diseñar protocolos de investigación sólidos.

Gran parte de los primeros estudios sobre ECM, el mío incluido, consistían en poco más que una recopilación de relatos en primera persona, sin que los distintos investigadores compartieran ningún tipo de formato común. Muchos de mis colegas recopilaban solo la información que ellos consideraban fundamental para la experiencia. Los investigadores a los que les interesaba la cuestión de la claridad mental durante las ECM se enfocaban en la distorsión del tiempo, en el repaso de la vida, etcétera, y no hacían preguntas sobre si se había tenido la sensación de abandonar el cuerpo o se había visto a seres queridos ya fallecidos. Quienes se interesaban por las implicaciones religiosas se centraban en las visiones de Dios y de la vida después de la muerte, y no en cómo estas experiencias afectaban y transformaban los estados anímicos o la forma de pensar. Estudiando estos relatos era difícil saber si estábamos recopilando ejemplos del mismo tipo de experiencia o si estábamos estudiando una plétora de experiencias distintas que pueden ocurrir cuando una persona piensa que se está muriendo.

Uno de mis colegas definió las experiencias cercanas a la muerte como «cualquier cosa que una persona experimenta cuando se encuentra próxima a la muerte». Pero aquello me parecía demasiado vago. Cuando una persona se enfrenta a la muerte puede experimentar cosas muy diversas: desde desmayarse hasta entrar en pánico o adoptar una actitud de aceptación, cosas que son muy diferentes entre sí y no tienen nada que ver con lo que Moody quería decir cuando acuñó el término ECM. Por tanto, me pareció necesario que nos pusiéramos de acuerdo a la hora de hablar de experiencias cercanas a la muerte. Era todo un reto. Aparte de los prejuicios personales de cada investigador, todos trabajábamos de manera relativamente aislada, e ignorábamos quién más podía estar estudiando las ECM o cómo estaba definiendo cada uno la experiencia. Yo quería aportar cierto orden lógico al estudio.

Para abordar ese problema, a principios de la década de los ochenta desarrollé la escala ECM con el objetivo de estandarizar aquello que entendíamos por «experiencia cercana a la muerte».[31]

31. La escala ECM y sus propiedades psicométricas están descritas en Bruce Greyson, «The Near-Death Experience Scale: Construction, Reliability, and Validity», *Journal of Nervous and Mental Disease* 171(6), 1983, págs. 369-375; Bruce Greyson, «Near-Death Encounters with and without Near-Death Experiences: Comparative NDE Scale Profiles», *Journal of Near-Death Studies* 8(3), 1990, págs. 151-161; y Bruce Greyson, «Consistency of Near-

Comencé haciendo una lista de las ochenta características mencionadas con más frecuencia en los textos sobre las ECM y se la envié a una muestra amplia de personas que habían experimentado una situación de ese tipo. Después, mediante una serie de evaluaciones reiteradas realizadas por personas que habían vivido una ECM y por otros investigadores, con el apoyo de análisis estadísticos, reduje la lista a dieciséis elementos característicos. Entre ellos, alteraciones de tipo mental, como la aceleración del pensamiento y la visión de escenas del pasado; transformaciones en el plano emocional, como el intenso sentimiento de paz y de amor incondicional que a menudo irradia un ser de luz; formas de percepción extraordinaria, como el conocimiento de hechos que están sucediendo en otro lugar y la sensación de separación del cuerpo físico. Y también las experiencias «extrasensoriales», como ver a seres queridos ya fallecidos o a determinadas figuras religiosas, o alcanzar un estado fronterizo o «punto de no retorno».

Quienes habían experimentado una ECM podían puntuar cada una de las dieciséis características otorgándoles entre 0 y 2 puntos, por lo que la puntuación total podía oscilar entre 0 y 32. Por ejemplo, la ECM de Bill Hernlund tras ser alcanzado por la explosión del avión obtuvo una puntuación de 28, y la de Tom Sawyer cuando su camioneta le aplastó el pecho, de 31. Estas puntuaciones son útiles para que los distintos investigadores comparen sus estudios, pero no para valorar cada una de las experiencias de forma individual. He descubierto que muchas de las experiencias que obtienen puntuaciones bajas en esta escala conllevan, sin embargo, una transformación espiritual de hondo calado en las personas que las experimentan. Por tanto, la escala ECM no sirve para medir hasta qué punto puede verse afectada una persona. Se trata simplemente de una herramienta que los investigadores pueden emplear para asegurarse de que

Death Experience Accounts over Two Decades: Are Reports Embellished over Time?», *Resuscitation* 73(3), 2007, págs. 407-411.

están estudiando el mismo tipo de experiencia. Treinta y ocho años después de su publicación, puede decirse que la escala ECM ha resistido bien la prueba del paso del tiempo, pues se ha traducido a más de veinte idiomas y se ha utilizado en cientos de estudios de todo el mundo.

Tras desarrollar un riguroso procedimiento para crear la escala, me sorprendió ver que no incluía imágenes habituales de las ECM como la de atravesar un túnel. Es cierto que las personas que han vivido una ECM hablan de haber atravesado un túnel, pero esa es también una característica común de otros muchos tipos de experiencias. Algunos investigadores sugieren que la sensación de atravesar un túnel es algo que imagina nuestra mente[32] para que nos resulte más sencillo explicarnos cómo hemos pasado de una situación a otra cuando no somos conscientes del período de transición. Se ha comparado con lo que los físicos teóricos denominan «agujero de gusano»[33] y que conecta un universo con otro. No estoy seguro de que esa sea la mejor forma de explicar el túnel, pero lo cierto es que la frecuencia con que la gente experimenta la imagen del túnel junto con otros de los elementos característicos de las ECM es la misma que cuando lo hace sin el acompañamiento de esas otras características. Así pues, la sensación de atravesar un túnel no es algo que los investigadores puedan usar para distinguir una ECM de otras situaciones que puede experimentar una persona al encontrarse próxima a la muerte.

Veinte años después de publicar esta escala, y cuando ya hacía mucho tiempo que los investigadores de ECM de todo el mundo la empleaban como herramienta habitual, dos académicos escépticos a los que yo no conocía la pusieron en cuestión: Rense Lange, un estadístico de la facultad de Medicina de

32. Kevin Drab, «The Tunnel Experience: Reality or Hallucination?», *Anabiosis*, 1(2), 1981, págs. 126-152; C. T. K. Chari, «Parapsychological Reflections on Some Tunnel Experiences», *Anabiosis*, 2, 1982, págs. 110-131.
33. J. Kenneth Arnette, «On the Mind/Body Problem: The Theory of Essence», *Journal of Near-Death Studies*, 11(1) ,1992, págs. 5-18.

la Southern Illinois University, y Jim Houran, psicólogo, que por entonces estaba en la Universidad de Adelaida, en Australia. Ninguno de los dos tenía un interés específico en las ECM, pero estaban aplicando un complicado test estadístico a diversas escalas desarrolladas por otros investigadores y «desacreditando» algunas de ellas. Querían que les entregara las respuestas en bruto de las aproximadamente trescientas personas que habían estado cerca de morir y habían aceptado responder mi cuestionario, y que les permitiera analizar estos datos con su sofisticado test estadístico para comprobar la validez de la escala ECM.

Yo desconfiaba y tenía mis reservas en lo tocante a colaborar con ellos. Había invertido años de trabajo en aquella escala y el método había sido aceptado por estudiosos de todo el mundo. No conocía el test estadístico que querían realizar. No sabía si era bueno ni si mi escala resistiría. ¿Y si no aprobaba el test? ¿Se cuestionaría entonces todo mi trabajo con las ECM? ¿Arruinaría mi credibilidad y mi carrera como científico?

Por otro lado, si la escala ECM contenía errores, sin duda quería saberlo. ¿Cómo podía negarme a compartir los datos y a evaluar mi procedimiento? Si yo era de verdad un escéptico, ¿cómo podía mostrarme escéptico con las ideas de otras personas pero no con las mías? Había conocido a demasiados académicos que afirmaban ser «escépticos» y que rechazaban toda prueba que pudiera cuestionar sus propias creencias. ¿Sería capaz de tragarme mi orgullo —y mi miedo al fracaso— y de exponer mis datos a un proceso de validación independiente? Eso era lo que la honestidad intelectual exigía. Eso es lo que haría un verdadero escéptico. Y eso es lo que mi padre, de haber estado aún vivo, hubiera deseado que hiciera. Entregué a Rense y Jim todos los datos relacionados con la escala ECM y las respuestas de cientos de personas que habían tenido experiencias cercanas a la muerte, y esperé a que me dieran los resultados. Durante meses, pasé muchas noches inquietas dudando de mi decisión de haber aceptado someter mi trabajo a aquel escrutinio. Pero por las mañanas, a la luz del día, tenía la certeza de que había hecho lo correcto. Para mi gran alivio, su análisis terminó confirmando la validez de la escala ECM.[34] Demostraba que la escala servía para evaluar una experiencia consistente que era igual para hombres y mujeres y para personas de todas las edades y culturas. Las puntuaciones de la escala ECM se mantenían constantes, independientemente de los años que hubieran pasado desde la experiencia. Dejé escapar un gran suspiro de alivio. Mi escala ECM —y por extensión las propias ECM—, habían recibido el sello de garantía de un equipo de profesionales escépticos que no solo no tenían nada que ver con las experiencias cercanas a la muerte, sino que además habrían estado muy contentos de poder desacreditarlas.

Durante el tiempo que estuve en la Universidad de Michigan como jefe del servicio de urgencias psiquiátricas, las noches y los fines de semana que no pasaba con mi familia los dedicaba a seguir trabajando con Ian Stevenson, que estaba en Virginia, mediante conversaciones telefónicas o por carta; aún faltaba mucho para que tuviéramos ordenadores personales, y no digamos correo electrónico.

En 1979, nuestro trabajo alcanzó un momento crucial. Ian y yo publicamos un breve artículo sobre las experiencias cercanas a la muerte en el *Journal of the American Medical Association* (*JAMA*).[35] En aquel artículo señalábamos que, a pesar del creciente número de libros y artículos sobre la muerte que habían aparecido en las últimas décadas, sus autores seguían ignorando sistemáticamente la cuestión de si era posible que nuestra cons-

---

34. Rense Lange, Bruce Greyson, y James Houran, «A Rasch Scaling Validation of a "Core" Near-Death Experience», *British Journal of Psychology*, 95, 2004, págs. 161-177.

35. Ian Stevenson y Bruce Greyson, «Near-Death Experiences: Relevance to the Question of Survival after Death», *JAMA* 242(3), 1979, págs. 265-267.

ciencia siguiera existiendo después de la muerte. En el artículo no afirmábamos que las ECM supusieran una prueba de esta existencia de la consciencia después de la muerte, sino más bien que este tipo de experiencias podían arrojar algo de luz sobre nuestras ideas acerca de cierto tipo de consciencia posterior. Señalábamos que las expectativas previas de las personas que vivían un episodio de este tipo podían influir en la forma en la que daban sentido al tipo de ECM que afirmaban haber tenido, pero también que las ECM a menudo contradecían las creencias de estas personas acerca de la vida después de la muerte.[36] Además, describíamos algunos elementos que se mantenían constantes independientemente del país y la sociedad a la que perteneciera el informante. Algunos de esos elementos contradecían muchas creencias culturales o religiosas. Finalmente, subrayábamos que, a partir de esta experiencia, casi la totalidad de quienes vivían una ECM quedaban convencidos de que alguna parte de ellos seguiría viviendo después de la muerte. Nuestra conclusión era que había muchos aspectos de las ECM para los que aún no teníamos explicación y que merecían investigarse más a fondo.

Hasta aquel momento, pocos de mis colegas estaban al tanto de mi trabajo de investigación con experiencias cercanas a la muerte. Mis horas de trabajo las dedicaba principalmente a visitar pacientes y a dar clase a estudiantes de medicina. Y las ECM aún despertaban en mí sentimientos encontrados. Por un lado, apestaban a religión y folklore, ámbitos totalmente ajenos a mi educación científica regida por la máxima «lo que ves es lo que hay». Las ECM no podían explicarse en términos de partículas y fuerzas físicas, así que, ¿cómo iban a ser reales?

Por otro lado, sucedían. Y muchas personas no solo afirmaban haberlas tenido, sino que las consideraban experiencias po-

---

36. Henry Abramovitch, «An Israeli Account of a Near-Death Experience: A Case Study of Cultural Dissonance», *Journal of Near-Death Studies*, 6(3), 1988, págs. 175-184; Mark Fox, *Religion, Spirituality, and the Near Death Experience*, Londres, Routledge, 2003; Kenneth Ring, *Heading Toward Omega*, Nueva York, Coward, McCann & Geoghegan, 1984.

sitivas que habían supuesto una transformación en sus vidas. El artículo que redacté junto a Ian me sacó del armario académico, y quedé tan sorprendido como agradecido de que aceptaran publicárnoslo. De hecho, estaba entusiasmado de haber publicado un artículo en la segunda revista médica más leída del mundo. Aunque de esta forma mis colegas se enterarían de mi extraño interés, tenía el visto bueno de una de las publicaciones más respetadas del ámbito médico.

Mi felicidad no duró mucho tiempo. Un par de meses después de la publicación del artículo, recibí una carta de Ian en la que adjuntaba una carta al editor remitida a *JAMA* donde se criticaba la publicación de nuestro artículo sobre las ECM. El autor de la carta, el jefe de cirugía ortopédica de un hospital de Nueva York, afirmaba que las ECM eran un tema propio de la religión y no un asunto médico, y que no tenían cabida en una revista médica. El editor de *JAMA*, que intentaba dar a la revista una orientación práctica dirigida a los médicos en activo, nos la remitía para darnos la oportunidad de escribir una respuesta y poder publicar las dos misivas de manera conjunta.

Aquella carta me dejó intimidado. Me sentí superado, como si me estuvieran dando un bofetón por atreverme a pensar que podía jugar en la misma liga que los grandes. Una parte de mí deseaba dar la pelea, pero otra solo quería pedir disculpas por la intromisión y desaparecer en la noche. Me aterrorizaba la idea de que cuando se publicara aquella carta al editor, remitida por todo un jefe de servicio, mi carrera y mi reputación quedaran arruinadas. Por fortuna, Ian, que también había sido jefe de servicio, no se sintió intimidado en lo más mínimo. Al contrario, tomó la iniciativa y redactó una respuesta en nombre de los dos, en la que señalábamos lo importante que era para los médicos tener conocimiento de las ECM y valorarlas en serio.

Para empezar, por lo general las ECM las experimentan personas que están bajo supervisión médica debido a patologías o traumatismos graves. En aquel momento, sabíamos muy poco sobre los cambios fisiológicos que acontecían en dichas circunstancias y que podían tener que ver con las ECM, y la única manera de aprender más cosas sobre ellos era que los médicos se tomaran las ECM más en serio y tuvieran un mayor interés en su estudio. Por otro lado, las ECM suelen operar una transformación en las creencias sobre la muerte de quien las experimenta, lo que puede conllevar un profundo efecto en el estilo de vida de estas personas y en su actitud ante el tratamiento médico. Sin duda, argumentamos, los médicos verdaderamente implicados con sus pacientes desearían tener una mayor comprensión de estas experiencias y de su impacto.

La carta al editor y nuestra respuesta se publicaron juntas en *JAMA* seis meses después de la aparición del artículo original.[37] El tema pareció acabarse allí. No hubo más cartas al editor y ninguno de mis colegas de Michigan hizo mención del artículo ni del cruce de opiniones posterior. Terminé por salir reforzado del incidente, y durante los años siguientes publiqué varios artículos más sobre mis investigaciones con ECM en las principales revistas de psiquiatría.[38]

Un par de años después también me sentí lo bastante cómodo como para organizar una mesa redonda sobre experiencias cercanas a la muerte en el congreso anual de la Asociación Estadounidense de Psiquiatría. Pero la noche antes de conferencia sobre ECM, tuve una pesadilla aterradora. Soñé que mi cuerpo se iba haciendo cada vez más grande. Al principio no sentía ninguna emoción particular vinculada con aquella sensación, pero mi cuerpo no dejaba de crecer y pronto llegué a ser más

37. Monroe Schneider, «The Question of Survival after Death», *JAMA* 242(24), 1979, 2665; Ian Stevenson y Bruce Greyson, «The Question of Survival after Death-Reply», *JAMA* 242(24), 1979, 2665.

38. Por ejemplo, Bruce Greyson e Ian Stevenson, «The Phenomenology of Near-Death Experiences», *American Journal of Psychiatry*, 137(10), 1980, págs. 1193-1196; Bruce Greyson, «Near-Death Experiences and Personal Values», *American Journal of Psychiatry*, 140(5), 1983, págs. 618-620; y Bruce Greyson, «The Psychodynamics of Near-Death Experiences», *Journal of Nervous and Mental Disease*, 171(6), 1983, págs. 376-381.

grande que el planeta Tierra. Mientras seguía expandiéndome por el universo, más allá de las estrellas distantes, me di cuenta de pronto de que los átomos que formaban mi cuerpo no habían aumentado de tamaño; me hacía más y más grande porque la distancia entre mis átomos aumentaba. Empecé a sufrir un ataque de pánico al darme cuenta de que mis átomos se separaban cada vez más. Mi consciencia iba y venía entre mis átomos a medida que el espacio entre ellos aumentaba. Sentí como si tratara desesperadamente de mantenerlos unidos, de impedir que se separaran a pesar de aquella distancia cada vez mayor. Me desperté temblando de pies a cabeza y empapado en sudor. Haciendo un esfuerzo por calmarme, intenté darle algún sentido al sueño. Sabía que solo era un sueño y que en realidad no me había levantado de la cama, pero seguía siendo una experiencia terrorífica. Me estrujé el cerebro intentando entender por qué me resultaba tan aterradora, y al final me di cuenta de que el sueño era una advertencia: no debía ir demasiado lejos ni demasiado rápido. Mi desesperado intento de mantener mi cuerpo unido mientras este se expandía reflejaba mi temor a perder mi integridad. ¿Estaba perdiendo el rumbo al hablar sobre las ECM en un congreso profesional de ámbito nacional? Conseguí recomponerme, y a la mañana siguiente hice mi presentación. Sin embargo, el tono de la conferencia fue mucho más humilde y escéptico de lo que había planeado antes de tener aquella aterradora pesadilla.

Cinco años después de obtener mi plaza de psiquiatra en Michigan, el jefe del departamento me llamó a su despacho. Yo sabía que mi trabajo clínico con los pacientes era muy respetado y que mis estudiantes evaluaban positivamente mis clases. Esperaba que aquella fuera una reunión rutinaria. Pero mi confianza dio paso a la aprensión una vez que tomé asiento. Detrás de una mesa de escritorio de teca meticulosamente ordenada estaba sentado el catedrático, un hombre calvo que me miraba por encima de sus gafas de lectura. Me sentí como si estuviera de nuevo en casa, a punto de recibir un sermón de parte de mi cariñoso pero severo padre.

Con una sonrisa contenida, me dijo que la facultad de Medicina estaba contenta con mi trabajo clínico y con mi labor docente, pero que lo que contaba de verdad en términos de promoción y para conseguir una plaza fija era la investigación. Me dijo que tenía que dejar de perder el tiempo con las ECM porque eran «meras anécdotas». Y me sugirió que para conservar mi empleo tendría que desarrollar experimentos controlados en laboratorio —en los cuales los participantes son asignados al azar a un grupo experimental o a un grupo de control sin ser informados de en qué grupo están. Por supuesto, es imposible asignar a la gente para que tenga o no una ECM, y tampoco podemos ocultarles si la han experimentado o no. Por tanto, ninguna de mis investigaciones sobre las ECM se tendrían en cuenta cuando se considerara la renovación de mi contrato y, de hecho, hasta podrían jugar en mi contra.

Me quedé hecho polvo. Resurgió el temor infantil de decepcionar a mi exigente padre. El director del departamento, a quien admiraba y consideraba un valioso mentor y aliado, me estaba diciendo que no estaba a la altura de su estándar científico, que estudiar las ECM era una pérdida de tiempo. Me esforcé por mantener la compostura y dije:

—No es así como yo veo las experiencias cercanas a la muerte.

—¡Claro que no! —bramó—. Por eso te lo digo. Lo sé todo sobre las ECM. Mi padre tuvo una, así que sé lo potentes que pueden ser. Pero no son cosas que podamos explicar ni estudiar. Si continúas perdiendo el tiempo con ese tema, no seguirás aquí mucho tiempo.

Esta conversación supuso un duro golpe y no estaba seguro de cómo gestionarlo. Aunque gran parte de mi investigación se había centrado en las ECM, ni yo ni nadie consideraba que esa fuera mi principal actividad. En primer lugar, y fundamentalmente, era psiquiatra clínico. Pasaba la mayor parte del tiempo viendo pacientes, y gran parte del resto enseñando psiquiatría a los residentes y estudiantes de medicina. Mis investigaciones sobre las ECM las llevaba a cabo principalmente por las noches y los fines de semana. Era más bien un *hobby* al que dedicaba mucho tiempo, pues no me pagaban por hacerlo. ¿Valía la pena arriesgar mi carrera como psiquiatra en la facultad de Medicina por este «*hobby*»?

Mi director trataba de orientarme para que abandonara mi comportamiento «descarriado» y de esta forma pudiera permanecer en su departamento. Yo sabía que podía hacerlo. Podía olvidarme de las ECM y centrarme en la investigación psiquiátrica convencional sobre medicación y química cerebral y aplicar el método científico a los mecanismos de los trastornos mentales. Pero también sabía que la gente de verdad sufría episodios de ECM y que su naturaleza desafiaba nuestra capacidad de comprensión de la mente y el cerebro, y no podía fingir que no era así.

Fueran lo que fuesen las ECM, le estaban cambiando la vida a la gente tanto como la medicación psiquiátrica y la psicoterapia. Es más, parecían hacerlo de forma mucho más rápida, profunda y permanente. Y más allá de ello, las ECM no solo transformaban la vida de quienes las experimentaban, sino a menudo también la de otras personas que entraban en contacto con ellos, yo incluido.

Las ECM eran algo que no entendía y que nadie parecía entender. Pero no me pagaban por investigarlas, y no tenía pinta de que fueran a hacerlo.

Todo el tiempo que dedicaba a este «*hobby*» era tiempo del que privaba a mi familia, que ahora incluía a dos niños pequeños. La familia siempre había sido lo más importante de mi vida, igual que para mi mujer, Jenny. Agradecía el apoyo que Jenny me prestaba en mi estudio sobre las ECM, pero la situación siempre me provocaba sentimientos encontrados. Sin esta investigación, ya tenía una vida plena y gratificante. Tenía a mi familia y mi trabajo clínico y docente, que me encantaban. ¿Dónde encajaba en todo esto la investigación de las ECM? No tenía duda de que en mi vida lo primero era la familia; mi carrera venía después y, en tercer lugar, estaba mi investigación sobre las ECM. ¿Cómo justificaba entonces el tiempo que le estaba robando a mi familia durante las noches y los fines de semana y el hecho de estar poniendo en riesgo mi carrera? ¿Acaso el estudio de las ECM tenía tanta importancia?

El conflicto con mi director puso todas aquellas cuestiones en primer plano y no me quedó otro remedio que hacerles frente. Si quería conservar mi trabajo, tendría que renunciar a mi investigación sobre las ECM. Pero esto me parecía deshonesto. El hecho de que rehuyeran una explicación sencilla o que su estudio fuera complejo no era, entendido desde la perspectiva de mi formación científica, motivo para abandonarlas. Era motivo para redoblar el esfuerzo en comprenderlas.

Pero ¿y qué pasaba con la acusación de mi director, que había calificado las ECM de «meras anécdotas»? El investigador Arvin Gibson señala: «Los datos básicos sometidos a estudio deben proceder de los relatos de aquellos que han vivido una experiencia cercana a la muerte (ECM), y excluir estos relatos en el afán de presentar una versión estadística higienizada de los datos sería en sí mismo una falta de rigor académico [...] Sin los relatos, no tendríamos datos que analizar».[39] Tengo en mi archivo miles de relatos de ECM que resultan notablemente consistentes, y yo solo soy uno de los muchos científicos que durante los últimos cuarenta y cinco años han estudiado estas experiencias. Cuando tantas personas distintas manifiestan haber vivido experiencias personales similares, merece la pena dedicarle al tema una mayor atención. De hecho, a lo largo de la historia, las anécdotas personales han dado pie a muchas de nuestras hipótesis científicas.

En la mayoría de las investigaciones los científicos empiezan

39. Esta cita aparece en la página 273 de Arvin S. Gibson, «Review of Melvin Morse's *Transformed by the Light*», *Journal of Near-Death Studies*, 13(4), 1995, págs. 273-275.

recopilando, verificando y comparando datos anecdóticos hasta que aparecen patrones comunes, y de esos patrones surgen hipótesis, que pueden, entonces, comprobarse y afinarse. Cuando se investigan rigurosamente, las compilaciones de datos anecdóticos son de un inmenso valor para la investigación médica. Tuvieron una importancia crucial, por ejemplo, en el descubrimiento del SIDA y en la enfermedad de Lyme, y en el hallazgo de los efectos secundarios de algunos fármacos. Como dijo el politólogo Raymond Wolfinger hace medio siglo, «el plural de la anécdota son los "datos"».[40]

¿Qué pasaría si ignorásemos los datos anecdóticos porque no están basados en experimentos controlados de laboratorio? Si le cuento a mi médico que tengo un dolor en el pecho y que me cuesta respirar, no quiero oírle decir, «es algo anecdótico, no vale la pena investigarlo». Lo que espero es que se tome mis síntomas en serio, pues podrían ser indicadores de algo importante.

Lo que hace que una investigación sea científica es el riguroso proceso de recopilación y evaluación de la información. Pero esto no siempre tiene que implicar necesariamente un experimento controlado de laboratorio en el que los sujetos de investigación se asignan al azar a un grupo experimental o a un grupo de control. En realidad, son muy pocos los temas de investigación científica que pueden estudiarse por medio de experimentos controlados. Hay muchos campos que se aceptan como científicos[41] aunque en ellos sea difícil, si no imposible,

40. Esta frase, que a menudo se cita de forma incorrecta, la pronunció Raymond Wolfinger a finales de la década de 1960 en un seminario que impartía en la Universidad de Stanford. Posteriormente sus detractores la reformularon como «el plural de datos anecdóticos no son los "datos"». Aparece en la página 779 de Nelson W. Polsby, «The Contributions of President Richard F. Fenno, Jr.», *PS: Political Science and Politics*, 17(4), 1984, págs. 778-781; y en la página 83 de Nelson W. Polsby, «Where Do You Get Your Ideas?», *PS: Political Science and Politics*, 26(1), 1993, págs. 83-87.

41. Jared Diamond, «A New Scientific Synthesis of Human History», en *The New Humanists*, John Brockman (ed.), Nueva York, Barnes & Noble Books, 2003. [Hay trad. cast.: *El nuevo humanismo*, Barcelona, Kairós, 2007.]

realizar experimentos de laboratorio: campos como la astronomía, la biología evolutiva, la geología o la paleontología.

El prestigioso *British Medical Journal* publicó un jocoso artículo simulando una investigación sobre si los paracaídas ayudan a prevenir la muerte de las personas que saltan desde un avión. Los autores eliminaban de su consideración los datos anecdóticos, y en su informe incluían únicamente tests controlados aleatorios. Está claro que no encontraron ni un solo experimento que de forma aleatoria asignara paracaídas o no a las personas que saltaban de un avión. Su conclusión era: «La percepción de que los paracaídas constituyen una forma válida de prevención se basa en gran medida en datos anecdóticos». Proseguían exponiendo que los científicos que únicamente toman en consideración experimentos controlados aleatorios tendrían que asumir que no hay pruebas que respalden la utilidad de los paracaídas.[42] Los autores ofrecían también una conclusión alternativa: «que, en circunstancias excepcionales, podría aplicarse el sentido común».

Por supuesto, no tendría sentido aceptar los datos anecdóticos como pruebas sin analizarlos. Pero, del mismo modo, tampoco tendría sentido rechazarlos de plano sin someterlos a evaluación. No deseo que mi médico acepte el dolor de pecho directamente como una prueba de que estoy sufriendo un infarto, pero tampoco que descarte los síntomas como algo insignificante. Lo que espero que haga es estudiar mi dolor de pecho y evaluarlo junto con otras evidencias. Lo mismo sucede con todos los datos anecdóticos. Es tan poco científico aceptarlos sin más como rechazarlos de plano sin una evaluación.

Una vez que me repuse del disgusto de haber decepcionado a mi director, decidí que comprender las ECM era importante. Pero eso significaba que no me iban a permitir seguir en Michi-

---

42. Las dos citas que aquí aparecen están extraídas de las páginas 1459 y 1461 de Gordon C. S. Smith y Jill P. Pell, «Parachute Use to Prevent Death and Major Trauma Related to Gravitational Challenge: Systematic Review of Randomised Controlled Trials», *BMJ*, 327(7429), 2003, págs. 1459-1461.

gan, y tampoco deseaba quedarme allí y ser sistemáticamente descartado en todas las oportunidades de promoción o de conseguir una plaza de titular. Me encantaba ver pacientes y me encantaba dar clase. Lo hablé con mi mujer, Jenny, y decidimos que pediría plaza en otra universidad, alguna facultad de Medicina con orientación clínica que valorara lo suficiente mi trato a los pacientes y mi forma de enseñar como para permitir que me dedicara a investigar las ECM. Esto significaba imponerles un traslado a mi mujer y mis hijos, que era mucho pedir. Decidí buscar una facultad de Medicina en el noreste, que estuviera cerca de nuestras dos madres viudas y de nuestros hermanos y sus hijos. Si tenía que obligar a mi mujer y mis hijos a mudarse a la otra punta del país por culpa de mi trabajo, quería que aquella mudanza fortaleciera también nuestros lazos familiares.

La mudanza a Connecticut resultó beneficiosa tanto para mi familia como para mi trabajo de investigación. Me sentí como si volviera a casa, de nuevo vivíamos cerca de nuestras familias y trabajaba en una universidad que valoraba mi trabajo con los pacientes y mi labor docente y me permitía hacer el tipo de investigación que me interesaba, siempre que lo hiciera bien. Durante el tiempo que estuve allí, tuve la suerte de tener como colaboradores de investigación a algunas personas que habían tenido experiencias cercanas a la muerte, y a otras muchas que no. Como científico, le doy un enorme valor al intelecto y al pensamiento crítico, pero también soy consciente de que ambas cosas pueden llevarme a adoptar una visión unilateral del mundo. Poder contrastar mis ideas con personas que han hecho realmente el «trabajo de campo», que han sufrido una ECM en carne propia, me ayuda a ver las cosas desde perspectivas distintas y evita que me desvíe o me quede bloqueado en un callejón sin salida académico. Y por otro lado, contrastar mis ideas con personas que estaban menos familiarizadas con las ECM me recordaba una y otra vez lo extrañas que podían parecer estas experiencias a quienes nunca habían oído hablar de ellas.

En aquel momento de mi carrera, aunque la escala ECM se

hubiera consolidado como un recurso que proporcionaba a los investigadores de todo el mundo la confianza de que estaban estudiando el mismo tipo de experiencia, sabía que me seguían faltando elementos importantes. Si bien estaba diseñando de forma cuidadosa herramientas y métodos científicos para emplearlos en una investigación sistemática, era capaz de ver que el campo de las ECM era demasiado amplio y profundo como para abarcarlo con una escala de respuestas breves. Los cuestionarios pueden decirnos muchas cosas importantes sobre las ECM, pero también dejan otras muchas cosas fuera. Los relatos personales de quienes tienen una experiencia como esta encierran una riqueza que no puede capturarse en cuestionarios de este tipo. Y quienes habían vivido una ECM me decían constantemente que, por útil que fuera la escala para definir aquella experiencia con fines de investigación, tendría que profundizar en las historias para comprenderlas mejor.

6

Irse del cuerpo

Hay algunos aspectos de las ECM, como la revisión de la vida, con los que a la mayoría de la gente le resulta fácil identificarse. Muchos de nosotros repasamos mentalmente períodos de nuestra vida de vez en cuando, en especial cuando nos encontramos en un momento de transición o cuando nos ocurre algún suceso importante. Pero otras características de las ECM son más complicadas de entender. Tal como señaló el historiador de la ciencia Thomas Kuhn, los avances científicos a menudo se producen cuando se descubre un nuevo hecho al que no puede darse explicación.[43] Por tanto, mi decisión fue profundizar en aquellas partes de las ECM que es más difícil explicar. Y la suerte quiso que aquel fuera el momento en que Al Sullivan apareció en mi vida.[44]

43. Thomas Kuhn, *The Structure of Scientific Revolutions*, Chicago, University of Chicago Press, 1962, capítulo 6. [Hay trad. cast.: *La estructura de las revoluciones científicas*, Madrid, Fondo de Cultura Económica, 1981.]

44. Al contó su ECM en un librito autoeditado, *Roadway to the Lights*. Su ECM también aparece comentada en Emily Williams Cook, Bruce Greyson, e Ian Stevenson, «Do Any Near-Death Experiences Provide Evidence for the Survival of Human Personality after Death? Relevant Features and Illustrative Case Reports», *Journal of Scientific Exploration* 12(3), 1998, págs. 377-406; y en Emily Williams Kelly, Bruce Greyson, e Ian Stevenson, «Can Experiences Near Death Furnish Evidence of Life after Death?», *Omega*, 40(4), 2000, págs. 513-519.

Al, un camionero de cincuenta y seis años y barbita blanca recortada, apareció una tarde en el grupo de apoyo que yo había puesto en marcha en la Universidad de Connecticut para personas que habían tenido una experiencia cercana a la muerte y gente interesada en las ECM. Al se presentó al resto del grupo, pero después se quedó callado durante toda la reunión, observando con atención y sonriendo de vez en cuando o asintiendo ante algún comentario. Al final de la reunión, le pregunté si, como recién llegado, había algo de lo que quisiera hablar. Sonrió con la mirada y dijo: «A lo mejor el próximo día». Mientras la gente se marchaba, Al se me acercó y me preguntó si podía pedirme hora para venir a verme al despacho al día siguiente.

Al se presentó a la cita vestido con su uniforme de repartidor y enseguida se lanzó a contar su historia sin dubitación.

—Un lunes por la mañana, en el trabajo, empecé a sentir un dolor en el pecho y el coordinador llamó a urgencias. Me llevaron directo al hospital y allí, mientras me hacían pruebas para evaluar el alcance del problema, una de las arterias principales del corazón se obstruyó del todo. —Guardó silencio, pero sin borrar la sonrisa del rostro.

—Uf —dije—. ¿Y entonces qué pasó?

—Bueno, no lo recuerdo con mucha claridad, porque se me estaba yendo la cabeza. Pero el cirujano dijo que tenía al menos una de las arterias coronarias bloqueada y que había que operar de inmediato. Firmé un papel y les pedí que llamaran a mi mujer para contárselo. Me llevaron corriendo al quirófano para lo que resultó ser una operación de cuádruple *bypass*. Claro que yo no sabía nada de eso. Cuando volví en mí, estaba viendo la mesa de operaciones desde arriba.

—Menuda sorpresa —dije.

—Bueno, lo más sorprendente no fue eso —siguió—. Para mi asombro, al mirar hacia abajo, quien estaba allí a la izquierda era nada más y nada menos que yo mismo. Tumbado en una mesa, cubierto con unas sábanas de color azul claro y con la cavidad torácica abierta por la mitad. En aquella cavidad podía verme el corazón. Veía también al cirujano que unos momentos antes me había explicado lo que iba a hacerme durante la operación. Parecía relativamente perplejo. Me pareció que estaba moviendo los brazos como si intentara volar.

—¿Cómo? —pregunté.

Al me lo enseñó poniéndose las palmas de las manos en el pecho y moviendo los codos. Aquello me pareció demasiado raro como para que hubiera ocurrido de verdad. ¿Qué hacía un cirujano aleteando con los brazos en medio de una operación? En todos los años que llevaba dedicado a la medicina, jamás había visto ni oído que un cirujano hiciera algo como aquello. Tampoco es el tipo de cosas que hacen los cirujanos en los programas de televisión. Aquello me sonaba más a un sueño extraño provocado por la anestesia que a algo que de verdad hubiera visto. Ladeé la cabeza y arqueé una ceja:

—Vale —dije lentamente—, ¿y después?

—Ya —siguió Al—, a mí también me pareció raro. Entonces me fijé en el lado inferior derecho. Y entonces, envuelta en una sensación de calidez, alegría y paz, y de ser amado, salió de la luz una figura con una capa marrón y vino hacia mí. Al tiempo que crecía mi euforia, reconocí, para mi deleite, que se trataba de mi madre. Mi madre había muerto hacía muchos años, cuando tenía treinta y siete años y yo solo siete. Ahora ando en la cincuentena, y lo primero que me vino a la mente fue que mi madre estaba jovencísima. De pronto, la expresión de mi madre cambió y se convirtió en un gesto de preocupación. En ese momento, se apartó de mi lado y fue hacia el cirujano. Le cogió la mano, se la puso en el lado izquierdo de mi corazón y luego volvió conmigo. Vi cómo el cirujano hacía un movimiento de barrido con la mano, como para espantar a un insecto. —Al se calló, y por primera vez la sonrisa se le borró del rostro.

—¿Y entonces? —le pregunté.

—Bueno —dijo despacio—, hay más cosas, pero aún no estoy seguro de estar preparado para hablar de ello.

Asentí intentando pensar una forma de que siguiera hablando. Antes de que se me ocurriera algo, él continuó:

—Pero sí. Otro ser me dijo que un niño que vive cerca de mi casa padecía cáncer y que yo tenía que contárselo a sus padres. —Volvió a guardar silencio, se humedeció los labios—. Pero no creo que pueda hacerles eso. A ver, ¿cómo les voy a explicar por qué lo sé?

—Ya, entiendo que eso sería un problema —dije—. ¿Por qué no lo medita durante un tiempo? Háblelo con alguien.

—No tengo a nadie con quien hablar de esto. Mi mujer no quiere ni oírlo. No quiere saber nada de mi ECM. Dice que ella se casó con un tipo amable, trabajador y divertido, no con un profeta del Antiguo Testamento.

—Quizá podría traerla al grupo de apoyo de ECM el mes que viene —sugerí—. Así podrá ver que las personas que tienen ECM son personas normales y que no es algo que le haya pasado solo a usted.

Al se rio y negó con la cabeza.

—No —dijo—, jamás vendría. Ni siquiera quiere que vuelva yo. Dice que pienso demasiado en mi ECM y que necesito olvidarme de ella y volver a la realidad.

Me parecía claro que Al había pasado por una experiencia profunda que le había cambiado la vida, pero no podía aceptar del todo lo que decía que había visto en el quirófano. Pensé que podría aclarar aquella visión del cirujano «aleteando» si conseguía hablar con el médico o con algún otro miembro del equipo de cirugía.

—Al, ¿llegó a contarle al médico lo que le ocurrió durante la operación? —le pregunté.

—Ah, sí —me dijo—. No inmediatamente, pero sí varios días después, en una de sus visitas durante la ronda clínica diaria. Le pregunté por qué se había puesto a mover los brazos en el quirófano como si quisiera echar a volar.

—¿Y qué le contestó?

—Bueno, le dio vergüenza. Se enfado y me preguntó: «¿Quién

le ha contado eso?». Yo le dije: «No me lo ha contado nadie. Lo estaba viendo desde arriba». —Y señaló el techo con un dedo. —Y entonces, ¿qué le dijo? —le pregunté. —Se puso muy a la defensiva —me dijo Al—, como si creyera que lo estaba acusando de algo. Me dijo: «Bueno, fuera lo que fuese lo hice bien, porque usted sigue aquí, ¿verdad?». Y se marchó.

Hasta aquel momento, me había identificado con Al, había escuchado la historia desde su perspectiva. Pero al conocer la reacción de su médico me acordé de Holly y de cuando me dijo que había visto la mancha de mi corbata. Podía identificarme fácilmente con el sentimiento de incomodidad del cirujano. Era más que simple vergüenza. Era una sensación de mareo, como de estar metido en algo que no podía ser real.

—¿Le importa si hablo con su médico sobre esto? —le pregunté.

—Por mí, adelante —me dijo Al.

—Necesitaré que firme una autorización, dado que yo no trabajo en su hospital.

—Claro —dijo—, tráigamela.

El médico de Al, un formal cardiocirujano japoamericano de excelente reputación, no tenía pinta de ser alguien que se tomara el quirófano a broma. Accedió a verme y se mostró muy interesado en saber cómo se encontraba Al. Para mi sorpresa, me confirmó lo que Al me había contado. Me explicó que durante sus años de formación, en Japón, había desarrollado un peculiar hábito que no había visto usar nunca a un cirujano estadounidense. Después de lavarse, ponerse la bata quirúrgica y los guantes estériles, al entrar en el quirófano no quería correr el riesgo de tocar nada que pudiera contaminarle las manos, por nimio que fuera. Así que mientras observaba cómo sus asistentes iniciaban la operación, se ponía las manos en el pecho, pegadas a la bata esterilizada, para asegurarse de no tocar nada accidentalmente. Mientras supervisaba a su equipo, empleaba los codos, y no los dedos, para señalarles las cosas.

Antes de tener aquella conversación, había pensado que la visión que había tenido Al del cirujano aleteando con los codos había sido un sueño. Pero al descubrir que había sucedido de verdad, tuve que darle otra explicación. Le pregunté al cirujano qué pensaba de que Al asegurara haber visto todo aquello. Se encogió de hombros. «Mi familia es budista —me dijo—. Para nosotros no todo tiene por qué tener sentido.»

Entonces empecé a preguntarme si podía ser que Al hubiera visto a su cirujano «aleteando» antes de estar del todo anestesiado. Así que, para precisar la hora, le pregunté qué más había visto mientras el médico movía los brazos.

Me dijo que había visto que tenía el pecho abierto por la mitad con unos retractores de metal y que había otros dos cirujanos haciéndole algo en la pierna. Aquello lo desconcertó, porque el problema estaba en el corazón y no esperaba que le hicieran nada en la pierna. Lo que ocurría era que en aquel momento los cirujanos estaban extrayéndole una vena de la pierna para hacerle un *bypass* en el corazón. Aquel detalle dejaba claro que Al estaba totalmente inconsciente cuando vio al cardiocirujano moviendo los brazos. Era imposible que hubiera observado tan extraño comportamiento con los ojos, porque tenía el cerebro completamente anestesiado y los ojos cerrados y sujetos con cinta, cosa que se hace a menudo para evitar que los ojos de los pacientes se sequen si van a estar anestesiados un período largo de tiempo sin poder parpadear. En esas condiciones no podía ver nada. Y sin embargo lo vio.

Por desconcertante que resultara, la experiencia de Al no era única. La capacidad de visión extracorpórea detallada no es algo que suceda muy a menudo en las ECM, pero el ejemplo de Al no era el único del que había oído hablar. Jane tuvo una ECM a los veintitrés años, al dar a luz a su primer hijo. Me describió cómo había abandonado su cuerpo para ver cosas que ocurrían en otros lugares:

«Mi presión arterial se desplomó por la pérdida de sangre. No tenían mi tipo de sangre para transfundirme y las enfermeras entraron en pánico. Escuché que una enfermera decía: "Dios, la estamos perdiendo", y súbitamente estaba fuera de mi cuerpo, en el techo del quirófano, mirando hacia abajo y viendo cómo trabajaban en un cuerpo. Sabía que yo no estaba muerta. ¡Me llevó un rato darme cuenta de que la persona que estaba viendo era yo misma! Vi cómo llegaba el médico y realizaban diversas acciones, escuchaba las conversaciones y vi nacer a mi hija. También escuché algunos comentarios de preocupación por ella. Era un hospital pequeño, y vi desde arriba a mi madre en la sala de espera. Estaba fumando. Mi madre no fuma, pero mucho después admitió que había "probado" uno o dos cigarrillos porque estaba muy nerviosa. Volví al quirófano y mi hija estaba mejor. Yo no».

Jane contaba que se había encontrado con su abuela fallecida y con un «guía» que le había dicho que todavía no había llegado su hora y que, a pesar de que su cuerpo había entrado en estado de shock, tenía que volver. Luego se despertó en una cama del hospital con tubos en los brazos. Intentó contárselo a las enfermeras y al médico, pero le contestaron que «no era nada» y se dio cuenta de que no lo iban a entender.

Colleen tuvo una experiencia similar a los veintidós años, durante una ECM causada por una hemorragia posparto. También me describió sus percepciones extracorpóreas:

«Sufrí intensamente, hasta que por fin perdí el conocimiento. Bien, pues cuando recuperé la consciencia no fue en absoluto de manera normal. De hecho, no solo me encontraba fuera de mi cuerpo, sino que me llevó un rato darme cuenta de que aquel cuerpo cadavérico y empapado en sangre que yacía sobre la mesa de operaciones era el mío. Mi "punto de consciencia" estaba cerca del techo. Veía al grupo de médicos y enfermeras corriendo por el quirófano como locos, empeñados en devolverle la vida a aquella pobre chica.

»Se produjo una discusión tremenda entre mi ginecólogo y el anestesista al que habían llamado. El ginecólogo insistía en que era inútil intentar nada porque era evidente que ya era demasiado tarde, yo estaba muerta, y para él no había nada más que hacer. Definitivamente le debo la vida al anestesista, que luchó por devolvérmela. Todavía puedo verlo gritando: "¡Es solo una cría! ¡Tenemos que hacer algo!". E indicó a las enfermeras que me hicieran transfusiones y obligó literalmente al ginecólogo a incorporarse al equipo quirúrgico. Recuerdo que me dejó de piedra el duro lenguaje que usaron los dos médicos. No podía creer que los médicos dijeran tales groserías, ¡y delante de las enfermeras!

»Cuando recuperé la consciencia —de la forma normal, dentro de mi cuerpo—, unos días más tarde, estaba en una unidad de cuidados intensivos, conectada a un montón de máquinas y vías. Entró un médico en mi habitación; lo reconocí de inmediato y le di las gracias por salvarme la vida. Era el anestesista. Pareció sorprendido de que lo hiciera y me preguntó por qué creía que debía agradecerle que me hubiera salvado la vida. Entonces le conté todo: mi presencia en el quirófano y que había visto todo desde fuera de mi cuerpo. Le dije cuánto me había sorprendido escuchar las duras palabras que habían intercambiado el ginecólogo y él. Al principio se mostró bastante incrédulo, pero me animó a que le explicara todo lo que recordaba. Cuando terminé mi relato, me dijo que no estaba del todo sorprendido, porque en dos ocasiones previas dos de sus pacientes también habían tenido experiencias cercanas a la muerte».

Colleen añadió que para ella había sido muy importante que el anestesista reconociera que otros pacientes le habían hablado de sus ECM. Ella no dudaba de la veracidad de su experiencia. Había sido más real que sus experiencias cotidianas. Pero resultó revelador poder hablar de ello con un médico que no tildara su experiencia de alucinación o sueño. Muchas personas con ECM me han dicho lo mismo. Cuando los especialistas no dan credibilidad a la ECM, los pacientes a menudo se sienten frustrados, enfadados, deprimidos o minusvalorados. Pero cuando el personal médico escucha sus historias —independientemente de lo que piensen sobre las ECM— y reconoce la importancia que tienen para quien las ha vivido, los pacientes se sienten respetados y comprendidos.

Más del 80 por ciento de los pacientes con ECM que han participado en mi investigación confirma haber tenido la sensación de estar fuera de su cuerpo físico. Pero solo la mitad dice haber visto realmente su cuerpo y haber podido observar los sucesos circundantes desde un punto de vista aéreo, tal como les ocurrió a Al, Jane y Colleen. A muchas de estas personas les sorprende mirar hacia abajo y ver su cuerpo desde cierta distancia, y algunas, al principio, ni siquiera lo reconocen como propio. Otras sí, pero sienten confusión al estar separados de ellos. Algunas de las personas que experimentan una ECM no tienen ni idea de que están clínicamente muertos hasta que se llevan la sorpresa de encontrarse con sus cuerpos sin vida. En general, las personas a las que he podido entrevistar hablan de esta sensación de salir del cuerpo y volver a él como algo fácil, indoloro e instantáneo.

Estos relatos de visión extracorpórea durante las ECM no son nuevos. Sir Alexander Ogston, un destacado cirujano militar escocés que alcanzó la fama tras descubrir la bacteria del estafilococo, tuvo una ECM con cincuenta y seis años, mientras estaba hospitalizado por una fiebre tifoidea durante la guerra de los Bóers, en 1900. Ogston afirmaba haber tenido repetidas experiencias extracorpóreas durante su ECM:[45]

«La mente y el cuerpo parecían formar una dualidad y ser, hasta cierto punto, independientes. Tenía consciencia de mi cuer-

45. Ogston habla de su ECM en las páginas 222-223 de su autobiografía, Alexander Ogston, *Reminiscences of Three Campaigns*, Londres, Hodder y Stoughton, 1919.

po como una masa inerte que yacía cerca de una puerta; me pertenecía, pero no era yo. Era consciente de que mi yo mental abandonaba el cuerpo con regularidad... hasta que algo me producía la consciencia de que aquella masa fría, que entonces recordaba que era mi cuerpo, estaba siendo estimulada mientras yacía junto a la puerta. Entonces me veía atraído rápidamente hacia él, me unía a él con disgusto, y se convertía en mi yo, y me alimentaban, me hablaban y me cuidaban. Cuando volvían a dejarlo en paz, yo volvía a salir de él, como antes... y aunque sabía que la muerte rondaba, no pensaba en la religión ni tenía miedo del final, y vagaba bajo los cielos nebulosos, apático y conforme hasta que algo volvía a perturbar el cuerpo yaciente, y entonces volvía a verme atraído hacia él de nuevo, y entraba en él con una repulsión cada vez mayor...

»En mis vagabundeos tenía la extraña impresión de que era capaz de ver a través de las paredes, aunque sabía que [las paredes] estaban allí, y que todo era transparente a mis sentidos. Vi muy claramente, por ejemplo, a un pobre cirujano del cuerpo médico del ejército, cuya existencia no conocía, y que se encontraba en otra zona del hospital, enfermar gravemente, gritar y morirse; vi cómo cubrían su cadáver y se lo llevaban con cuidado, con los pies descalzos, en silencio, subrepticiamente, para que no supiéramos que había muerto... Más tarde, cuando les conté aquellos hechos a las hermanas, me informaron de que todo aquello había sucedido tal y como yo lo había visto».

La sensación de Ogston de liberarse de su cuerpo físico tiene su eco en otros relatos modernos que informan de la experiencia de dejar el cuerpo durante una crisis médica aguda. La neuroanatomista Jill Bolte Taylor sufrió un derrame cerebral severo que durante años la privó de la capacidad de caminar, hablar, leer, escribir o recordar cualquier cosa. Cuando finalmente se recuperó, escribió una gráfica descripción de sus observaciones a medida que el derrame cerebral se iba apoderando gradualmente de su cerebro:

«Recuerdo el primer día del ataque con una enorme sensación agridulce... Mi percepción de mis barreras físicas no se limitaba allí donde mi piel entraba en contacto con el aire. Me sentí como un genio liberado de su botella.[46] La energía de mi espíritu parecía fluir como una enorme ballena, deslizándose por un mar de silenciosa euforia. Mejor que el mejor de los placeres que podemos experimentar como seres físicos, esta ausencia de límites físicos era una sensación de gloriosa dicha. Mientras mi consciencia moraba en un flujo de dulce tranquilidad, para mí era obvio que nunca sería capaz de volver a embutir la inmensidad de mi espíritu en el interior de aquella diminuta matriz celular».

Para nosotros, muchas de las visiones extracorpóreas que describen quienes las experimentan son difíciles de verificar. ¿Podrían ser únicamente resultado de la imaginación del individuo o una conjetura acertada sobre sucesos que es probable que ocurrieran? A primera vista, muchos de estos relatos podrían pertenecer a cualquiera de las dos categorías. Pero dos estudios han examinado el grado de exactitud de las descripciones del proceso de reanimación que hacen los pacientes tras sufrir un paro cardíaco, comparando los relatos que hacen los pacientes que han tenido una ECM y los que no.

Michael Sabom, cardiólogo, descubrió que la descripción del proceso de reanimación que hacen las personas que han tenido ECM son muy precisas e incluyen detalles muy específicos de sucesos inesperados.[47] Por contra, en el caso de los pacientes sin ECM a los que pidió que imaginaran cómo habían sido esos momentos, el resultado fueron descripciones vagas y plagadas de errores. Penny Sartori, enfermera de cuidados intensi-

46. Esta cita aparece en la página 67 de Jill Bolte Taylor, *My Stroke of Insight*, Nueva York, Viking/Penguin, 2006.
47. Michael Sabom, *Recollections of Death*, Nueva York, Harper & Row, 1982. [Hay trad. cast.: *Recuerdos de la muerte: investigaciones médicas*, Lleida, Editorial Milenio, 2017.]

vos, replicó los hallazgos de Sabom en un estudio desarrollado durante cinco años con pacientes ingresados en la unidad de cuidados intensivos.[48] También en ese caso, los pacientes que afirmaron haber salido de su cuerpo después de una parada cardíaca describieron el proceso de su reanimación con precisión, pero aquellos que no habían experimentado una situación así cometían errores importantes al describir el equipo médico y los procedimientos empleados.

¿Cómo de común es que las personas que han tenido una ECM puedan describir con precisión lo que sucede a su alrededor mientras se encuentran inconscientes? La profesora Jan Holden ha revisado noventa y tres informes de fenómenos de percepción extracorpórea ocurridos durante una ECM.[49] El 92 por ciento de ellos eran absolutamente precisos, el 6 por ciento contenía algún error y solo el 1 por ciento eran completamente erróneos. Aunque solo un caso de percepción extracorpórea fuera preciso, ese hecho ya debería ser suficiente como para que nos planteáramos alguna pregunta. Tal como escribió William James, el padre de la psicología estadounidense, hace más de un siglo: «Si desea contravenir la norma que dice que todos los cuervos son negros, no intente demostrar que ningún cuervo lo es; basta con demostrar que hay un solo cuervo blanco».[50]

La precisión que alcanza la percepción extracorpórea durante las ECM[51] hace difícil descartar las experiencias cercanas a la

48. Penny Sartori, *The Near-Death Experiences of Hospitalized Intensive Care Patients*, Lewiston, Nueva York, Edwin Mellen Press, 2008.

49. Janice Miner Holden, «Veridical Perception in Near-Death Experiences», en *The Handbook of Near-Death Experiences*, cit., págs. 185-211.

50. Esta cita aparece en la página 5 de William James, «Address by the President», *Proceedings of the Society for Psychical Research*, 12(1), 1897, págs. 2-10.

51. Janice Miner Holden y Leroy Joesten, «Near-Death Veridicality Research in the Hospital Setting: Problems and Promise», *Journal of Near-Death Studies*, 9(1), 1990, págs. 45-54; Madelaine Lawrence, *In a World of*

muerte como mero producto de la alucinación. Sin embargo, aun cuando los relatos son corroborados por testigos independientes —como cuando el cirujano de Al reconoció haber estado «aleteando» en el quirófano—, siguen siendo relatos anecdóticos que se narran después de que el suceso tenga lugar. Si es verdad que la gente puede tener percepciones extracorpóreas mientras está inconsciente, ¿no deberíamos poder demostrarlo con un experimento controlado?

De hecho, desde 1990, se han publicado seis experimentos para evaluar el nivel de precisión de la percepción extracorpórea en las ECM. En estos experimentos, los investigadores ubican «objetivos» visuales aleatorios en espacios en los que sería probable que una persona viviera una ECM. Normalmente, en una esquina del techo de las habitaciones de los pacientes en urgencias, en el servicio de cardiología o en cuidados intensivos, zonas en las que existe una probabilidad alta de que algún paciente sufra una parada cardíaca. A los pacientes no se les informa sobre la existencia de estos objetivos, pero a aquellos que después aseguran haber tenido experiencias extracorpóreas les preguntan si han visto algo inusual o inesperado en la habitación.

En conjunto, estos seis estudios solo reunieron doce pacientes que durante su ECM afirmaron haber sentido que abandonaban su cuerpo. De los doce, ninguno dijo haber visto el objetivo, lo que deja a los investigadores sin prueba alguna que

their Ow, Westport (Connecticut), Praeger, 1997; Sam Parnia, Derek G. Waller, Rebekah Yeates, y Peter Fenwick, «A Qualitative and Quantitative Study of the Incidence, Features and Aetiology of Near Death Experiences in Cardiac Arrest Survivors», *Resuscitation*, 48(2), 2001, págs. 149-156; Penny Sartori, *The Near-Death Experiences of Hospitalized Intensive Care Patients*, Lewiston, Nueva York, Edwin Mellen Press, 2008; Bruce Greyson, Janice Miner Holden, y J. Paul Mounsey, «Failure to Elicit Near-Death Experiences in Induced Cardiac Arrest», *Journal of Near-Death Studies*, 25(2), 2006, págs. 85-98; Sam Parnia, Ken Spearpoint, Peter Fenwick, *et al.*, «AWARE-AWAreness during REsuscitation—A Prospective Case Study», *Resuscitation*, 85(12), 2014, págs. 1799-1805.

corrobore la hipótesis de que los pacientes con ECM tienen la capacidad de ver desde una perspectiva extracorpórea.

Me pasé la infancia viendo en la televisión un montón de series de médicos en las que casi siempre, cuando a un paciente se le paraba el corazón, conseguían devolverlo a la vida. Por tanto, cuando entré en la facultad de Medicina me sorprendió descubrir que sobrevivir a una parada cardíaca, aun estando en un hospital, no es lo habitual. Un informe de 2018 de la American Heart Association[52] desvela que la tasa de supervivencia general en caso de paro cardíaco es solo del 10 por ciento fuera del hospital y del 25 por ciento si el paciente se encuentra ingresado, y la mayoría de las reanimaciones dura muy poco. Solo el 11 por ciento sobrevive el tiempo suficiente como para volver a casa sano y salvo.

Teniendo esta dificultad en mente, diseñé un estudio con pacientes que sabía de antemano que iban a sufrir y superar una parada cardíaca.[53] Se trataba de pacientes a los que se les inducía una parada de forma cuidadosamente monitoreada y controlada. Estos enfermos sufrían peligrosas arritmias cardíacas recurrentes que conllevaban un elevado riesgo de parada súbita y por eso a menudo se les derivaba a una clínica de cardiocirugía para que les fuera implantado quirúrgicamente un pequeño dispositivo en el pecho. Dicho dispositivo, llamado desfibrilador cardioversor implantable, o DCI, realiza un continuo monitoreo del ritmo cardíaco del paciente. Si detecta que el corazón se detiene, lo devuelve automáticamente a su ritmo normal. Una vez colocado el dispositivo en el pecho del paciente, y antes de volver a coserlos, los cardiocirujanos deben comprobar que funciona. Para ello, detienen el corazón a propósito, con una descarga eléctrica,

52. Emilia J. Benjamin, Salim S. Virani, Clifton W. Callaway, *et al.*, «Heart Disease and Stroke Statistics—2018 Update: A Report from the American Heart Association», *Circulation*, 137(12), 2018, e67–e492.
53. Bruce Greyson, Janice Miner Holden, y J. Paul Mounsey, «Failure to Elicit Near-Death Experiences in Induced Cardiac Arrest», *Journal of Near-Death Studies*, 25(2), 2006, págs. 85-98.

y comprueban si el DCI lo reactiva nuevamente. Puesto que sabemos exactamente cuándo y dónde se detendrá el corazón, también sabemos cuándo y dónde colocar un objetivo visual para que los pacientes puedan verlo si es que abandonan sus cuerpos.

Diez años antes, Cathy Milne, enfermera de cardiología, había estudiado la frecuencia con la que las personas sometidas a este procedimiento experimentan una ECM.[54] El resultado fue que un 14 por ciento afirmó haber tenido una ECM, por lo que había buenas razones para pensar que mi estudio contaría con suficientes ECM como para comprobar la capacidad de esos pacientes de detectar objetivos visuales. Trabajé con Jan Holden para planificar los detalles del estudio y la ubicación de los objetivos. Coloqué un ordenador portátil encima de un monitor de fluoroscopia a bastante altura, sobre la mesa de operaciones. El ordenador estaba programado para mostrar aleatoriamente una selección de setenta y dos imágenes animadas, como una rana morada dando saltos por la pantalla. La animación se ejecutaba durante cinco minutos, interrumpida por el parpadeo de un cronómetro, y luego desaparecía. Si los pacientes de verdad salían de su cuerpo al parárseles el corazón, podrían identificar la imagen. El ordenador guardaba un registro de qué objetivo correspondía a cada paciente, pero ninguno de los miembros del personal presentes en el quirófano lo conocería.

Cuando los pacientes se despertaban de la anestesia, les hacía la misma pregunta que había empleado en mi estudio con pacientes hospitalizados tras un paro cardíaco: «¿Qué es lo último que recuerda antes de dormirse?».

Pero la mitad de ellos me miraron perplejos y contestaron: «¿A qué te refieres? No me he dormido».

La cuestión es que yo no había tenido en cuenta el efecto del

54. Catherine T. Milne, «Cardiac Electrophysiology Studies and the Near-Death Experience», *CACCN: The Journal of the Canadian Association of Critical Cared Nurse*, 6(1), 1995, págs. 16-19.

midazolam, un nuevo sedante que se estaba administrando de forma rutinaria a los pacientes antes del procedimiento con el fin de adormecerlos y reducir su ansiedad. El midazolam se emplea porque normalmente evita que los pacientes recuerden la intervención. Esto resulta útil si el objetivo es minimizar el recuerdo del doloroso shock que sufre su corazón. Pero no es útil si el objetivo es indagar en los posibles recuerdos que puedan tener de haber abandonado su cuerpo al detenérseles el corazón. Es decir, facilita el procedimiento para el paciente, pero dificulta el recuerdo de cualquier experiencia que este pueda haber tenido. En más de cincuenta paros cardíacos inducidos, no encontré ni un solo paciente que recordara algo remotamente parecido a una ECM o a haber salido de su cuerpo durante el proceso.

Más allá de los problemas de memoria provocados por el midazolam, mi experimento tenía otra dificultad que yo no había previsto. En un congreso al que asistieron un gran número de personas que habían tenido una ECM presenté los resultados de mi investigación y estas se sorprendieron por lo que consideraron mi ingenuidad al plantear el estudio. ¿Qué interés tendría alguien que ha sufrido un paro cardíaco y que está en plena resucitación (y atónito por la separación inesperada de su cuerpo) en buscar por la habitación del hospital una imagen oculta y para él irrelevante, aunque a un investigador se le hubiera ocurrido designarla como «objetivo»?

Había albergado enormes esperanzas de que mis estudios pudieran confirmar o refutar los relatos de las personas que afirmaban haber tenido precisas visiones durante sus experiencias cercanas a la muerte. El hecho de que esta línea de investigación no consiguiera obtener una respuesta definitiva fue, por decirlo con suavidad, una decepción. El escéptico que habita en mí seguía insistiendo en que a menos que pudiéramos demostrar mediante un experimento controlado la existencia de una percepción extracorpórea precisa durante las ECM, no podríamos saber si nos estábamos engañando o no. ¿Es posible que Al Sullivan escuchara a las enfermeras comentar el peculiar hábito de su médico de señalar moviendo los brazos y después imaginara que lo había visto él mismo? ¿Es posible que la afirmación de Holly acerca de la mancha de mi corbata fuera solo una coincidencia o una suposición afortunada? Al fin y al cabo, se trataba solo «de datos anecdóticos», no del resultado de un experimento controlado. ¿Acaso el hecho de que Holly hablara de la mancha de salsa de tomate resultaba menos sorprendente por la razón de que la mancha no hubiera sido colocada intencionadamente? ¿Hemos de poner en duda que los paracaídas consiguen salvar vidas porque las pruebas que lo demuestran provienen de datos anecdóticos y no de experimentos aleatorios?

De las aproximadamente setecientas personas con experiencias cercanas a la muerte que participaron en mi estudio de la visión extracorpórea, cuatro de cada diez afirmaron haber tenido consciencia de hechos ocurridos más allá del alcance de sus sentidos. De ellos, la mitad había corroborado después sus percepciones con alguna otra persona que les había confirmado que lo que habían «visto» o «escuchado» había ocurrido de verdad. Pero la otra mitad no había comentado nada a ninguna de las demás personas presentes durante esas situaciones, que normalmente eran los médicos o las enfermeras, por temor a que la cosa les sonara demasiado extravagante. A mí me parecía comprensible que quienes experimentaban una ECM tuvieran miedo de hablar de aquella percepción extraordinaria a otras personas —y a los médicos en particular— por si pensaban que estaban «locos». Me acordaba bien de Bill Hernlund, el bombero al que sorprendió la explosión de un avión accidentado: le había contado a su médico que había muerto y había vuelto a la vida y le habían prescrito un examen psicológico.

Lo que contaban estas personas sobre haber visto y oído cosas mientras estaban inconscientes me hizo poner en duda mi creencia infantil de que solo existe aquello que se puede ver, oír o sentir. No hay duda de que el hecho de que Holly hablara de la mancha de mi corbata había desafiado mis creencias, pero aquel incidente por sí solo no me convencía de nada. No podía negar que había ocurrido de verdad, pero seguí preguntándome si Holly podía haber obtenido aquella información por algún medio «normal» que no era capaz de identificar. Muchos científicos —incluido, hasta cierto punto, yo— se esfuerzan por ignorar esos sucesos inexplicables hasta que se vuelven demasiado preocupantes, y entonces tratan de negar que hayan ocurrido. Pero tal como dijo Charles Whitehead, neurocientífico y antropólogo: «Las anomalías tienden a barrerse bajo la alfombra hasta que se acumulan tantas que los muebles empiezan a volcarse».[55] El gran volumen de incidentes inexplicables de personas que tenían una ECM y veían y oían cosas que no deberían poder ver ni oír, y que dejaban perplejos a los científicos racionales —como el caso de Holly y mi corbata, y el del médico de Al moviendo los brazos, o los otros cien que había documentado Jan Holden— estaban comenzando a tirar por tierra el mobiliario de mi cosmovisión.

Para la mayoría de las personas, yo incluido, las características más extraordinarias de las ECM se sitúan en el «umbral de lo increíble», el punto en que una historia por lo demás verdadera se vuelve tan extravagante que uno comienza a cuestionarse su credibilidad. En algunos casos, la veracidad de los sucesos podía comprobarse. Pero aun en los casos en los que no existían testigos independientes, las personas que entrevisté eran sinceras sin excepción y habían quedado tan profundamente afectadas por sus ECM que no podía imaginarlas mintiendo en lo relativo a su experiencia. Sus ECM merecían ser tratadas con respeto, tomadas en serio. Pero observar tu cuerpo tumbado sobre una mesa de operaciones desde el techo del quirófano es algo difícil de explicar, y yo sabía que debía elaborar alguna hipótesis de

55. Esta cita aparece en la página 72 de Charles Whitehead, «Everything I Believe Might Be a Delusion. Whoa! Tucson 2004: Ten Years On, and Are We Any Nearer to a Science of Consciousness?», *Journal of Consciousness Studies*, 11(12), 2004, págs. 68-88.

trabajo sobre lo que podía estar sucediendo. Una de las teorías que a menudo sugieren las personas que desean descartar la existencia de las ECM es que se trata de fantasías que en realidad no ocurren más allá de la imaginación de quien las experimenta. Como psiquiatra, sabía que en algún momento tendría que enfrentarme a esa pregunta.

7

¿O irse la cabeza?

Peter se rompió las dos piernas al tirarse desde el tejado de la residencia universitaria en la que vivía. Estaba bajo tratamiento médico porque oía voces. Lo entrevisté pocos días después de su caída, mientras se recuperaba en una cama de la unidad de ortopedia del hospital. Le habían vuelto a poner la medicación psiquiátrica y, según decían las anotaciones de las enfermeras, había dejado de oír voces y se había recuperado del estado de confusión en que se encontraba en el momento del ingreso.

—Peter —empecé, una vez me hube presentado—, tengo entendido que te has tirado del tejado de la residencia. ¿Me cuentas cómo ha sido eso?

Peter respiró profundamente y empezó a contarme la historia:

—Dejé la medicación porque me sentía cansando todo el rato. Me resultaba difícil concentrarme para estudiar. En un par de semanas empecé a tener alucinaciones. —Guardó silencio y me miró.

—¿Alucinaciones? —le pregunté.

—Sí, oía que el diablo me decía que ahora le pertenecía porque lo había hecho todo mal. —Peter bajaba la miraba hacia las piernas enyesadas y pellizcaba la sábana—. Decía que yo era malvado y que debía morir, y me llamaba para que me reuniera con él en el infierno. Así que subí hasta el último piso de la residencia y tomé la escalera que va al tejado. Me senté en el parapeto del borde, con las piernas colgando por fuera. Era por la mañana temprano, no pasaba nadie por debajo. Empecé a tiritar de frío y Satanás empezó a gritarme: «¡Hazlo ahora! ¡Hazlo ahora!». »Estaba confundido y aterrorizado —prosiguió—. La alucinación no daba tregua y yo creía que lo que decía era verdad. Creía que no merecía vivir, así que me incliné hacia delante y me impulsé con ambas manos. Cerré los ojos y sentí que se me revolvía el estómago al caer.

Peter me miró. Tras hacer una breve pausa, como si estuviera valorando lo que podía contarme, reinició el relato.

—Pero entonces, mientras caía, me habló Dios. No podía verlo, pero escuché su voz rotunda y clara. Me dijo: «Peter, eres uno de mis hijos. No perteneces a Satanás. Se te ama más de lo que nunca sabrás. No dejaré que tu vida termine así».

Peter calló y se humedeció los labios resecos. Alargó la mano hacia la mesita de noche y tomó un sorbo de agua con una pajita. No retomó el relato.

—¿Y entonces? —pregunté.

—No sé si perdí la consciencia al caer al suelo. Tengo la sensación de haberme quedado allí mucho tiempo, todos mis recuerdos son confusos. Recuerdo una multitud a mi alrededor, después que me llevaron a una camilla y luego una ambulancia. El dolor era enorme y no entendía del todo lo que estaba pasando. Pero estaba aliviado de seguir vivo.

—Y ahora, ¿cómo te sientes? —le pregunté.

—Bueno, no quiero suicidarme, si es a lo que se refiere. Sé que Dios tiene un plan para mí.

Asentí, tratando de formular mentalmente mi siguiente pregunta.

—Lo que estás diciendo es que oíste una voz que identificaste como Satanás, y dices que es una alucinación. Y luego escuchaste otra voz que identificas como Dios. Ambas voces solo podías oírlas tú.

—Sí —dijo, asintiendo con una media sonrisa—. Sé lo que

está pensando. ¿Por qué creo que una es una alucinación y la otra es real?

—Exactamente —dije—. Escucho tu relato y no tengo forma de distinguir ambas voces. ¿Tú cómo lo haces?

Peter hizo un gesto lento de negación con la cabeza.

—No sé cómo explicarlo. Pero la voz de Dios era más sonora, más clara y más real de lo que me suena tu voz en este momento, del mismo modo que tu voz es más sonora, clara y real que la del diablo. Es verdad que antes de intentar suicidarme consideraba que la voz de Satanás era real, pero ahora que ya no estoy loco, sé que solo era una alucinación. Pero la voz de Dios, no. Eso era real. —Movió la mano en el aire—. Era más real que todo esto.

¿El hecho de haber escuchado la voz de Dios mientras caía tenía que ver con su enfermedad o Peter había tenido una ECM? Volver a tomar la medicación lo convenció de que la voz de Satanás había sido una alucinación, pero mantuvo intacta la creencia de que Dios le había hablado de verdad.

Esta distinción daba de lleno en el corazón del dilema al que yo me enfrentaba. Las dos voces que Peter oyó, la de Dios y la de Satanás, le sonaron muy distintas. Pero ¿cómo podemos saber los demás qué voces son imaginarias y cuáles reales, si es que alguna de ellas lo es? A mi juicio, explorar aquellas diferencias resultaba clave para comprender las ECM. Como psiquiatra, me encontraba en mejor posición que otros investigadores de ECM para analizar los síntomas de enfermedad mental en las personas que tienen ECM. Además, mi labor clínica en el hospital universitario me había permitido tratar a varios pacientes psiquiátricos que también tenían ECM. El problema era ser capaz de establecer una distinción entre ambos: ¿Era posible que la enfermedad mental contribuyera a tener una ECM? ¿Era posible que tener una ECM incidiera en la salud mental? ¿O acaso ambas eran cosas totalmente distintas y no tenían nada que ver entre ellas?

Lo primero que hice para abordar estas preguntas fue comprobar la incidencia de las enfermedades mentales entre las personas con ECM. ¿Se dan con más o menos frecuencia que entre las personas que no han tenido una experiencia así? Para dar respuesta a esta pregunta, comparé la frecuencia con la que se manifestaban diferentes afecciones psiquiátricas entre dos grupos de personas: quienes habían informado de una experiencia cercana a la muerte y quienes habían estado a punto de morir pero no habían hablado de una ECM. Recurrí al Psychiatric Diagnostic Screening Questionaire,[56] un cuestionario estándar de diagnóstico psiquiátrico empleado para la detección de los dieciséis trastornos psiquiátricos más habituales, entre los que se encuentran la depresión, la ansiedad, el estrés postraumático, los pensamientos obsesivos y el comportamiento compulsivo, los trastornos alimentarios, el abuso de alcohol o drogas, la sintomatología física ocasionada por la ansiedad emocional y la dificultad para distinguir entre lo real y lo imaginario.

Descubrí que estos dieciséis trastornos concretos se daban en la misma proporción entre personas con ECM y personas que estando a punto de morir no habían tenido una ECM. Dichos trastornos también se manifestaban con la misma frecuencia entre quienes habían tenido una experiencia cercana a la muerte y entre el público en general que no ha estado a punto de morir. Realicé también una comparación de estos porcentajes con la prevalencia de los trastornos mentales en el conjunto de la población general, y no encontré diferencia alguna. En otras palabras, los datos sugerían que tener una ECM no tenía nada que ver con que las personas fueran más o menos propensas a manifestar un trastorno mental.

Analicé también con especial atención los porcentajes de dos trastornos concretos que creí que sí podían tener relación con las ECM: el trastorno disociativo y el trastorno de estrés postraumático. El trastorno disociativo es una patología que provoca que el sentido del yo se distancie de las propias sensaciones corporales.

---

56. Mark Zimmerman y Jill I. Mattia, «A Self-Report Scale to Help Make Psychiatric Diagnoses», *Archives of General Psychiatry*, 58(8), 2001, págs. 787-794.

Un ejemplo bastante común es la «hipnosis de carretera»: uno puede conducir largas distancias y su cuerpo reacciona adecuadamente a la carretera y a la presencia de los demás coches, pero no es consciente de que está conduciendo hasta que de pronto «despierta» y puede que descubra que se ha saltado la salida que debía tomar. En un caso extremo de disociación, puede incluso que se llegue a tener la sensación de no estar en el propio cuerpo físico. La disociación puede ser una respuesta normal al trauma, por la que uno se protege distanciándose o aislándose para no sentir el dolor o el miedo de algo que le está ocurriendo a su cuerpo.

Para realizar el estudio pedí a un grupo de personas que habían estado a punto de morir que completaran la Dissociative Experiences Scale,[57] un formulario estándar de medición de la disociación. Algunos de ellos habían tenido una ECM durante este roce con la muerte y otros no. Los que la habían tenido describieron más características de disociación, pero en cantidad mucho menor que la requerida para que se emita un diagnóstico psiquiátrico de trastorno disociativo. El grado de disociación que mostraban quienes habían tenido una experiencia cercana a la muerte era el típico de la respuesta general al trauma, pero no el característico de una enfermedad mental. En otras palabras, quienes tenían una experiencia cercana a la muerte distanciaban su atención del cuerpo físico durante un momento de crisis. El desvío de atención es una respuesta normal frente a un trauma no tolerable, no un signo de enfermedad mental.

También me pregunté si las ECM podían estar relacionadas con un trastorno por estrés postraumático (PTSD). Parece incuestionable que el hecho de encontrarse próximo a la muerte —con el riesgo de perder la vida, el dolor y la pérdida de control que conlleva— debe de ser bastante aterrador para la mayoría

---

57. Eve Bernstein y Frank Putnam, «Development, Reliability, and Validity of a Dissociation Scale», *Journal of Nervous and Mental Disease*, 174(12), 1986, págs. 727-735; Bruce Greyson, «Dissociation in People Who Have Near-Death Experiences: Out of Their Bodies or Out of Their Minds?», *Lancet*, 355(9202), 2000, págs. 460-463.

de la gente. Así que tenía sentido pensar que la proximidad de la muerte podía desembocar en un trastorno de estrés postraumático, estuviera o no acompañado de una ECM. Entre los síntomas típicos del PTSD se encuentran los sueños vívidos, los *flashbacks* del trauma y el empeño por esquivar o bloquear cualquier recuerdo del suceso traumático. Mi padre tuvo un ataque al corazón a los treinta años, mientras iba en coche al trabajo un lunes por la mañana, y cuando se recuperó no quería volver a conducir. Para superar su miedo a sufrir otro infarto mientras iba conduciendo fue a psicoterapia. Esto sucedió mucho antes de que el PTSD fuera un diagnóstico oficial, pero es la denominación que hoy recibiría su problema.

Igual que había hecho en el caso del trastorno disociativo, realicé un estudio con un grupo de personas que habían estado a punto de morir. Les pedí que rellenaran un test estándar de medición de PTSD, la Impact of Event Scale,[58] y comparé los de rasgos de estrés postraumático que manifestaban quienes habían tenido una ECM y quienes no. Igual que con el trastorno disociativo, lo que descubrí fue que aquellas personas que habían tenido una ECM manifestaban también más rasgos de PTSD, pero en mucha menor medida de la que exige un diagnóstico de PTSD. A diferencia de las personas que sufren trastorno de estrés postraumático, quienes han tenido una ECM suelen tener sueños y *flashbacks* relacionados con el episodio, pero no hacen ningún intento de evitarlos. Esto concuerda con lo que suelen decir de las ECM quienes las han experimentado: que se convierten en un punto central de su vida, pero no lo consideran un suceso negativo cuyo recuerdo deben borrar. Ese patrón concreto (tener *flashbacks* del suceso, pero sin esforzarse por evitarlos) es típico de aquellas personas que tratan de comprender una experiencia e incorpo-

---

58. Mardi Horowitz, Nancy Wilner, y William Alvarez, «Impact of Event Scale: A Measure of Subjective Stress», *Psychosomatic Medicine*, 41(3), 1979, págs. 209-218; Bruce Greyson, «Posttraumatic Stress Symptoms following Near-Death Experiences», *American Journal of Orthopsychiatry*, 71(3), 2001, págs. 368-373.

rarla a sus vidas, pero no es un rasgo típico de un trastorno mental.

Por tanto, las pruebas que arrojan una variedad de estudios indican que quienes experimentan una ECM no sufren enfermedades mentales en mayor ni en menor grado que la población general. Y en concreto, no manifiestan más o menos casos de PTSD o trastorno disociativo, patologías que podrían esperarse tras un contacto tan estrecho con la muerte.

Una vez resuelta la cuestión del porcentaje de personas que han vivido una ECM y manifiestan enfermedades mentales, quería abordar la siguiente pregunta: ¿Qué porcentaje de personas con trastornos mentales han experimentado una ECM? ¿Las personas que requieren asistencia psiquiátrica tienen ECM con más o menos frecuencia que la población general?

Para dar respuesta a esta pregunta, me centré en los pacientes de psiquiatría de la clínica ambulatoria de mi hospital, donde atendíamos a pacientes que no requerían ingreso hospitalario, pero que sí sufrían cierta ansiedad emocional. Durante el año que dediqué a desarrollar el estudio, examiné a un total de más de ochocientos pacientes. En la entrevista rutinaria inicial les entregaba un cuestionario estándar de evaluación de ansiedad, la versión revisada de la Symptom Checklist (SCL-90-R),[59] que incluye noventa síntomas. Les preguntaba también si alguna vez habían estado a punto de morir, y a los pacientes que contestaban en sentido afirmativo les daba también mi escala ECM.

Un tercio de aquellos pacientes aseguró haber estado al borde de la muerte, y de ellos, en torno a un 20 por ciento había tenido además una ECM, más o menos el mismo porcentaje que entre las

59. Leonard Derogatis, *SCL-90-R Administration, Scoring, and Procedures Manual-II*, Towson, MD, Clinical Psychometric Research, 1992; Bruce Greyson, «Near-Death Experiences in a Psychiatric Outpatient Clinic Population», *Psychiatric Services*, 54(12), 2003, págs. 1649-1651.

personas de la población general que han estado al borde de la muerte. En otras palabras, los datos indicaban que la frecuencia con la que las personas con patologías mentales tienen ECM no es ni mayor ni menor que la de la población general.

En aquel estudio observé que quienes habían estado a punto de morir obtenían una puntuación más alta en el SCL-90-R que los que no. Es decir, mostraban mayor inestabilidad que otros pacientes. Dato que tampoco me sorprendió, porque la cercanía de la muerte es un suceso traumático y es normal que provoque ansiedad psicológica. Lo que sí me sorprendió fue que, entre este grupo, quienes habían experimentado una ECM manifestaban menos ansiedad psicológica que los que no la habían tenido. En otras palabras, los datos indicaban que, de hecho, las ECM ofrecían una cierta protección contra la ansiedad derivada de un contacto cercano con la muerte.

De modo que no encontré relación alguna entre los trastornos mentales y las ECM. Entre la población general, aquellas personas que viven una experiencia cercana a la muerte desarrollan trastornos mentales en igual medida que los demás. Y las personas que padecen trastornos mentales experimentan ECM con la misma frecuencia que otras personas. Lo que sí puede ser una buena noticia es la posibilidad de que las ECM nos ayuden a protegernos de episodios agudos de ansiedad derivados de este contacto cercano con la muerte.

Pero ¿qué ocurre con aquellas personas que tienen una ECM y también sufren un trastorno mental, como en el caso de Peter? ¿Es posible distinguir si lo que experimentó al saltar del tejado fue producto de una ECM o de su patología? Esta duda se plantea no solo en los casos de enfermedades mentales, sino también en los de intoxicaciones con estupefacientes. Cuando después de una sobredosis de drogas una persona afirma haber tenido una ECM, ¿cómo podemos distinguir entre las visiones producto de una ECM y una alucinación inducida por las drogas?

Justin sufrió una sobredosis de LSD a los dieciocho años en una fiesta universitaria. Se desplomó en el suelo y parece ser que dejó de respirar. Dice que durante la ECM su consciencia adquirió una «claridad cristalina», todo lo contrario de la aterradora confusión que había experimentado durante su viaje de LSD. Explica aquella diferencia en estos términos:

«Un año antes, mi padre había muerto de cáncer. Decidí ir a la universidad porque sentía que estaba programado para hacerlo, pero en realidad mi vida no seguía rumbo alguno. Una noche, un amigo de la residencia me invitó a casa de otro amigo para probar el LSD. Me dieron tres tripis. Me pregunté si no sería demasiado, pero parecía que el tipo aquel sabía lo que estaba haciendo. Estuvimos unos cuarenta y cinco minutos fumando hachís y entonces empecé a alucinar muy fuerte. Intenté controlar la sensación y serenarme, pero me sentía como en una montaña rusa. Mi mente estaba fuera de control, totalmente indefensa, y tenía la sensación de que me estaba destruyendo. Iba entrando en un estado cada vez más frenético y deprimido. Quería salir de todo aquello, pero no podía pararlo. Mis peores pesadillas se estaban haciendo realidad. En algún momento me caí boca abajo en el suelo. Mi amigo me contó después que había dejado de respirar. La oscuridad se apoderó de mí, supe que iba a morir y que no podía hacer nada por evitarlo.

»Lo siguiente que pasó es que mi consciencia se escindió por completo de mi cuerpo. Mi consciencia permaneció intacta, no la perdí en ningún momento. No pensaba en absoluto en mi cuerpo, que estaba allí tirado en el suelo. Había dejado definitivamente de sufrir. El viaje de LSD había sido infernal, pero en cuanto abandoné mi cuerpo, el infierno me abandonó a mí. Ya no sentía dolor, y me envolvía el amor más puro, generoso y bello que había sentido en mi vida. Era totalmente ajeno a aquella habitación en la que me había desmayado. Estaba sumido al cien por cien en aquella experiencia. Me sentí lúcido y "alerta" todo el rato.

»Tengo que dejar una cosa muy clara: la lucidez y la claridad perceptiva de toda aquella experiencia es la antítesis de la sensación de angustia de la sobredosis de drogas. El viaje de LSD había sido el terror, la locura más horrible y absoluta. Lo que deseaba más que nada era salir de aquello y volver a la normalidad. Necesitaba urgentemente atención médica. Cuando me desplomé y me quedé tirado en el suelo boca abajo fue cuando crucé al otro lado y dejé mi cuerpo atrás. En el momento en el que me libré de los padecimientos del viaje de LSD, lo vi todo muy claro. Toda la ECM fue cristalina, como despertarse y estrenar un nuevo día. Pero luego, cuando recuperé la consciencia de noche, en el hospital, volvía a alucinar; estaba completamente aturdido por el LSD y seguramente por la medicación que me habían puesto.

»En los últimos años, para mí lo más difícil de asimilar ha sido eso, esa especie de efecto "ABA": "A", la mala experiencia con las drogas, "B", la cristalina experiencia cercana a la muerte, y "A", despertarme alucinando todavía y sin ser capaz de distinguir entre la realidad y lo que no era real. La ECM fue una experiencia sustancial, real y perfectamente vívida, mucho más que cualquier otra cosa que hubiera experimentado durante la parte del viaje del LSD, antes o después de la ECM. Es una experiencia personal fascinante cuya intensidad no ha disminuido nunca en estos quince años».

En su relato, Justin establecía una clara diferencia entre la prístina consciencia que mantuvo durante la ECM y la aterradora confusión que sintió durante el viaje de LSD, exactamente igual que Peter oponía la realidad de su ECM a la cualidad irreal de las alucinaciones esquizofrénicas.

Y lo mismo le sucedió a Stephen, un enfermero de veinticinco años que experimentó una ECM después de intentar suicidarse con una sobredosis de opioides.[60] Entrevisté a Stephen en su habitación del hospital, igual que había hecho con Peter.

60. Su caso está descrito en la página 71 de Bruce Greyson, «Is Consciousness Produced by the Brain?», en *Cosmology and Consciousness*, Bryce Johnson (de.), Dharamsala, India, Library of Tibetan Works and Archives, 2013, págs. 59-87.

—Stephen —empecé, una vez que me hube presentado—, creo que ayer tomaste una sobredosis. ¿Quieres hablar de ello?

Stephen quitó el volumen del televisor y me miró.

—Me he metido en un buen lío —dijo finalmente.

—¿Y eso?

Suspiró, miró hacia la puerta y empezó a contarme su historia:

—Me he estado tomando los opiáceos de los pacientes de mi servicio. Al principio muy poca cantidad, oxicodona principalmente. Solo lo hacía cuando el encargado de administrar la medicación durante el turno era otra persona, así en los turnos en los que me tocaba a mí el recuento de pastillas era exacto. Pero luego cada vez fui tomando más, y estoy casi seguro de que mi supervisora me ha descubierto.

Se quedó callado, así que le insistí para que continuara. Stephen respiró profundamente y prosiguió:

—Aparte, llevaba un tiempo bastante estresado. Mi padre había muerto hacía pocos meses y mi novia me estaba dejando bastante claro que quería romper conmigo. Imagino que por eso empecé a tomar opiáceos. Me ayudaban a relajarme, o igual simplemente a borrarlo todo.

—Pero no a resolver tus problemas, ¿no? —pregunté.

—Ya sabía que eso no iba a pasar. —Se rio—. Solo estaba intentando ganar algo de tiempo, hasta que me sintiera lo bastante fuerte como para lidiar con todo lo que estaba ocurriendo.

Stephen se quitó las gafas, las limpió con un clínex y se las volvió a poner.

—Pero cuando mi supervisora cayó en la cuenta de que lo más probable era que la recurrente falta de opioides en los recuentos fuera cosa mía, supe que de esa no iba a poder librarme. Pensé en huir sin más, pero sabía que iba a tener que enfrentarme a ello tarde o temprano.

—¿Entonces tu supervisora nunca llegó a decirte nada?

—No, pero yo sabía que ella lo sabía. Que me detuvieran era solo cuestión de tiempo y decidí que era mejor acabar con todo.

—Bajó la mirada y movió la cabeza—. Robé suficientes pastillas como para suicidarme y salí de trabajar antes de la hora y de que pudieran hacer el recuento.

—Parece que te habías metido tú mismo en un callejón sin salida —sugerí.

—Podríamos decirlo así —asintió—. Me fui directo a casa, me tomé todas las pastillas con una cerveza y me acosté en la cama, esperando el final.

—¿Y qué esperabas que pasara después? —le pregunté.

—Nada —me contestó rápidamente, como si le sorprendiera la pregunta—. Pensé que me quedaría grogui y que así se acabaría todo. Tarde o temprano, alguien vendría a buscarme y me encontraría. Pero ya sería demasiado tarde.

—¿Y qué creías que te iba a pasar a ti entonces? —pregunté.

Stephen levantó la cabeza y me miró, primero desconcertado y luego divertido.

—¿Qué quieres decir? ¿En plan si sería juzgado y enviado al infierno? Nunca he creído en esas cosas. Cuando te mueres, te mueres.

Movió la cabeza, negando, y no dijo nada más.

—Pero no te has muerto —le dije—. ¿Qué pasó?

—Creo que me debí de quedar dormido, pero luego me desperté y tenía unos calambres increíbles. Y muchas náuseas, como si fuera a vomitar. Y me costaba respirar, como si no tuviera fuerzas para respirar hondo. Empecé a temerme que no me iba a morir. Me daba miedo haberme provocado un infarto cerebral o algo así. Y las náuseas estomacales eran fortísimas. Pensé que más me valía buscar ayuda antes de ponerme peor de lo que ya estaba. El teléfono estaba en la pared de la cocina, como a diez metros de mi cama. Intenté levantarme, pero estaba tan mareado que me costaba ponerme de pie. Me agarré a la cama para mantener el equilibrio y di unos pasos hacia la cocina. Estaba superaturdido y me resultaba difícil incluso mantenerme de pie, y no digamos caminar.

Dejó de hablar, esperé unos momentos y lo animé a continuar. Me miró fijamente y luego, después de una larga pausa, retomó el relato:

—Además estaba alucinando. Mientras estaba ahí de pie tambaleándome, apoyado con una mano en la pared, veía un montón de enanitos arremolinándose entre mis piernas, haciéndome aún más difícil caminar.

—¿Enanitos? —no estaba seguro de haberlo escuchado bien.

—Sí —dijo—, gente pequeña, como así de altos. —Extendió la mano con la palma hacia abajo, más o menos a la altura de la cama—. Sé que suena como si estuviera loco. Fue bastante loco. Yo veía cosas, pero en ese momento parecían muy reales.

Stephen tragó saliva y prosiguió:

—Era todo bastante confuso. Y de pronto sentí que abandonaba mi cuerpo.

—¿Abandonaste tu cuerpo? —repetí, de nuevo dudando si lo había oído bien.

—Sí. Bueno, no tengo claro haber sentido cómo salía, pero de pronto ahí estaba, fuera de mi cuerpo, como a unos tres metros, y viéndolo desde arriba.

Se quedó mirándome fijamente y volví a insistir.

—¿Y qué hacía tu cuerpo?

Stephen meneó con la cabeza.

—Estar allí de pie, con la mano apoyada en la pared, mirando a todos aquellos enanitos, intentando entender qué hacían allí.

No sabía qué decir, así que me limité a extender las manos con las palmas hacia arriba y arquear una ceja.

—Es decir, en realidad yo no los veía —siguió—. Yo estaba por ahí arriba, cerca del techo, viendo cómo mi cuerpo se tambaleaba y miraba hacia abajo, entre mis piernas. Pero sí sabía que lo que mi cuerpo estaba mirando eran los enanitos aquellos que había a mi alrededor, porque me acordaba de haberlos visto cuando estaba dentro de mi cuerpo. Pero desde donde yo estaba entones... —Meneó la cabeza, tragó saliva—. Desde esa perspectiva, mirando hacia abajo, no los veía. Sabía que mi cuerpo estaba alucinando, en plena confusión, pero mi mente tenía una claridad cristalina. No era yo quien estaba alucinando, sino mi cuerpo. Yo tenía el pensamiento más claro que nunca, pero veía que mi cuerpo estaba completamente aturdido.

Volvió a guardar silencio; después de un rato, dije:

—Es todo un historión. ¿Qué explicación le das?

Soltó una risita, haciendo un gesto de negación con la cabeza.

—¡Ni la más remota idea! En un momento me encontraba en mi cuerpo, viendo enanitos, y al momento siguiente estaba flotando en el techo. No tengo ni idea de lo que pasó.

Transcurrió otro largo silencio y después le pregunté:

—¿Y qué más?

Stephen suspiró.

—Me imagino que me desmayé otra vez. Me desperté tirado en el suelo, seguía bastante grogui pero los enanos habían desaparecido. Me arrastré hasta la cocina, conseguí alcanzar el teléfono y llamé a emergencias.

¿Cómo podía explicar yo lo que Stephen aseguraba, que él no estaba alucinando pero su cerebro sí? Era algo parecido a la diferencia que establecía Justin entre la confusión terrorífica del viaje con LSD y la serena claridad de la ECM, y también similar a la diferencia que señalaba Peter entre la alucinación con la voz de Satanás y lo que él insistía en que era la verdadera voz de Dios durante su caída del tejado.

Aunque algunas de estas experiencias inusuales con visiones y creencias no convencionales estén vinculadas con una enfermedad mental, ¿es posible que en otros casos se trate de experiencias auténticas, como sostenían Peter, Justin y Stephen? Y de ser así, ¿cómo podríamos distinguirlas?

¿Qué diferencia existe entre un trastorno mental y una ECM? Para encontrar la respuesta tuve que indagar en lo que ocurre después de la experiencia en sí y valorar el papel que la propia experiencia desempeña en la vida de la persona que la sufre. Junto con Mitch Liester, también psiquiatra, realizamos un estudio con dos grupos de personas que escuchaban voces.[61] Comparamos a personas con esquizofrenia y a un pequeño número de pacientes que habían tenido una ECM y seguían escuchando voces después de la experiencia. A ambos grupos les planteamos una serie de preguntas estándar sobre el carácter de las voces, si les hacían bien o eran dañinas.

Encontramos diferencias significativas entre ambos grupos. Para la mayor parte de las personas que habían tenido una ECM las voces eran tranquilizadoras o reconfortantes, les hacían sentir mejor consigo mismas e influían de forma positiva en sus relaciones con otras personas. Por otro lado, para la mayoría de los pacientes esquizofrénicos las voces resultaban angustiosas o amenazadoras, les hacían sentir peor consigo mismos e influían de forma negativa en sus relaciones con los demás. La mayoría de las personas que habían tenido ECM deseaba seguir escuchando las voces, pero a casi ninguno de los esquizofrénicos le pasaba lo mismo.

Por tanto, para las personas que habían tenido una ECM, el hecho de oír voces inaudibles para el resto había supuesto una experiencia muy positiva, pero para las personas esquizofrénicas era muy negativa. Que Peter asegurara haber escuchado la voz de Dios durante su caída podía haber sido fruto de sus alucinaciones esquizofrénicas, sin embargo, lo ayudó a encontrar un sentido y propósito en la vida, y yo estaba descubriendo que ese hecho suponía una diferencia clara e importante.

Existe un buen número de textos médicos que abordan la diferencia entre las experiencias extraordinarias fruto de enfermedades mentales y aquellas otras, como las ECM, que dan como

---

61. Bruce Greyson y Mitchell Liester, «Auditory Hallucinations Following Near-Death Experiences», *Journal of Humanistic Psychology*, 44(3), 2004, págs. 320-336.

resultado una transformación espiritual.[62] Una de las diferencias es que las ECM las desencadena un suceso que ha puesto la vida en peligro o que ha supuesto una experiencia extrema en algún sentido. Además, generalmente son de corta duración y ocurren puntualmente, solo una vez, y a menudo a personas que llevan una vida normal y productiva. Los trastornos mentales, por su parte, pueden sobrevenir sin necesidad de que exista un desencadenante obvio, tienden a prolongarse durante períodos largos o a manifestar recurrencia, y a menudo les suceden a personas que padecen alguna dificultad psicológica significativa o que funcionan socialmente en la marginalidad.

Otra diferencia es que la manera de recordar posteriormente las ECM y los episodios de trastorno mental varía considerablemente. El recuerdo de las ECM permanece vívido durante

62. Bruce Greyson, «Differentiating Spiritual and Psychotic Experiences: Sometimes a Cigar Is Just a Cigar», *Journal of Near-Death Studies*, 32(3), 2014, págs. 123-136. Para delinear esta diferencia me he apoyado en el trabajo de diversos investigadores, entre ellos se encuentran Janice Miner Holden, en *Near-Death Experiences*, producido por Roberta Moore, Fort Myers (Florida), Blue Marble Films, 2013; Harold G. Koenig, «Religion, Spirituality, and Psychotic Disorders», *Revista de Psiquiatría Clínica*, 34, suplemento 1, 2007, págs. 40-48; David Luko, «Visionary Spiritual Experiences», *Southern Medical Journal*, 100(6), 2007, págs. 635-641; Penny Sartori, «A Prospective Study of NDEs in an Intensive Therapy Unit», *Christian Parapsychologist*, 16(2), 2004, págs. 34-40; Penny Sartori, *The Near-Death Experiences of Hospitalized Intensive Care Patients*, Lewiston (Nueva York), Edwin Mellen Press, 2008; Adair Menezes y Alexander Moreira-Almeida, «Differential Diagnosis between Spiritual Experiences and Mental Disorders of Religious Content», *Revista de Psiquiatría Clínica*, 36(2), 2009, págs. 75-82; Adair Menezes y Alexander Moreira-Almeida, «Religion, Spirituality, and Psychosis», *Current Psychiatry Reports*, 12(3), 2010, págs. 174-179; Alexander Moreira-Almeida, «Assessing Clinical Implications of Spiritual Experiences», *Asian Journal of Psychiatry*, 5(4), 2012, págs. 344-346; Alexander Moreira-Almeida y Etzel Cardeña, «Differential Diagnosis between Non-Pathological Psychotic and Spiritual Experiences and Mental Disorders: A Contribution from Latin American Studies to the ICD-11», *Revista Brasileira de Psiquiatria*, 33, suplemento 1, 2011, págs. 529-589; y Kathleen D. Noble, «Psychological Health and the Experience of Transcendence», *Counseling Psychologist*, 15(4), 1984, págs. 601-614.

décadas y estas experiencias, a menudo, se recuerdan como algo «más real que la realidad». Su impronta no se desvanece con el tiempo,[63] sino que se conserva con toda viveza y riqueza de detalles. Por el contrario, las personas que padecen un brote agudo relacionado con un trastorno mental suelen darse cuenta, una vez finalizado este, de que su percepción era irreal. Y el recuerdo de estos episodios se disipa con el tiempo, va perdiendo viveza y detalle hasta que termina por olvidarse por completo, como, en general, ocurre con los sueños.

Además, las personas que han pasado por una ECM suelen analizar su experiencia una y otra vez, para encontrarle un significado o tratar de comprenderla. Con frecuencia suelen buscar también a otras personas que hayan pasado por esa misma experiencia para poner en común sus ECM y sus percepciones. En el caso de que su ECM llegue a resultarles perturbadora en alguna medida, generalmente solo suele ser hasta que consiguen descubrir cómo incorporarla a su vida y aprovechar las lecciones sacadas de ella. Por su parte, quienes padecen trastornos mentales suelen evitar rememorar los pensamientos y percepciones inusuales que los asaltan durante estos episodios y no intentan comprenderlos. Por lo general, tampoco desean compartir su experiencia, que a menudo les resulta perturbadora de forma permanente.

Por último, las ECM habitualmente proporcionan una sensación de plenitud y sentido vital, aumentan la capacidad de sentir alegría por las cosas cotidianas, se traducen en un menor miedo a la muerte y una mayor sensación de interconexión entre todas las personas. Como consecuencia, quienes han atravesado un episodio de estas características desarrollan a menudo una actitud menos ensimismada, menos absorta y centrada en

63. Bruce Greyson, «Consistency of Near-Death Experience Accounts over Two Decades: Are Reports Embellished over Time?», *Resuscitation*, 73(3), 2007, págs. 407-411; Lauren E. Moore y Bruce Greyson, «Characteristics of Memories for Near-Death Experiences», *Consciousness and Cognition*, 51, 2017, págs. 116-124.

sus necesidades y preocupaciones personales, y se vuelven más altruistas y empáticas. Lo habitual es que sus ECM tengan consecuencias positivas y, por lo general, se integran bien en su vida cotidiana. Quienes padecen trastornos mentales, en cambio, pueden llegar a no encontrarle sentido a la vida, perder la alegría y el placer por las actividades diarias, mostrarse más temerosas y sentirse aisladas de otras personas y estar más ensimismadas en sus propias necesidades y preocupaciones y menos implicadas con los demás. Las consecuencias de los trastornos mentales son habitualmente negativas, entre ellas la dificultad de mantener trabajos y relaciones personales, problemas legales o impulsos dañinos.

Claro está que todas estas distinciones entre ECM y enfermedades mentales son generalizaciones y que en todas ellas habrá excepciones. Existen, sin duda, personas capaces de aprender y crecer a partir de un trastorno mental.[64] Y también hay quienes durante años pueden encontrar dificultades para comprender e integrar en su vida una experiencia cercana a la muerte. Pero son casos excepcionales.

Las pruebas sugieren, pues, que las ECM no tienen ninguna vinculación con los trastornos mentales. El hecho de dar por resuelta esta cuestión me dejó aliviado. A lo largo de los años, había oído hablar de demasiados casos de pacientes derivados a psiquiatría después de haber relatado a su médico una experiencia cercana a la muerte y que este lo interpretara como síntoma de una patología mental, como le ocurrió a Bill Hernlund. He compartido esta información tanto en conferencias como durante el desempeño de mi actividad como supervisor clínico de estudiantes de medicina, residentes y capellanes en los hos-

64. Gary Nixon, Brad Hagen, y Tracey Peters, «Psychosis and Transformation: A Phenomenological Inquiry», *International Journal of Mental Health and Addiction*, 8(4), (2010), págs. 527-544.

pitales en los que he trabajado. Y he visto que dicha información empieza a ejercer cierta influencia en la práctica de la atención médica. En los últimos años, ha fomentado el desarrollo de una forma nueva de tratar al paciente, pues los profesionales médicos que los atienden se han vuelto más receptivos ante la frecuencia y la normalidad con la que sus pacientes presentan casos de ECM.

Pero ¿el hecho de que las ECM no sean alucinaciones ni fenómenos asociados a un trastorno mental significa que son experiencias reales? Para responder a esta pregunta necesitaba obtener pruebas más sólidas.

8
¿Son reales las experiencias cercanas a la muerte?

Todo parece indicar que las experiencias cercanas a la muerte son algo muy diferente a las alucinaciones. Pero ese hecho en sí mismo no significa necesariamente que las descripciones de las ECM se correspondan de forma precisa con lo que ocurre en realidad. Durante las últimas cuatro décadas, he seguido preguntándome de vez en cuando si lo que relatan quienes han tenido una ECM son recuerdos fieles de la experiencia que de verdad tuvieron o más bien un reflejo de las esperanzas o expectativas que proyectan las personas cuando están a punto de morir. Algunos de mis colegas médicos catalogan las experiencias cercanas a la muerte de pura fantasía y, por esa razón, consideran que ninguna investigación sobre ellas puede ser científica. Pero lo que hace que una investigación sea científica no es su tema de estudio. Lo que hace que podamos calificar una investigación de científica es que esté basada en observaciones rigurosas, datos y un razonamiento sólido.

Tal como escribió el neurocientífico Mark Leary, «Lo que define a la ciencia no son los temas que estudia, sino más bien el enfoque que emplea para investigar dichos temas [...] El hecho de que algunas personas no crean que un determinado fenómeno es real no convierte en pseudocientífica la investigación sobre ese fenómeno. La ciencia puede emplearse para tratar de dar respuesta a un amplio abanico de preguntas, incluidas aquellas que se refieren a fenómenos que, al final, resulta que no existen. De hecho, una importante función de la ciencia es demostrar empíricamente qué efectos son reales y cuáles no [...] por lo que no tiene sentido afirmar de antemano que el estudio de un tema en particular no es científico porque la hipótesis que esté comprobando sea falsa».[65]

A lo largo de nuestra historia existen muchos ejemplos de cosas que fueron tildadas de irreales —y, por lo tanto, no susceptibles de ser sometidas a un estudio científico—, y cuya existencia quedó posteriormente demostrada. Hasta el siglo XIX, la mayor parte de los científicos pensaban que las historias sobre meteoritos eran cuentos fantásticos que no merecía la pena investigar,[66] a pesar de que desde la antigüedad existen relatos que hablan de rocas que caen del cielo. Y también hasta el siglo XIX, científicos y médicos ridiculizaron la idea de la existencia de los gérmenes,[67] aunque ya los antiguos griegos habían especulado sobre la propagación de algunas enfermedades a partir de los pacientes infectados por unas «semillas de plaga» que eran invisibles al ojo humano. Hasta fechas tan recientes como la década de los ochenta, la mayoría de los investigadores médicos consideraba que buscar bacterias que pudieran causar una úlcera de estómago era perder el tiempo.[68] Hoy en día esa idea está ampliamente aceptada y, en 2005, les valió a Barry Marshall y Robin Warren un Premio Nobel de Medicina.

65. Esta cita aparece en las páginas 275-276 de Mark Leary, «Why Are (Some) Scientists so Opposed to Parapsychology?», *Explore*, 7(5), 2011, págs. 275-277.

66. Kat Eschner, «Scientists Didn't Believe in Meteorites until 1803», *Smithsonian Magazine*, 26 de abril de 2017, <www.smithsonianmag.com/smartnews/1803-rain-rocks-helped-establish-existence-meteorites -180963017/>.

67. John Waller, *The Discovery of the Germ*, Nueva York, Columbia University Press, 2003.

68. Richard B. Hornick, «Peptic Ulcer Disease: A Bacterial Infection?», *New England Journal of Medicine*, 316(25), 1987, págs. 1598-1600.

El argumento que esgrimen algunos de mis colegas es que las ECM no pueden ser reales porque contradicen lo que actualmente sabemos sobre el funcionamiento el cerebro. Pero, por su propia naturaleza, la ciencia es siempre una investigación inconclusa, en proceso. Cada generación de científicos contempla divertida la ingenuidad de los modelos de las generaciones anteriores. ¿Por qué deberíamos esperar, por tanto, que cualquiera de nuestras opiniones científicas actuales sobre el funcionamiento del cerebro pueda resistir el escrutinio de las generaciones futuras?

La forma de hacer que la ciencia progrese es precisamente refinando nuestros modelos cuando se descubren nuevos fenómenos.[69] Hace un siglo, los avances tecnológicos permitieron a los físicos explorar nuevos fenómenos relacionados con partículas muy pequeñas y velocidades extremadamente rápidas. Las fórmulas que la física llevaba siglos usando —fórmulas que se adecuaban perfectamente a la descripción del movimiento en nuestro mundo cotidiano— no se mostraron tan precisas al aplicarse a estos nuevos fenómenos. En pro de la conservación de su integridad científica, los físicos no podían limitarse a ignorar estos nuevos fenómenos que no obedecían las leyes clásicas de Newton sobre el movimiento. Pero eso no significaba que tuvieran que rechazar aquellas viejas fórmulas como algo inútil. Lo único que tenían que hacer era reconocer que las leyes de Newton eran útiles solo bajo unas condiciones determinadas. Para dar cuenta de un modelo de realidad más completo tuvieron que perfeccionar aquellas viejas fórmulas mediante la combinación de cálculos matemáticos de la teoría de la relatividad y la mecánica cuántica con la física clásica.

Del mismo modo, los avances técnicos producidos durante el siglo pasado en el ámbito de la medicina han permitido a los neurocientíficos descubrir cosas sobre las experiencias cercanas

69. Lisa Feldman Barrett, «Psychology Is Not in Crisis», *New York Times*, 1 de septiembre de 2015, <www.nytimes.com/2015/09/01/opinion/psychology-is-not-in-crisis.html/>.

a la muerte y otros fenómenos relacionados con la continuidad de la consciencia en momentos en los que el cerebro está dañado. El modelo que la ciencia médica lleva siglos usando es un modelo útil para explicar la mente no física como un producto del cerebro físico, y funciona a la perfección en condiciones normales, pero no puede dar cuenta de estas experiencias extremas. Si quieren mantener su integridad intacta, los neurocientíficos no pueden ignorar la existencia de unas ECM que parecen no encajar en el viejo modelo explicativo del cerebro y de la mente. Pero eso no significa que deban descartar obligatoriamente el antiguo modelo; lo único que tienen que hacer es reconocer que ese antiguo modelo cerebro-mente solo sirve bajo unas condiciones determinadas. Deben perfeccionar su antiguo modelo para acomodar cosas como las ECM —experiencias en las que la consciencia sigue existiendo aunque el cerebro se haya apagado— y de esta forma poder describir la realidad de forma más completa.

Los científicos nunca tenemos respuestas definitivas. Lo que tenemos son observaciones, y a partir de ellas tejemos relatos que dan sentido a los datos. Al articular estos relatos, debemos obligarnos a mantener la coherencia lógica y la consistencia con todas las observaciones empíricas. El resultado de lo anterior es que la ciencia camina siempre hacia una meta que nunca podrá alcanzar: la descripción completa de la realidad. Como dijo el neurocientífico Thomas Schofield: «La ciencia no tiene nada que ver con encontrar la verdad, sino con encontrar maneras mejores de estar equivocado [...] Una teoría nunca es perfecta: lo más que puede llegar a ser es mejor que la teoría que la precede».[70]

El astrofísico Neil deGrasse Tyson hace una distinción entre verdad personal, que a uno puede resultarle convincente, pero que no necesariamente puede demostrar ante nadie más, y verdad objetiva. «La verdad objetiva —dice Tyson—, es el tipo de verdad que se dedica a descubrir la ciencia. Y es la clase

70. Thomas Schofield, «On My Way to Being a Scientist», *Nature*, 497, 2013, págs. 277-278.

de verdad que es verdadera, al margen de que creas en ella o no. Existe independientemente de tu cultura, tu religión y tu afiliación política.»[71]

Cuanto más profundizo en las experiencias cercanas a la muerte, más claro tengo que los descubrimientos de las investigaciones sobre las ECM cumplen con los criterios que Tyson establece para el tipo de verdades objetivas que descubre la ciencia. Las experiencias cercanas a la muerte les suceden a personas de diferentes culturas y religiones, crean o no en ellas. Algunas de las personas que cito en este libro hablan de cosas que contradicen sus creencias culturales y religiosas. Algunas de ellas eran ateas y no creían ni en un poder superior ni en que existiera nada después de la muerte, pero tuvieron la experiencia de mantener de algún modo la consciencia después de que se hubiera certificado la muerte de su cuerpo. A mi juicio, está claro que el estudio de las experiencias cercanas a la muerte puede ser un trabajo de observación científica riguroso y empírico.

Resulta evidente que al tratar con observaciones debemos tener siempre en cuenta los sesgos, conscientes o inconscientes, de las personas encargadas de recoger estas explicaciones sobre las ECM. Como en cualquier otra investigación, debemos examinar constantemente nuestros propios sesgos y atender al modo en que pueden influirnos en nuestra interpretación de los datos. En ocasiones he oído a algunos investigadores defender una determinada interpretación de los hechos arguyendo que la ciencia está de su lado. Pero mi padre me enseñó que la ciencia nunca toma partido. Es un método imparcial que evalúa todos los datos disponibles. La pregunta no es si la ciencia está del lado de uno, sino más bien si uno está del lado de la ciencia.

71. Neil deGrasse Tyson, «Neil deGrasse Tyson on Death and Near Death Experiences», citado de una conferencia, 3 de mayo de 2017, Calle 92 Y, <www.youtube.com/watch?v=y5qEBC7ZzVQ>.

Por tanto, ¿cómo podemos comprobar científicamente si las ECM son reales o no? A primera vista, puede parecer que cuestionar si la experiencia de alguien sucedió «de verdad» o no es una ridiculez. El filósofo Abraham Kaplan cuenta la historia de un hombre que viaja a una tierra lejana y regresa contando que ha visto una bestia extraña y maravillosa: un camello.[72] El animal, dice, es capaz de viajar durante días por el desierto más caluroso sin beber agua. Los eruditos de su ciudad natal quedan asombrados y desconcertados. Le dicen: «No sabemos si es posible que exista un animal así, celebraremos un cónclave para decidir si, con lo que sabemos de biología, un animal como ese puede ser real». El viajero responde: «¿Si puede ser real? ¡Pero si les estoy diciendo que lo vi!».

En palabras del psicólogo Bob van de Castle, si te atropella un camión, sabes con certeza que te ha atropellado y no hay escepticismo ajeno alguno que pueda convencerte de que el camión era solo imaginario.[73] A mí no me ha atropellado ningún camión, pero hace casi medio siglo me atropelló la insistencia de Holly, que sostenía que había visto la mancha de mi corbata mientras yacía inconsciente en otra habitación. Yo no sabía cómo dar sentido a eso, pero lo que no podía hacer era fingir que no había sucedido, ni podía desecharlo como una percepción equivocada o como producto de mi imaginación. ¿Y qué ocurre con todas las historias increíbles de experiencias cercanas a la muerte que no me han sucedido a mí pero que he escuchado contar a otras personas? ¿Cómo determinar si ocurrieron de verdad o no?

Tal como señalé con anterioridad al hablar de la visión extracorpórea, su verificación entraña dificultades. Recordemos que Jan Holden examinó noventa y tres informes de percepción

---

72. La historia de Kaplan se cuenta en la página 379 de Paul C. Horton, «The Mystical Experience: Substance of an Illusion», *Journal of the American Psychoanalytic Association*, 22(2), 1974, págs. 364-380.

73. Esta cita aparece en la página 7 de Robert L. Van de Castle, «The Concept of Porosity in Dreams», *EdgeScience*, 14, 2013, págs. 6-10.

extracorpórea durante una ECM y descubrió que el 92 por ciento de los casos quedaba confirmado por fuentes externas, el 6 por ciento contenía algún error y solo el 1 por ciento era completamente erróneo. No hay duda de que algunas de las afirmaciones de las personas que pasan por una ECM pueden no ajustarse a los hechos exactos. Pero que algunos de los relatos de ECM contengan errores, o incluso puedan ser inventados, no invalida todos los demás. Jalāl ad-Dīn Rumi, místico sufí del siglo XIII, dijo que no existiría el oro falso si no existiera el oro verdadero.[74] Del mismo modo, no existirían las ECM falsas a menos que hubiera también ECM reales. La cuestión es cómo distinguirlas. No tengo ni idea de cómo comprobar la veracidad de historias que hablan de reinos de otro mundo. Pero sí puedo comprobar la veracidad de los relatos de quienes dicen haber visto cosas en nuestro mundo físico.

Una forma de hacerlo es preguntarse cómo de fiable es la memoria de quienes tienen una experiencia cercana a la muerte. Diversos factores me hacían temer que los recuerdos de las ECM podían no ser fiables. En primer lugar, muchas de las ECM suceden cuando el paciente está en parada cardíaca,[75] una condición que a menudo provoca amnesia de los sucesos ocurridos en torno al momento en el que el corazón se detiene. En segundo lugar, las personas que experimentan una ECM a veces han tomado drogas psicodélicas, lo que puede causar interferencias en la memoria.[76] En tercer lugar, también se producen en situaciones traumáticas, que como se sabe influyen en la preci-

74. Esta frase de Rumi aparece citada por Idries Shah en Elizabeth Hall, «The Sufi Tradition: Interview with Idries Shah», *Psychology Today*, julio de 1975, <www.katinkahesselink.net/su /su-shah.html>.

75. Sam Parnia, Ken Spearpoint, y Peter B. Fenwick, «Near Death Experiences, Cognitive Function and Psychological Outcomes of Surviving Cardiac Arrest», *Resuscitation*, 74(2), 2007, págs. 215-221.

76. H. Valerie Curran, «Psychopharmacological Perspectives on Memory», en *The Oxford Handbook of Memory*, Endel Tulving and Fergus Craik (ed.), Nueva York, Oxford University Press, 2000, págs. 539-554.

sión de la memoria.[77] Cuarto: suelen conllevar fuertes sentimientos positivos que asimismo pueden influir en el recuerdo.[78] Y, por último, a veces la experiencia se relata mucho después de haber tenido lugar, lo que a menudo va en detrimento tanto del detalle como de la viveza de los recuerdos.[79] Todos estos factores me planteaban dudas sobre la fiabilidad de los recuerdos de las ECM.

Hay investigadores que han sugerido la posibilidad de que los relatos de las ECM vayan enriqueciéndose con el tiempo[80] y, en particular, de que su recuerdo se vuelva más dichoso a medida que van pasando los años. Dado que llevo cuatro décadas dedicado al estudio de las ECM, he podido abordar esta pregunta. A partir de 2002, empecé a buscar a personas a las que había entrevistado a principios de la década de los ochenta y les pedí que volvieran a describirme sus ECM. Lo que descubrí es que sus relatos no se habían vuelto más felices con el tiempo.[81] De hecho, no hubo grandes diferencias entre lo que me habían contado la primera vez y lo que me dijeron décadas después. Esto sugiere que los recuerdos de quienes experimentan una ECM son fiables. Y, por extensión, sugiere también que analizar experiencias ocurridas tiempo atrás es igual de válido que estudiar ECM recientes.

77. Jonathan W. Schooler y Eric Eich, «Memory for Emotional Events», en *The Oxford Handbook of Memory*, Endel Tulving y Fergus Craik (eds.), Nueva York, Oxford University Press, 2000, págs. 379-392.

78. Alexandre Schaefer y Pierre Philippot, «Selective Effects of Emotion on the Phenomenal Characteristics of Autobiographical Memories», *Memory*, 13(2), 2005, págs. 148-160.

79. Lucia M. Talamini y Eva Goree, «Aging Memories: Differential Decay of Episodic Memory Components», *Learning and Memory*, 19(6), 2012, págs. 239-246.

80. Nathan Schnaper, «Comments Germane to the Paper Entitled "The Reality of Death Experiences" by Ernst Rodin», *Journal of Nervous and Mental Disease*, 168(5), 1980, págs. 268-270.

81. Bruce Greyson, «Consistency of Near-Death Experience Accounts over Two Decades: Are Reports Embellished over Time?», *Resuscitation*, 73(3), 2007, págs. 407-411.

Otra pregunta importante es si las creencias particulares de cada persona influyen en su relatos. Sabemos que tanto el contexto cultural como las expectativas condicionan el modo en el que quienes han vivido una ECM dan sentido a aquello que perciben. Recordemos cómo Dominic, el camionero, hablaba de su túnel como un «tubo de escape». ¿Acaso es posible que durante una ECM las personas experimenten aquello que esperan que suceda? También tuve ocasión de comprobar esta idea.

Muchos años antes de que Raymond Moody introdujera el término ECM en Estados Unidos, Ian Stevenson, mi mentor en la Universidad de Virginia, llevaba tiempo recopilándolas. Ian había ido catalogando estas experiencias en diversas categorías, como «experiencias extracorpóreas», «visiones en el lecho de muerte» y «apariciones», en función de sus características más destacadas.

Seleccioné una veintena de los casos más completos que Ian había recogido entre la década de los sesenta y principios de los setenta, y rastreé en ellos la presencia de las quince características comunes descritas por Raymond.[82] Con ayuda de Geena Athappilly, una estudiante de medicina que trabajaba conmigo, seleccioné otra veintena de ejemplos entre los casos recientes de ECM que yo mismo había recogido, y emparejé cada uno de mis casos con un caso de Ian atendiendo a características como la edad, raza, género, religión, causa por la que estuvieron a punto de morir y lo cerca que hubieran estado de ser declarados clínicamente muertos. Con una sola excepción, todos los rasgos característicos de las ECM descritos por Raymond en su libro de 1975 —como abandonar el cuerpo, la sensación de paz, el encuentro con otros, el «ser de luz», la música y la revisión vital—, aparecían con igual frecuencia en los relatos recogidos en fechas anteriores a la publicación de la obra. La única excepción era la

82. Geena Athappilly, Bruce Greyson, e Ian Stevenson, «Do Prevailing Societal Models Influence Reports of Near-Death Experiences? A Comparison of Accounts Reported before and after 1975», art. cit.

sensación de viajar a través de un túnel, que aparecía con más frecuencia en los informes recientes. Pero, si recordamos, yo había dejado esta idea del túnel fuera de mi escala ECM debido a que otros investigadores ya habían sugerido que podía ser algo que inventamos a posteriori para explicarnos cómo hemos pasado de una situación a otra cuando no tenemos consciencia de la transición.

Geena y yo analizamos también el número de relatos, tanto de la muestra de Ian como de la mía, en los que aparecían las consecuencias de las ECM descritas por Raymond: cambios en la escala de valores, disminución del miedo a la muerte, creencia en una vida después de la muerte o la dificultad para hablar a los demás de la experiencia. De nuevo, todos estos efectos secundarios aparecían mencionados con la misma frecuencia en los relatos anteriores al libro de Raymond de 1975 y en los relatos recientes. Así que las descripciones de las ECM no han cambiado durante décadas y no parece que sean simplemente reflejo de unas ideas comunes y preconcebidas sobre lo que creemos que sucede cuando nos morimos.

En todo caso, ¿estas descripciones se corresponden con recuerdos de cosas que ocurrieron de verdad, o más bien son recuerdos de cosas únicamente imaginadas? La verdad es que la mayoría de las personas que pasan por una ECM están bastante seguras de que su experiencia ha sido algo real,[83] que describen como «más real que la propia realidad» o «más real que cualquier otra cosa que haya experimentado». En una encuesta realizada por el oncólogo Jeffrey Long entre más de seiscientas personas que habían tenido una experiencia cercana a la muerte, el 96 por ciento calificó su ECM como «absolutamente real»,[84] y ninguna de ellas la calificó como «absolutamente irreal». En mi investi-

83. Andrew J. Dell'Olio, «Do Near-Death Experiences Provide a Rational Basis for Belief in Life after Death?», *Sophia*, 49(1), 2010, págs. 113-128.
84. Jeffrey Long (con Paul Perry), *Evidence of the Afterlife*, Nueva York, HarperOne, 2010.

gación también se puso de manifiesto esta convicción acerca de la absoluta veracidad de las ECM. El 71 por ciento de los pacientes afirma que los recuerdos de sus ECM son más claros y vívidos que los que tienen de otros sucesos, y solo el 3 por ciento los califica de menos claros o vívidos.

Jayne Smith, que tuvo una ECM a los veintitrés años tras una reacción adversa a la anestesia durante el parto, me dijo: «Nunca, ni una sola vez, dudé si podía haber sido un sueño. Sabía que era real y estaba ocurriendo de verdad. Era más real que cualquier otra cosa que me haya pasado en la vida». Un enorme coágulo de sangre en el pulmón hizo que el corazón de LeaAnn Carroll se parara a los treinta y un años.[85] Sobre su ECM, contaba: «Para mí, la experiencia de la muerte es más real que la vida». Nancy Evans Bush, que tuvo una ECM a los veintisiete años tras una mala experiencia con el óxido nitroso, afirma: «Sí, fue más real que la realidad: la realidad absoluta».[86] Susan Litton me explicó lo siguiente sobre la ECM que experimentó a los veintinueve años: «No había margen alguno de duda. Todo me parecía "más real" que cualquier otra cosa que pueda experimentarse normalmente en el mundo físico tal como lo conocemos». Chris Matt tuvo un accidente de coche a los veintiún años, y aseguraba sobre su ECM: «No tengo ninguna duda de que fue real. Mucho más real que cualquier cosa de las que sentimos aquí». Yolaine Stout, que intentó suicidarse a los treinta y un años, me dijo: «Aquello fue más real que cualquier otra cosa terrenal. En comparación, mi vida dentro de mi cuerpo había sido un sueño».

85. La crisis médica de LeaAnn está descrita en Alan T. Marty, Frank L. Hilton, Robert K. Spear, y Bruce Greyson, «Post-cesarean Pulmonary Embolism, Sustained Cardiopulmonary Resuscitation, Embolectomy, and Near-Death Experience», *Obstetrics and Gynecology*, 106(5 Pt. 2), 2005, págs. 1153-1155. Ella misma describió su ECM en LeaAnn Carroll, *There Stood a Lamb*, Kearney (Nebraska), Morris Publications, 2004.

86. Nancy describió su ECM en Nancy Evans Bush, *Dancing Past the Dark*, Cleveland, Tennessee, Parson's Porch Books, 2012.

Hay maneras de distinguir si los recuerdos se corresponden con hechos reales o con fantasías. Lauren Moore, residente de psiquiatría, y yo empleamos en nuestro estudio el Cuestionario de Características de la Memoria (Memory Characteristics Questionnaire, MCQ),[87] una escala ampliamente utilizada y diseñada para distinguir los recuerdos de hechos reales de los que son producto de la fantasía o de sueños. El MCQ analiza algunos aspectos que difieren en los recuerdos de hechos reales y en los de hechos imaginarios, como la claridad y el detalle del recuerdo, sus aspectos sensoriales, el recuerdo del contexto, el procesamiento del pensamiento en el momento de recordar y la intensidad de los sentimientos asociados. Pedí a algunas personas que habían estado a punto de morir que calificaran su recuerdo de tres experiencias diferentes. Primero, su contacto con la muerte. Después, otro hecho real que les hubiera ocurrido por la misma época. Y por último, un hecho imaginado, también de en torno a esas fechas.

Lo que Lauren y yo descubrimos es que, para las personas que han tenido una ECM, sus recuerdos de la experiencia son como los de los sucesos reales, no como los de hechos imaginarios. En realidad, el recuerdo de las ECM parece más real que los propios hechos reales, del mismo modo que el recuerdo de los hechos reales parece más real que el de los imaginarios. Los recuerdos de las ECM manifestaban más detalle, más claridad, más contexto y una mayor intensidad de los sentimientos que los recuerdos de hechos reales. Y eso es exactamente lo que la gente llevaba décadas diciéndome: que para ellos sus ECM eran más reales que la experiencia cotidiana. Por otro lado, en los casos de personas que han estado a punto de morir y no han tenido una ECM, los recuerdos del momento no parecen más reales que los de otros hechos reales. Hay otros dos equipos de investigación, en Bélgica y en Italia, que han obtenido los mismos resul-

87. Lauren E. Moore y Bruce Greyson, «Characteristics of Memories for Near-Death Experiences», *Consciousness and Cognition*, 51, 2017, págs. 116-124.

tados.[88] El equipo italiano midió también las ondas cerebrales de los pacientes mientras recordaban sus ECM y descubrieron que eran iguales a las que se producen al recordar sucesos reales y no hechos imaginarios. Por lo tanto, la investigación científica de los recuerdos de las ECM nos confirma que estos permanecen inalterables a lo largo del tiempo, que no dependen de la existencia de unas ideas preconcebidas sobre lo que se supone que ocurre en el momento de la muerte y que se parecen a los recuerdos de hechos que han sucedido en la realidad. Pero si las ECM son experiencias reales, no alucinaciones ni fantasías, ¿cómo las explicamos? Esta pregunta me llevó a investigar qué le sucede al cerebro cuando tiene un contacto cercano con la muerte.

88. Charlotte Martial, Vanessa Charland-Verville, Héléna Cassol, et al., «Intensity and Memory Characteristics of Near-Death Experiences», Consciousness and Cognition, 56, 2017, págs. 120-127; Arianna Palmieri, Vincenzo Calvo, Johann R. Kleinbub, et al., «"Reality" of Near-Death Experience Memories: Evidence from a Psychodynamic and Electrophysiological Integrated Study», Frontiers in Human Neuroscience, 8, 2014, pág. 429.

9

La biología de la muerte

¿Cómo explican los científicos las experiencias cercanas a la muerte? Había aprendido muchísimo sobre el cerebro y el funcionamiento de sus distintas partes, y me preguntaba si podría haber áreas específicas vinculadas a las ECM. Diversos investigadores han intentado localizar las regiones que pueden provocar una ECM al ser estimuladas con una sonda eléctrica. La mayoría de las veces han centrado su atención en los lóbulos temporales, situados a ambos lados de la cabeza, justo debajo de las sienes. Algunos sostienen que las ECM están asociadas al lóbulo temporal derecho[89] y otros, al izquierdo.[90]

Numerosos científicos citan en sus estudios los pioneros trabajos del neurocirujano Wilder Penfield como prueba de que una actividad eléctrica anormal en el lóbulo temporal puede provocar una experiencia extracorpórea. En la década de los cincuenta, Penfield trabajó en el Instituto Neurológico de Montreal de la Universidad McGill con pacientes que sufrían convulsiones —súbitas descargas eléctricas en el cerebro— y no

89. Olaf Blanke, Stéphanie Ortigue, Theodor Landis, y Margitta Seeck, «Stimulating Illusory Own-Body Perceptions», *Nature*, 419(6904), 2002, págs. 269-270.

90. Willoughby B. Britton y Richard R. Bootzin, «Near-Death Experiences and the Temporal Lobe», *Psychological Science*, 15(4), 2004, págs. 254-258.

respondían a la medicación. El único tratamiento posible para muchos de aquellos pacientes era extirparles la parte del cerebro que estaba provocando las convulsiones. La técnica de Penfield para localizar el punto exacto en el que se originaban las convulsiones consistía en abrir el cráneo a los pacientes e ir estimulando distintas partes del cerebro con una corriente eléctrica suave. Curiosamente, este procedimiento no duele, porque en el cerebro no hay receptores del dolor. Gracias a esto, Penfield probaba distintos puntos del cerebro mientras los pacientes estaban despiertos, y así podían ir informándole de lo que experimentaban.

Con esta técnica, Penfield no solo localizó el origen de las convulsiones, sino que también identificó lo que hacía cada una de las partes del cerebro al ser estimulada. Fue el primero que trazó un mapa del cerebro, indicando las áreas que controlaban el movimiento de los dedos, los labios, etcétera. Y también identificó áreas cerebrales concretas que al ser estimuladas daban lugar a diversas sensaciones como calor o frío, a un determinado olor o sonido, como una canción en particular, o que permitían ver escenas del pasado como si se tratara de una película.

Se cree que Penfield consiguió provocar experiencias extracorpóreas y otros fenómenos similares a las ECM mediante la estimulación eléctrica de diversos puntos del lóbulo temporal de sus pacientes estando estos conscientes.[91] Pero, en realidad, únicamente dos de estos 1132 pacientes hablaron de algo que remotamente tuviera que ver con una experiencia extracorpórea.

91. Susan Blackmore, *Dying to Live*, Amherst (Nueva York), Prometheus, 1993; Melvin L. Morse, David Venecia, y Jerrold Milstein, «Near-Death Experiences: A Neurophysiological Explanatory Model», *Journal of Near-Death Studies* 8(1), 1989, págs. 45-53; Vernon M. Neppe, «Near-Death Experiences: A New Challenge in Temporal Lobe Phenomenology? Comments on "A Neurobiological Model for Near-Death Experiences"», *Journal of Near-Death Studies*, 7(4), 1989, págs. 243-248; Frank Tong, «Out-of-Body Experiences: From Penfield to Present», *Trends in Cognitive Science*, 7(3), 2003, págs. 104-106.

En una ocasión, Penfield experimentó con un hombre de treinta y tres años al que estaban operando con anestesia local. Penfield le tocó una zona en el lóbulo temporal derecho y el hombre dijo, de pronto: «Ese sabor agridulce que tengo en la lengua». El paciente se mostraba confundido, movía la boca como si estuviera degustando algo y tragándolo. Entonces, Penfield desconectó la corriente eléctrica y el hombre dijo: «¡Dios! Salgo de mi cuerpo».[92] Parecía aterrorizado, gesticulaba pidiendo ayuda. Penfield aumentó la estimulación del lóbulo temporal, y el hombre dijo que estaba dando vueltas y que sentía como si estuviera de pie.

En un segundo caso, Penfield tocó con su varilla eléctrica el lóbulo temporal de una mujer y esta dijo: «Tengo una sensación extraña, como si no estuviera aquí».[93] Penfield prosiguió con la estimulación eléctrica y ella añadió: «Como si solo estuviera aquí a medias». Después le tocó otra área del lóbulo temporal y ella dijo: «Me siento rara», y añadió que sentía como si estuviera flotando. Mientras Penfield continuaba con la estimulación, la mujer preguntó: «¿Estoy aquí?». Y cuando le tocó una tercera zona en el lóbulo temporal: «Otra vez siento que me voy». La mujer tenía una sensación de irrealidad, al contrario de quienes experimentan una ECM, que lo que sienten es que estas son «más reales que la realidad». La mujer tenía la sensación de estar en otro lugar y también de seguir aún en el mismo sitio. Ninguno de los pacientes que experimentó la sensación de abandonar su cuerpo habló de haberse visto a sí mismo desde arriba, como suele ocurrir en las ECM.

A pesar de estas sugerentes —aunque poco convincentes— anécdotas extraídas del trabajo de Penfield, investigaciones pos-

92. Esta cita aparece en la página 458 de Wilder Penfield, «The Twenty-Ninth Maudsley Lecture: The Role of the Temporal Cortex in Certain Psychical Phenomena», *Journal of Mental Science*, 101(424), 1955, págs. 451-465.
93. Esta cita y las siguientes cuatro que aparecen en este párrafo proceden de la página 174 de Wilder Penfield y Theodore Rasmussen, *The Cerebral Cortex of Man*, Nueva York, Macmillan, 1950.

teriores han demostrado que pacientes que sufren distintos tipos de convulsiones que afectan a partes del cerebro diferentes[94] hablan de haber tenido la sensación de abandonar su cuerpo. En general, hay pocas pruebas de que el lóbulo temporal tenga que ver con las sensaciones extracorpóreas.

Otros neurocientíficos han defendido que las ECM y otras experiencias similares están asociadas con diferentes partes del cerebro,[95] entre ellas el lóbulo frontal, el lóbulo parietal, el tálamo, el hipotálamo, la amígdala y el hipocampo. Mario Beauregard y sus colegas de la Universidad de Montreal han medido la actividad cerebral de personas que han tenido un ECM[96] haciéndoles un escáner cerebral mientras intentaban revivir sus ECM en sesiones de meditación. Beauregard descubrió que el recuerdo de una ECM no se asocia solo con una única parte del cerebro, sino que al recordarlas se activan varias partes distintas.

Estos hallazgos contradictorios —que las ECM involucran a partes diferentes del cerebro, o a varias partes que trabajan juntas—, nos dejan sin una respuesta definitiva. Dado que otros investigadores han sugerido que las personas que tienen convulsiones a veces experimentan la sensación de dejar el cuerpo, decidí examinar con más atención los fenómenos extracorpóreos

94. Orrin Devinsky, Edward Feldmann, Kelly Burrowes, y Edward Bromfield, «Autoscopic Phenomena with Seizures», *Archives of Neurology*, 46(10), 1989, págs. 1080-1088.
95. Nina Azari, Janpeter Nickel, Gilbert Wunderlich, *et al.*, «Neural Correlates of Religious Experience», *European Journal of Neuroscience*, 13(8), 2001, págs. 1649-1652; Peter Fenwick, «The Neurophysiology of Religious Experience», en *Psychosis and Spirituality*, Isabel Clarke (ed.), Londres, Whurr, 2001, págs. 15-26; Andrew B. Newberg y Eugene G. d'Aquili, «The Near Death Experience as Archetype: A Model for "Prepared" Neurocognitive Processes», *Anthropology of Consciousness*, 5(4), 1994, págs. 1-15.
96. Mario Beauregard, Jérôme Courtemanche, y Vincent Paquette, «Brain Activity in Near-Death Experiencers During a Meditative State», *Resuscitation*, 80(9), 2009, págs. 1006-1010.

que se dan entre este tipo de pacientes en particular. Tenía la esperanza de comprobar si las descargas eléctricas aplicadas en unas partes específicas del cerebro estaban vinculadas con sensaciones similares a las de una ECM en mayor medida que las aplicadas en otras zonas. Para ello, fui al despacho de Nathan Fountain, el neurólogo que dirigía la clínica de epilepsia de mi hospital, y le pedí permiso para entrevistar a sus pacientes y preguntarles sobre lo que experimentaban durante las convulsiones. Se quedó sentado detrás de su escritorio repleto de historias clínicas y otros papeles, mientras yo le explicaba lo que tenía en mente. Aunque me escuchó con mucha atención y se mostró perfectamente cordial, tuve la sensación de que mi propuesta no le entusiasmaba.

—No creo que vaya a encontrar lo que está buscando —dijo, moviendo la cabeza—. Las convulsiones interrumpen el funcionamiento normal del cerebro y la consciencia de los pacientes se ve afectada, así que no podrán decirle nada. Si el ataque afecta al cerebro de forma generaliza, se quedan inconscientes, por lo que no pueden tener «experiencias» de ningún tipo. De hecho, muchos de ellos ni siquiera llegan a saber que han tenido un ataque.

—Se encogió de hombros, sonrió y añadió—: Y si la afectación se produce solo en el lóbulo temporal, aunque experimentaran algo no podrían contárselo, porque el hipocampo está afectado y no funciona con normalidad, por lo que no elaboran ningún tipo de recuerdo.

—He leído casos de gente que tiene la sensación de abandonar su propio cuerpo bajo la estimulación del lóbulo temporal —dije—. Dos de los pacientes de Wilder Penfield describieron algo similar después de ser sometidos a una estimulación del lóbulo temporal con una corriente eléctrica.

—Pero los pacientes de Penfield estaban despiertos— me rebatió Nathan—, y se empleó una corriente muy suave. Un ataque convulsivo es algo totalmente distinto. La mayoría de las personas se quedan inconscientes y luego no recuerdan nada. No van a poder decirle nada.

—Quizá tenga usted razón —admití—, pero ¿estaría dispuesto a dejarme hablar con algunos de sus pacientes?

Vaciló y me preguntó:

—¿Y cómo les explico que quiero que hablen con un psiquiatra?

—Dígales que sabe que sufrir este tipo de episodios puede generar mucho estrés y que uno de sus colegas está realizando un estudio sobre lo que sienten las personas durante una convulsión y cómo se enfrentan a ello.

Podía ver cómo sopesaba mentalmente los pros y contras de la idea.

—Puede que algunos de ellos incluso agradezcan la oportunidad de poder hablar con alguien sobre las convulsiones y lo que sienten. —Percibí que su resistencia se debilitaba e insistí—. ¿Por qué no entrevistamos juntos a dos o tres pacientes, y así puede escuchar usted mismo lo que dicen y cómo se sienten hablando conmigo?

—Vale —dijo—. Venga a la clínica el próximo lunes por la tarde y le acompañaré mientras entrevista a algunos pacientes. No programaré muchas visitas, así podremos pasar más tiempo con cada uno y hablar de su caso en detalle. Y después valoraremos adónde nos lleva esto.

Tal como Nathan esperaba, los primeros dos pacientes que entrevistamos no tenían ningún recuerdo de sus convulsiones. Habían perdido el conocimiento y cuando se despertaron solo tenían la sensación de estar confundidos y agotados. La tercera, Marie, era una joven secretaria que llevaba experimentando convulsiones mal controladas desde la universidad, tras sufrir una meningitis. No tuvo ningún reparo en hablar conmigo. Le pregunté qué era lo último que solía recordar antes de un episodio de convulsiones.

—Puag —comenzó—, por lo general me llega un olor fuerte, como a calcetines sudados. Solo dura unos segundos, pero sé que significa que voy a tener un ataque.

—¿Y qué es lo primero que sueles recordar después del ataque? —le pregunté.

—Me quedo atontada durante un tiempo —dijo—. Por lo general, sigo tumbada en el suelo, o donde sea, intentando recordar dónde estoy y qué estaba haciendo. No sé cuánto tiempo dura, pero me suelo despertar muy lentamente y luego sigo cansada durante mucho tiempo.

—Y entre esos dos momentos —le pregunté—, después del olor a calcetines sudados y antes de despertarte con sensación de atontamiento, ¿te acuerdas de algo?

—¿Se refiere al ataque en sí? —me preguntó.

Asentí, pensativo. Movió la cabeza.

—Normalmente me quedo inconsciente. No tengo recuerdos. —Me miró dubitativa, después miró a Nathan y luego otra vez a mí—. Aunque una de las veces sí me pareció que recordaba algo.

—¿Una de las veces? —Repetí, moviendo la cabeza en un gesto de asentimiento.

—Sí —prosiguió, vacilante—. Me parecía que estaba viendo mi cuerpo tirado en el suelo, temblando. —Volvió a mirar al neurólogo y continuó—. Tengo claro que eso no puede ser, pero cuando terminó me quedó el recuerdo de estar mirando hacia abajo y ver mi cuerpo, con los brazos y piernas temblando. —Se detuvo, como avergonzada de continuar.

—¿Y eso solo pasó una vez? —le pregunté.

—Sí, fue hace años, antes de casarme. Estaba sola en mi casa, leyendo una revista. Fue algo confuso, pero pensé que debía de haber sido producto de mi imaginación.

Miré a Nathan: estaba sonriendo. Era típico de él reaccionar ante los sucesos inesperados con diversión en vez de conmoción.

—¿Y cómo te afectó aquella experiencia? —le pregunté a Marie.

—En realidad no me afectó. —Se encogió de hombros—. No la he olvidado nunca, pero no me afectó de ningún modo. —Hizo una pausa, miró a Nathan, luego me miró a mí y añadió—: Nadie me ha preguntado nunca lo que siento al tener un ataque. Me alegra poder hablar de ello.

—¿Recuerdas algo más de esa experiencia, o hay algo más que quieras contarnos o preguntarnos?

—No, eso es todo —dijo—. Algo extraño que no he olvidado.

Le agradecí que hubiera hablado con nosotros, di por terminada la entrevista y me volví hacia Nathan.

—Está bien —dijo él—, no hace falta que entrevistemos a nadie más. Vamos a hacer el estudio.

Como le ocurre a la mayoría de los médicos, a Nathan lo que había visto y oído le resultó más persuasivo que aquello que le habían enseñado que debía ver y escuchar.

Junto con mi colega de investigación, Lori Derr, entrevistamos a un centenar de pacientes de la clínica de epilepsia.[97] Comenzábamos preguntándoles qué cosas recordaban justo antes y después de las convulsiones, y también durante el propio ataque. Una vez que nos respondían a esto, recordaran algo o no, les hacíamos preguntas relacionadas de todos los elementos de la Escala ECM, por si acaso alguno de ellos había experimentado fenómenos típicos de las ECM y no había considerado que mereciera la pena mencionarlos. Les preguntábamos, por ejemplo: «Durante los ataques, ¿alguna vez ha tenido la sensación de que su percepción del tiempo se veía alterada?». Muchos de ellos no guardaban recuerdo de haber tenido experiencia alguna, pero algo más de la mitad sí que recordaba alguna sensación, generalmente un olor o sonido extraño. Y, tal como Nathan no tardó en señalar, estos recuerdos podían corresponderse con sensaciones que hubieran tenido justo antes del ataque.

De los cien pacientes entrevistados, siete hablaron de haber perdido la noción del tiempo, uno de una sensación de paz y

97. Bruce Greyson, Nathan B. Fountain, Lori L. Derr, y Donna K. Broshek, «Out-of-Body Experiences Associated with Seizures», *Frontiers in Human Neuroscience*, 8(65), 2014, págs. 1-11; Bruce Greyson, Nathan B. Fountain, Lori L. Derr, y Donna K. Broshek, «Mystical Experiences Associated with Seizures», *Religion, Brain & Behavior*, 5(3), 2015, págs. 182-196.

otro de haber visto una luz brillante. Y de los cien, siete describieron haber tenido, al menos vagamente, una experiencia como de abandonar el cuerpo. Casi todos ellos decían que solo habían sentido esto una vez, y llevaban décadas sufriendo ataques, y tampoco podían recordar exactamente cuándo había sido («hace unos quince o veinte años, creo»), lo que volvía imposible la identificación de los detalles médicos específicos que podrían estar vinculados con la experiencia. Además, casi todos ellos afirmaron que sabían que aquellas experiencias no eran reales.

Por ejemplo, Maryann, una mujer de treinta años que dijo haber tenido «dos o tres experiencias extracorpóreas» durante los ataques, agregó: «Sé que es imposible que sean reales. Es demasiado inverosímil. En realidad, ni siquiera vi mi cuerpo ni nada así. Puede que fuera producto de mi imaginación». Y Mark, de cuarenta y dos años, me dijo: «No recuerdo los detalles. Es como un sueño. Obviamente, no creo que esa clase de cosas puedan suceder de verdad». Por lo general estos pacientes solo dieron una descripción vaga de haber perdido la consciencia de su cuerpo. Y, con una sola excepción, tampoco decían haber visto sus cuerpos desde fuera.

Al contrario de estas personas con crisis convulsivas, quienes declaran haber tenido una ECM casi siempre insisten en lo real de su experiencia. Niegan rotundamente la posibilidad de que sus recuerdos sean producto de su imaginación o de un sueño. Suelen tener una visión externa de sus cuerpos inconscientes y recuerdan toda la experiencia con gran detalle.

Solo una paciente de los cien entrevistados afirmó haber tenido a menudo experiencias extracorpóreas durante las convulsiones. Pero aunque habló de haber visto su cuerpo desde arriba con bastante claridad, su relato era muy distinto del que la mayoría de la gente hace de sus ECM. Kirsten era una estudiante de posgrado de psicología de veintiocho años y sufría convulsiones desde niña a causa de una malformación cerebral congénita localizada en la parte superior de la cabeza. La lesión se situaba en la línea intermedia entre los lóbulos parietales derecho e izquierdo y le provocaba convulsiones varias veces al mes. Durante estos ataques parecía quedarse inconsciente durante un breve lapso de tiempo, generalmente menos de un minuto. A los demás les parecía que se quedaba con la mirada perdida, en blanco, sin responder a lo que ocurría a su alrededor. Si le sucedía mientras caminaba, seguía andando en línea recta como si no supiera adónde se dirigía. Sin embargo, a Kirsten le parecía que sí sabía lo que pasaba durante sus ataques. Le pedí que me los describiera.

—Si por ejemplo estoy leyendo —empezó—, las letras se convierten de pronto en caracteres sin sentido. Y si estoy hablando con una amiga, lo que sale por su boca ya no me suena a palabras. Puedo pensar en lo que quiero decir, pero no soy capaz de emitir sonidos, solo un galimatías. —Se encogió de hombros e hizo un gesto de negación con la cabeza.

—¿Y después? —le pregunté.

—Después me encuentro varios metros por encima de mi cuerpo, mirando hacia abajo.

Me pilló por sorpresa. Había entrevistado ya a decenas de pacientes con convulsiones y aún no había escuchado a ninguno hablar claramente de episodios extracorpóreos. Pero Kirsten lo describía como una parte habitual de cada ataque.

—Háblame más de esto —le dije—. ¿Qué sensación tienes?

—¡Es aterrador! —me dijo.

—¿Aterrador? —repetí.

De nuevo me sorprendía, porque la mayoría de las personas que tienen una experiencia cercana a la muerte lo que describen es una sensación de alivio o de libertad cuando dejan sus cuerpos. Pero, tal como más tarde descubrí, la respuesta de Kirsten no era inusual. Existen otras investigaciones que informan de que los pacientes que tienen la sensación de salir de su cuerpo durante un ataque convulsivo habitualmente hablan de experimentar terror o un miedo intenso.[98]

98. Peter Brugger, Reto Agosti, Marianne Regard, *et al.*, «Heautoscopy, Epilepsy, and Suicide», *Journal of Neurology, Neurosurgery, and Psychiatry*,

—Sí —continuó—, tengo miedo de que le pase algo a mi cuerpo mientras no estoy dentro de él.

—¿Como qué? —le pregunté.

—No lo sé. —Movió la cabeza—. Temo que le pase algo si no estoy allí para protegerlo.

—¿Te ha pasado algo alguna vez? —pregunté—. ¿Te has hecho daño mientras estabas fuera de tu cuerpo?

—No, daño no —dijo, despacio—. Hace unas semanas, iba empujando un carrito por el pasillo de un supermercado y tuve un ataque. Mientras estaba fuera de mi cuerpo, el carrito chocó contra un expositor y tiró una torre entera de latas.

—¿Y qué pasó?

—Pues que eso me devolvió a mi cuerpo. Recogí las latas, volví a apilarlas. La gente se me quedó mirando, y al final se acercó una persona a ayudarme.

—¿Qué es lo que hizo que volvieras a tu cuerpo? ¿El golpe contra el expositor? ¿El ruido de las latas?

—En cuanto sentí el golpe del carro contra el expositor, regresé a mi cuerpo. Es lo que me suele pasar.

—¿Son cosas así las que normalmente hacen que vuelvas después de un ataque? —le pregunté. Kirsten asintió.

—Cualquier cosa que toque o sacuda mi cuerpo. Si estoy hablando con alguna de mis amigas y de pronto me paro a mitad de la frase, para hacerme volver suelen llamarme por mi nombre y tocarme el brazo. —Sonrió y añadió—: Por supuesto, ni uno solo de mis novios ha llegado a darse cuenta jamás de que he tenido un ataque.

Lo que describía de sentirse arrastrada de vuelta a su cuerpo ante cualquier contacto me sonaba. Recordé la descripción de sir Alexander Ogston, el cirujano escocés hospitalizado por una fiebre tifoidea, que también se sentía arrastrado súbitamente de vuelta a su cuerpo cuando lo movían o sacudían: «Era conscien-

57(7), 1994, págs. 838-839; Devinsky *et al.*, «Autoscopic Phenomena with Seizures», art. cit.

te de que mi yo mental solía abandonar el cuerpo con regularidad...[99] hasta que algo me producía la consciencia de que aquella masa fría, que entonces recordaba que era mi cuerpo, estaba siendo estimulada mientras yacía junto a la puerta. Entonces me veía atraído rápidamente hacia él, me unía a él con disgusto, y se convertía en yo. Cuando volvían a dejarlo en paz, yo volvía a salir de él, como antes... hasta que algo volvía a perturbar al cuerpo yaciente, y entonces volvía a verme atraído hacia él de nuevo, y entraba en él con una repulsión cada vez mayor...».

—¿Y qué ocurre si nadie o nada toca tu cuerpo cuando estás fuera de él? —le pregunté a Kirsten.

—Ah, nunca me voy demasiado tiempo. No es que yo pueda hacer nada para volver a mi cuerpo, pero en el curso de unos segundos, o quizá un minuto, más o menos, la convulsión sigue su curso y vuelvo a entrar. —Se quedó callada un momento y luego añadió—: Y después estoy bien. Como si no hubiera pasado nada.

—¿Alguna vez tienes otras sensaciones cuando estás fuera de tu cuerpo? —le pregunté.

—¿Como por ejemplo? —arrugó la frente.

—¿Alguna vez has visto u oído algo?

—No —negó con la cabeza—, intento concentrarme en mi cuerpo por si acaso le ocurre algo. —Amagó una media sonrisa—. Como pegársela contra un expositor lleno de latas.

—¿Y qué más sientes mientras estás fuera de tu cuerpo? Has dicho que puede ser aterrador, pero ¿alguna vez has tenido alguna sensación agradable o la impresión de que te estabas yendo a otro sitio?

—¿Sensación agradable? ¿Está de broma? —abrió los ojos de par en par—. Da mucho miedo. No me gusta nada. Nunca me ha gustado. Estoy deseando volver a mi cuerpo y a mi vida normal.

99. Esta cita aparece en la página 22 de Alexander Ogston, *Reminiscences of three Campaigns*, Londres, Hodder and Stoughton, 1919.

La actitud protectora que Kirsten tenía hacia su cuerpo era muy distinta de la de quienes experimentan una ECM, y que en su mayoría manifiestan una cierta despreocupación por su cuerpo físico durante toda la experiencia. Me acordé de lo que decía Jill Bolte Taylor sobre la sensación de dejar su cuerpo tras sufrir un derrame cerebral: «Me sentí como un genio liberado de su botella.[100] La energía de mi espíritu parecía fluir como una enorme ballena, deslizándose por un mar de silenciosa euforia. Mejor que el mejor de los placeres que podemos experimentar como seres físicos, esta ausencia de límites físicos era una sensación de gloriosa dicha».

Dirigiendo mi atención de nuevo a Kirsten, asentí con la cabeza y le pregunté, despacio:

—Kirsten, eres licenciada en psicología. Sabes mucho sobre cómo funcionamos las personas y nuestro cerebro. ¿Cómo explicas lo que sucede cuando dejas tu cuerpo? ¿Qué sentido le das?

Se lo preguntaba en parte por saber cómo lo entendía ella, y en parte esperando que me ayudara a entenderlo a mí. Kirsten se encogió de hombros e hizo un gesto de negación con la cabeza.

—Solo es algo que me pasa cuando tengo convulsiones. Nunca he intentado averiguar cómo ocurre. Lo único que quiero es que deje de pasarme.

Insistí un poco más:

—¿Y sabes qué es lo que abandona tu cuerpo durante los ataques?

—¡Soy yo! —Volvió a encogerse de hombros.

Estaba claro que no quería pensar en ello y que se estaba impacientando conmigo. Volví a intentarlo:

—¿Crees que sales de tu cuerpo de verdad, o solo es un truco de tu cerebro mientras está teniendo un ataque? Quiero decir, si tuvieras un ataque ahora y te elevaras por encima de nosotros, ¿verías la calva que tengo en la parte posterior de la cabeza?

---

100. Esta cita aparece en la página 67 de Jill Bolte Taylor, *My Stroke of Insight*, Nueva York, Viking/Penguin, 2006.

—¡Claro! —Se rio—. ¿Hemos terminado? No quiero llegar tarde a clase.

Me sorprendió la aparente falta de curiosidad de Kirsten por sus experiencias extracorpóreas. A mí, la sensación de abandonar el cuerpo me suscitaba toda clase de preguntas, pero a ella no parecía desconcertarla en absoluto. Pero claro, Kirsten había tenido una infancia muy distinta a la mía. Yo había crecido sintiendo una fuerte identificación con mi cuerpo físico. Si mi cuerpo sentía un subidón de adrenalina en una carrera, o si estaba cansado después de un día largo, si tenía hambre entre comidas o sentía el agradable cosquilleo de un baño caliente, a mí me parecía que yo era mi cuerpo. Pero, desde niña, Kirsten había experimentado repetidamente la sensación de abandonar su cuerpo, así que le parecía un estado natural. La separación de su cuerpo físico no le parecía un misterio, sino, simplemente, parte rutinaria de su experiencia de vida. Era una actitud muy distinta de la que manifestaban quienes experimentaban una ECM, que generalmente se sorprendían al verse fuera de su cuerpo por primera vez.

Siguiendo los hallazgos de Beauregard sobre la actividad cerebral que desarrollan las personas mientras recuerdan sus ECM, descubrimos que, durante una crisis convulsiva, aquellas experiencias que sonaban aunque fuera vagamente a una vivencia extracorpórea similar a la de una ECM no estaban asociadas a ningún lóbulo particular del cerebro, ni derecho ni izquierdo. Kirsten, la única participante de nuestro estudio que hablaba de algo que parecía una clara experiencia extracorpórea, tenía una malformación en la línea media del cerebro. Y aunque aseguraba que dejaba de verdad su cuerpo y que podía ver las cosas con mucha precisión desde otro punto de vista, no hablaba de ninguna otra de las características asociadas a una experiencia cercana a la muerte ni de ninguna sensación mínimamente agradable o edificante.

A pesar de la creencia comúnmente compartida entre algunos científicos de que la manifestación de una actividad eléctrica inusual en el lóbulo temporal, como la que provocan los ataques epilépticos o la estimulación eléctrica, puede ser la causa de experiencias como las ECM o la percepción extracorpórea, nuestro estudio no demostró esto. Algunos investigadores han afirmado que la estimulación del lóbulo temporal de un paciente mediante corriente eléctrica puede producir una sensación de distorsión corporal,[101] o incluso de dejar el cuerpo. Pero hay muchas diferencias importantes entre las sensaciones inducidas por estimulación eléctrica y las experiencias extracorpóreas asociadas con las ECM.[102] Quizá la más crucial sea que los pacientes sometidos a estimulación describen la sensación como onírica o poco realista, no como algo que esté sucediendo realmente, mientras que quienes tienen una ECM la describen como un suceso innegablemente real. Sería un poco como ver una película bélica en comparación con combatir en una guerra. Quien describa la batalla y quien describa la película podrá afirmar haber visto imágenes similares y quizá haber tenido sentimientos similares, pero la presencia en combate será una experiencia obviamente real y el visionado de una película, una imitación de la experiencia real.

Una vez abandonada la idea de que las ECM estuvieran vinculadas con una zona concreta del cerebro, lo siguiente que tomé en consideración fue la posibilidad de que tuvieran relación con la actividad eléctrica del cerebro en su conjunto. ¿Era posible que en el momento de la muerte, o en sus proximidades, el cerebro mantuviera aún la suficiente actividad eléctrica como para producir una experiencia vívida y compleja? La documentación

101. Véase, por ejemplo, Olaf Blanke, Stéphanie Ortigue, Theodor Landis, y Margitta Seeck, «Stimulating Illusory Own-Body Perceptions», *Nature*, 419(6904), 2002, págs. 269-270.
102. Bruce Greyson, Sam Parnia, y Peter Fenwick, «[Comment on] Visualizing Out-of-Body Experience in the Brain», *New England Journal of Medicine*, 358(8), 2008, págs. 855-856.

de las investigaciones médicas no parecía sostener esta idea. Décadas de experiencia y de investigación clínica han acordado que la actividad cerebral disminuye entre seis y siete segundos después de que se haya detenido el corazón.[103] Y unos diez o veinte segundos después, el electroencefalograma (EEG) queda en una línea plana, lo que indica que no existe actividad alguna en el córtex cerebral, la parte del cerebro relacionada con el pensamiento, la percepción, la memoria y el lenguaje. El examen de los electroencefalogramas de pacientes a los que se retira el soporte vital muestra que, en estos casos, la actividad eléctrica del cerebro en realidad se detiene antes de que cesen los latidos del corazón y antes de que deje de haber presión arterial, y después de que se pare el corazón no hay actividad EEG bien definida.[104] Esto parecía responder a mi pregunta sobre si las ECM podían tener alguna relación con la actividad eléctrica del cerebro.

También me preguntaba si era posible que las ECM fueran elaboradas fantasías o sueños que producimos en un momento de crisis para distraernos del dolor o del temor que nos provoca la cercanía de la muerte. El neurólogo Kevin Nelson ha expresado esta idea en términos fisiológicos, sugiriendo que en un momen-

103. Pim van Lommel, «Near-Death Experiences: The Experience of the Self as Real and Not as an Illusion», *Annals of the New York Academy of Sciences*, 1234(1), 2011, págs. 19-28; Jaap W. de Vries, Patricia F. A. Bakker, Gerhard H. Visser, *et al.*, «Changes in Cerebral Oxygen Uptake and Cerebral Electrical Activity during De Defibrillation Threshold Testing», *Anesthesia and Analgesia*, 87(1), 1998, págs. 16-20; Holly L. Clute y Warren J. Levy, «Electroencephalographic Changes during Brief Cardiac Arrest in Humans», *Anesthesiology*, 73, 1990, págs. 821-825; Thomas J. Losasso, Donald A. Muzzi, Frederic B. Meyer, y Frank W. Sharbrough, «Electroencephalographic Monitoring of Cerebral Function during Asystole and Successful Cardiopulmonary Resuscitation», *Anesthesia and Analgesia*, 75(6), 1992, págs. 1021-1024.
104. Loretta Norton, Raechelle M. Gibson, Teneille Gofton, *et al.*, «Electroencephalographic Recordings during Withdrawal of Life-Sustaining Therapy until 30 Minutes after Declaration of Death», *Canadian Journal of Neurological Sciences*, 44(2), 2017, págs. 139-145.

to crítico, ante la proximidad de la muerte, puede inmiscuirse en nuestros pensamientos de vigilia un tipo de actividad cerebral que se asocia a los sueños: la actividad cerebral de movimiento ocular rápido (REM),[105] produciendo así imágenes e ideas de ensueño. Nelson realizó un estudio que, según creyó, demostraba el alto porcentaje de síntomas de intrusión REM en las personas que experimentan una ECM. Pero resultó que ese porcentaje no era mayor que el que arrojó una muestra aleatoria de personas que no habían tenido experiencias cercanas a la muerte.[106] Otro problema que plantea esta explicación es que muchas ECM sobrevienen cuando el paciente está bajo anestesia general, lo que suprime la actividad cerebral REM.[107] Además, las mediciones de la actividad cerebral REM en personas que han tenido ECM han demostrado que en realidad se sitúan por debajo de la de otras personas.[108] Finalmente, un equipo de investigación italiano descubrió que, mientras recordaban la experiencia, las personas con ECM no mostraban los patrones de ondas cerebrales típicos del recuerdo de las fantasías o sueños, sino que tenían los patrones de ondas cerebrales que se producen al recordar eventos reales.[109] Así que, por lo que parecía, las expe-

105. Kevin R. Nelson, Michelle Mattingly, Sherman A. Lee, y Frederick A. Schmitt, «Does the Arousal System Contribute to Near Death Experience?», *Neurology*, 66(7), 2006, págs. 1003-1009.

106. Bruce Greyson y Jeffrey P. Long, «[Comment on] Does the Arousal System Contribute to Near Death Experience?», *Neurology*, 67(12), 2006, 2265; Maurice M. Ohayon, Robert G. Priest, Jürgen Zully, *et al.*, «Prevalence of Narcolepsy Symptomatology and Diagnosis in the European General Population», *Neurology*, 58(12), 2002, págs. 1826-1833.

107. Arthur J. Cronin, John Keifer, Matthew F. Davies, *et al.*, «Postoperative Sleep Disturbance: Influences of Opioids and Pain in Humans», *Sleep*, 24(1), 2001, págs. 39-44.

108. Britton and Bootzin, «Near-Death Experiences and the Temporal Lobe».

109. Arianna Palmieri, Vincenzo Calvo, Johann R. Kleinbub, *et al.*, «"Reality" of Near-Death Experience Memories: Evidence from a Psychodynamic and Electrophysiological Integrated Study», *Frontiers in Human Neuroscience*, 8 (2014), pág. 429.

riencias cercanas a la muerte no tenían nada que ver, definitivamente, con ningún sueño.

¿Y qué pasaba con las alteraciones químicas en el cerebro? ¿Podrían tener algo que ver con las ECM? En términos de química cerebral, lo que me preguntaba era si la disminución de oxígeno en el cerebro podría ser un factor desencadenante de las ECM.[110] Las experiencias que relatan las personas con ECM son similares independientemente de la causa que las provoca, por lo que tenía sentido observar las reacciones fisiológicas que se producen en todas las situaciones de proximidad con la muerte. Independientemente de la causa, una de las últimas cosas que ocurren antes de morir es que nuestra respiración y los latidos de nuestro corazón se detienen, lo que interrumpe el flujo de oxígeno hasta el cerebro. La literatura médica señala que la disminución de oxígeno es una experiencia muy desagradable,[111] en particular en los casos de las personas que dicen haber sufrido también distorsiones de la percepción y alucinaciones. El miedo y el estado de agitación y lucha que muestran típicamente las personas que sufren una disminución de oxígeno son muy diferentes de las experiencias cercanas a la muerte, que suelen ser pacíficas y positivas.[112] Pero la que para mí fue la prueba concluyente me la proporcionó una investigación dedicada a medir los niveles de oxígeno de los pacientes en situación crítica. En esta investigación quedó sistemáticamente

110. Véase, por ejemplo, James E. Whinnery, «Psychophysiologic Correlates of Unconsciousness and Near-Death Experiences», *Journal of Near-Death Studies*, 15(4), 1997, págs. 231-258.

111. William Breitbart, Christopher Gibson, y Annie Tremblay, «The Delirium Experience: Delirium Recall and Delirium- Related Distress in Hospitalized Patients with Cancer, Their Spouses/Caregivers, and Their Nurses», *Psychosomatics*, 43(3), 2002, págs. 183-194.

112. Nancy L. Zingrone y Carlos S. Alvarado, «Pleasurable Western Adult Near-Death Experiences: Features, Circumstances, and Incidence», en *The Handbook of Near-Death Experiences*, cit., págs. 17-40.

demostrado que las ECM están asociadas con un aumento, no una disminución, de los niveles de oxígeno,[113] o con el mantenimiento de unos niveles de oxígeno iguales a los de quienes no experimentan una ECM.[114] Ningún estudio ha mostrado que exista una bajada de los niveles de oxígeno durante las ECM.

Mi siguiente hipótesis fue que quizá las ECM tuvieran alguna relación con la medicación que se administra a los pacientes durante estas crisis médicas. Está claro que, en esos momentos, la mayoría de los pacientes recibe medicación de varios tipos. Pero tampoco en este caso la literatura médica avalaba esta idea. De hecho, las investigaciones mostraban que los pacientes que recibían medicación referían menos ECM que aquellos a los que no se les administraba medicación alguna.[115] Este modelo me pareció intrigante por una razón: las ECM son similares a algunas experiencias que se asocian con la ingesta de drogas psicodélicas. Los investigadores han encontrado puntos comunes en descripciones de ECM y de viajes alucinógenos, sobre todo con los provocados por la ketamina (anestésico)[116] y con

113. Sam Parnia, Derek G. Waller, Rebekah Yeates, y Peter Fenwick, «A Qualitative and Quantitative Study of the Incidence, Features and Aetiology of Near Death Experiences in Cardiac Arrest Survivors», *Resuscitation*, 48(2), 2001, págs. 149-156; Michael Sabom, *Recollections of Death*, cit.

114. Melvin Morse, Doug Conner, y Donald Tyler, «Near-Death Experiences in a Pediatric Population: A Preliminary Report», *American Journal of Diseases of Children*, 139(6), 1985, págs. 595-600; Pim van Lommel, Ruud van Wees, Vincent Meyers, e Ingrid Elfferich, «Near-Death Experiences in Survivors of Cardiac Arrest: A Prospective Study in the Netherlands», *Lancet*, 358(9298), 2001, págs. 2039-2045.

115. Bruce Greyson, «Organic Brain Dysfunction and Near-Death Experiences», *paper* presentado en la 135 reunión de la American Psychiatric Association, Toronto, 15-21 de mayo de 1982; Karlis Osis y Erlendur Haraldsson, *At the Hour of Death*, Nueva York, Avon, 1977; Sabom, *Recollections of Death*, op. cit.

116. Karl L. R. Jansen, «The Ketamine Model of the Near-Death Experience: A Central Role for the N-Methyl-D-Aspartate Receptor», *Journal of*

el DMT (dimetiltriptamina),[117] una sustancia química que se encuentra en la naturaleza y puede producir visiones y sensación de euforia.

Hace poco formé parte de un equipo de investigación internacional que analizó el lenguaje y la estructura lingüística de 625 relatos de ECM y los comparó con casi quince mil relatos de experiencias inusuales relacionadas con la ingesta de 165 drogas diferentes.[118] Descubrimos que los estados alterados de consciencia más similares a las ECM estaban asociados con la ketamina. Pero también que algunos de los efectos habituales de la ketamina no están presentes en las ECM, lo que indica que estas no son simplemente efecto de un fármaco. En una línea similar, Karl Jansen, el neurocientífico que con más tesón ha defendido el modelo de la ketamina para las ECM, concluyó, tras doce años de investigación, que la ketamina era «solo una puerta más» hacia las ECM,[119] y no lo que verdaderamente las producía.

Entonces, si las ECM tampoco estaban asociadas con ninguna medicación, ¿podrían estar relacionadas con alguna sustancia química producida por el propio sujeto en un momento tan crítico? Sabemos que nuestro cerebro produce o libera una serie de sustancias químicas para ayudar al cuerpo a sobrellevar el

Near-Death Studies, 16(1), 1997, págs. 5-26; Ornella Corazza y Fabrizio Schifano, «Near-Death States Reported in a Sample of 50 Misusers», _Substance Use and Misuse_, 45(6), 2010, págs. 916-924.

117. Rick Strassman, _DMT_, Rochester (Vermont), Park Street Press, 2001; Christopher Timmermann, Leor Roseman, Luke Williams, _et al._, «DMT Models the Near-Death Experience», _Frontiers in Psychology_, 9, 2018, págs. 1424.

118. Charlotte Martial, Héléna Cassol, Vanessa Charland-Verville, _et al._, «Neurochemical Models of Near-Death Experiences: A Large-Scale Study Based on the Semantic Similarity of Written Reports», _Consciousness and Cognition_, 69, 2019, págs. 52-69.

119. Karl L. R. Jansen, «Response to Commentaries on "The Ketamine Model of the Near-Death Experience…"», _Journal of Near-Death Studies_, 16(1), 1997, págs. 79-95.

estrés. Las sustancias químicas que yo pensé que podrían tener que ver con las ECM eran las endorfinas,[120] las llamadas «hormonas del bienestar», que son las causantes de la «euforia del corredor» entre los corredores de maratones, y que según se sabe desempeñan un papel en la reducción del dolor y el estrés. Otros científicos han sugerido que las ECM podrían estar relacionadas con la serotonina, la adrenalina, la vasopresina y el glutamato,[121] todas ellas sustancias químicas encargadas de transmitir señales entre las células nerviosas. Pero al margen de las razones teóricas que tengamos para pensar que la química del cerebro puede tener algo que ver con las ECM, actualmente no existe ninguna investigación que haya analizado esta posibilidad. Y no espero que se realice ninguna investigación de ese tipo en el futuro próximo. La liberación de estas sustancias químicas en el cerebro tiende a durar muy poco y a estar bien localizada, por lo que para detectarlas tendríamos que estar observando exactamente en el momento adecuado y en el lugar adecuado del cerebro y, como pronto descubrí, ni siquiera sabemos en qué parte del cerebro buscar.

Ninguno de estos modelos basados en fenómenos cerebrales, que a primera vista parecían ser buenos candidatos para explicar las ECM, terminó por resultar adecuado. La exploración de todas estas opciones me recordó la antigua parábola india de los ciegos y el elefante,[122] que se remonta al menos al *Udana* budista, hace unos dos mil quinientos años. En la historia, un grupo de ciegos

---

120. Daniel Carr, «Pathophysiology of Stress-Induced Limbic Lobe Dysfunction: A Hypothesis for NDEs», *Anabiosis*, 2(1), 1982, págs. 75-89.
121. Jansen, «The Ketamine Model of the Near-Death Experience»; Melvin L. Morse, David Venecia, y Jerrold Milstein, «Near-Death Experiences: A Neurophysiologic Explanatory Model», *Journal of Near-Death Studie*, 8(1), 1989, págs. 45-53; Juan C. Saavedra-Aguilar y Juan S. Gómez-Jeria, «A Neurobiological Model for Near-Death Experiences», *Journal of Near-Death Studies*, 7(4), 1989, págs. 205-222.
122. John Ireland (trad.) *The Udāna and the Itivut-taka*, Kandy, Sri Lanka, Buddhist Publication Society, 2007. [Hay trad. cast.: *Udāna, la palabra de Buda*, Madrid, Trotta, 2006.]

se encuentra por primera vez con un elefante e intenta captar su esencia mediante el tacto. Uno agarra la trompa y dice que el elefante es como una manguera. Otro agarra un colmillo y dice que es como una lanza. Un tercero palpa una pata y dice que es como un pilar. Otro toca una oreja y dice que un elefante es como un abanico. Cada uno de ellos extrae una analogía razonable en función de su limitada percepción subjetiva. Pero ninguno de ellos consigue comprender la totalidad del elefante.

En cierto modo, nuestros modelos para explicar las ECM, insuficientes e inadecuados, son también analogías razonables basadas en limitadas percepciones subjetivas de una u otra característica particular de las ECM. Por ejemplo, el placentero sentimiento de felicidad se parece un poco a las buenas sensaciones que producen las endorfinas, las visiones de las ECM son en cierto modo como las alucinaciones que produce la ketamina y el repaso vital podría compararse con la memoria fragmentaria que puede provocar la estimulación del lóbulo temporal. Pero, si bien cada uno de estos modelos puede darnos una analogía aproximada para una característica determinada de las ECM, ninguno de ellos llega a describir adecuadamente la experiencia completa.

En cualquier caso, como médico sabía que no iba a ser capaz de comprender el misterio de las ECM a menos que aprendiera algo más acerca de lo que sucede en el cerebro de una persona en el momento de tener una experiencia cercana a la muerte. Y eso resultó ser todo un reto. La mayoría de las ECM se produce cuando el paciente aún no ha recibido atención médica, sin posibilidad de control clínico y mucho menos de tomar imágenes cerebrales. Incluso las ECM que se producen bajo una atenta supervisión clínica suelen ocurrir, generalmente, en situaciones críticas en las que el personal del hospital está pensando únicamente en resucitar el corazón del paciente y no en monitorizar el cerebro. Pero de vez en cuando, logramos echar un vistazo a un cerebro durante una de estas experiencias cercanas a la muerte.

10

El cerebro durante la muerte

Aquel neurocirujano de cincuenta y cuatro años se despertó súbitamente a las cuatro y media de la madrugada con un fuerte dolor de cabeza y de espalda. Cuatro horas después, estaba inconsciente y su familia no consiguió despertarlo. Empezó a tener convulsiones, su mujer llamó a emergencias y una ambulancia lo llevó al hospital. El examen neurológico, que incluyó un escáner cerebral, mostró que había daños generalizados en la corteza cerebral, la parte del cerebro asociada con el pensamiento, la percepción, la formación de los recuerdos y la comprensión del lenguaje. También estaba dañado el tronco cerebral, la parte que regula la respiración, la deglución, la frecuencia cardíaca, la presión arterial, la vigilia y el sueño. Los médicos de urgencias determinaron que estaba muy cerca de la muerte y tenía pocas posibilidades de sobrevivir. Pasó los siguientes días en coma profundo, con antibióticos, medicamentos anticonvulsivos y ventilación asistida. Al tercer día de ingreso, un nuevo escáner cerebral mostró la existencia de pus en gran parte del área craneal. El paciente no reaccionaba cuando la gente le hablaba, lo pellizcaba o lo pinchaba con agujas.

Tenía una extraña infección bacteriana aguda en el cerebro cuya tasa de mortalidad es del 90 por ciento. Pero el sexto día del coma, sorprendió a todo el mundo abriendo los ojos. Estaba despierto pero confuso. Tenía dificultad para controlar sus brazos y piernas, no sabía dónde estaba ni reconocía a su familia. No recordaba su vida anterior al coma y no podía formular palabras. Pero se despertó con el vívido recuerdo de una elaborada experiencia ocurrida en un tipo de entorno muy distinto. Para sorpresa de sus médicos, comenzó a recuperar la memoria y el habla, y pocos días después pudo describir lo que recordaba de la experiencia que había tenido durante el coma. Decía que lo había levantado una prístina luz blanca que iba girando lentamente, acompañada de una melodía musical, y que lo había transportado a un rico entorno ultrarreal que tenía una luz y un color más allá del espectro normal, y en el que parecía que estaba consciente aunque sin un cuerpo. Hablaba de flores, cascadas, seres bailando alegres, cantos angelicales, orbes dorados surcando el cielo y de una mujer joven, al parecer una especie de guía, aunque no hablaba con palabras. Después se elevó desde ese reino a otro «superior», de una negrura opaca e infinita que rebosaba del poder curativo de una deidad amorosa, para quien «el término "Dios" parecía demasiado insignificante».

También dijo haber visto a algunas personas concretas que no eran miembros de su familia rondando por su cama de hospital, cosa que normalmente estaría prohibido en los casos de los pacientes que están en cuidados intensivos. Tanto su familia como el personal del hospital confirmaron que dichas personas lo habían visitado un día que sus indicadores, en una escala de coma estándar, mostraba un severo daño cerebral. También dio a su familia una detallada descripción física de la mujer que lo había acompañado en aquel entorno «ultrarreal». Cuatro meses después, el paciente, que había sido adoptado al nacer, se encontró con su familia biológica y estos le mostraron la fotografía de una hermana a la que nunca había conocido y que había fallecido diez años antes. El neurocirujano, sorprendido, la reconoció como la mujer que había sido su guía durante su ECM.

Puede que algunos lectores hayan identificado esta historia como la experiencia del neurocirujano Eben Alexander,[123] cuya ECM ha pasado a ser ampliamente conocida. Siguiendo el consejo de su hijo, y para evitar condicionar sus propios recuerdos, el doctor Alexander se abstuvo de leer nada relacionado con experiencias cercanas a la muerte hasta que hubo escrito todo lo que recordaba sobre su propia experiencia, proceso que le llevó dos años.

El día del segundo aniversario de su ECM, Eben viajó hasta la Universidad de Virginia acompañado por su hijo, por entonces estudiante universitario en la especialidad de neurociencia. Había escrito un impresionante relato de veinte mil palabras sobre su ECM, y, una vez terminado, quería empezar a explorar lo que significaba. Su formación de neurocirujano le indicaba que era imposible que hubiera tenido —o guardado recuerdos de— ningún tipo de experiencia durante el coma, y mucho menos una experiencia vívida y «ultrarreal». Y, sin embargo, lo tenía.

Cuando vino a hablar conmigo, Eben no estaba angustiado por aquella paradoja, como yo hubiera esperado; al contrario, la experiencia parecía haberle dado fuerzas y energía, y estaba deseando encontrarle un sentido. Había hecho un viaje de hora y media en coche hasta la Universidad de Virginia para pedirme consejo sobre cómo iniciarse en la investigación de las experiencias cercanas a la muerte. Le pregunté a su hijo lo que él, en tanto que estudiante de neurociencia, pensaba de la experiencia de su padre. El joven se limitó a hacer un gesto de negación con la cabeza. Después de una pausa, contestó: «No lo sé, pero mi padre ya no es el mismo de antes».

Hay algunos escritores populares que defienden que Eben

123. Eben explicó su experiencia cercana a la muerte en Eben Alexander, *Proof of Heaven*, Nueva York, Simon & Schuster, 2012. [Hay trad. cast.: *La prueba del cielo. El viaje de un neurocirujano a la vida después de la vida*, Barcelona, Zenith/Planeta, 2015.]

nunca estuvo al borde de la muerte y que su aparente coma era solo una sedación profunda debido a la medicación que le estaba siendo administrada. Puesto que yo estaba entrenado para ser escéptico, no estaba dispuesto a aceptar al pie de la letra ni el relato del propio Eben ni las especulaciones desdeñosas de sus críticos. Así que conseguí que me mandaran el historial clínico completo de su ingreso. Aparte de revisar yo mismo el expediente, otros dos médicos, Surbhi Khanna y Lauren Moore, también revisaron de forma independiente las más de seiscientas páginas para evaluar la condición médica de Eben. Una vez que hubiéramos completado nuestras respectivas evaluaciones, habíamos pensado reunirnos para tratar de dirimir cualquier posible diferencia en nuestras conclusiones, pero cuando nos vimos para comparar notas, nos dimos cuenta de que no había ninguna diferencia que dirimir: el historial médico era muy claro y no dejaba dudas.

Las tomografías de Eben mostraban su cavidad cerebral inflamada y llena de pus, y las notas de los médicos registraban sus expectativas: o bien no se despertaría, o bien, en caso de hacerlo, no podría volver a hablar ni a valerse por sí solo. Los tres concluimos, cada uno por nuestra cuenta, que había estado extremadamente cerca de morir,[124] con el cerebro muy dañado, y que durante ese tiempo había sido testigo de cosas que una persona en coma no debería haber podido percibir. Los datos mostraban que el coma no tenía relación con los medicamentos que le habían administrado. El expediente médico indicaba que ya estaba entrando en coma cuando llegó al hospital, antes de que le fuera administrada medicación alguna. Y seis días después, salió del coma antes de que le quitaran la medicación.

De acuerdo con los datos que tenemos actualmente sobre el

---

124. Surbhi Khanna, Lauren E. Moore, y Bruce Greyson, «Full Neurological Recovery from *Escherichia coli* Meningitis Associated with Near-Death Experience», *Journal of Nervous and Mental Disease*, 206(9), 2018, págs. 744-747.

funcionamiento del cerebro, es imposible que Eben tuviera experiencia alguna estando en coma profundo, y mucho menos la experiencia más vívida y memorable de su vida. Pero así fue. Y tampoco es la única persona que ha tenido una experiencia vívida durante una crisis médica de este tipo y guarda un profundo recuerdo de ella.

Por tanto, ¿cómo damos sentido a todas estas experiencias que parecen contradecir lo que hoy sabemos acerca de la función cerebral? En este punto, es necesario dar un paso atrás y hablar de la diferencia que existe entre la mente y el cerebro. En este momento, usted está leyendo esta página y pensando en lo que está leyendo, y quizá esté sintiendo al mismo tiempo un picorcillo en la planta del pie. Esos sentimientos y esos pensamientos son un ejemplo de lo que entendemos por consciencia: ser consciente de uno mismo y del mundo que nos rodea. La consciencia es a la vez el rompecabezas más complejo para los humanos y el hecho más simple y evidente. Nada es más obvio e innegable que el hecho de que uno es consciente, que uno se da cuenta de lo que está haciendo y de lo que sucede a su alrededor.

La mente es la suma total de todos nuestros pensamientos, sentimientos, deseos, recuerdos y esperanzas conscientes. El cerebro, por otro lado, es esa masa de materia entre gris y rosada que se encuentra dentro del cráneo y está formada por células nerviosas o neuronas y células de soporte o glía. Sabemos que nuestra mente y nuestro cerebro están conectados, pero después de miles de años de observación y cientos de años de investigación, seguimos sin saber en qué consiste exactamente esa conexión.

A lo largo de los siglos, se han propuesto muchos tipos de modelos para explicar la relación entre cerebro y mente. Expresado en términos simples, los modelos más comunes asumen o bien que la mente es un producto del cerebro, o bien que el cerebro y la mente son dos cosas bien diferenciadas. Ninguno de estos modelos consigue explicar por completo la relación cuerpo-mente. Por un lado, si fuera cierto que el cerebro produce la mente, la verdad es que no tenemos ni idea de cómo lo hace. Por otro lado, si la mente no es producto del cerebro, ¿de dónde sale? ¿Y cómo explicamos el estrecho vínculo que existe entre ambos? Filósofos y científicos llevan siglos debatiendo el tema. La razón por la que aún seguimos discutiendo sobre la cuestión de la mente y el cerebro es que aún no hemos dado con una respuesta funcional, o al menos no hemos dado con una que funcione todo el tiempo.

La mayoría damos por hecho que el funcionamiento de la mente puede explicarse a partir del cerebro físico. Es decir, que «la mente es lo que hace el cerebro».[125] En otras palabras, nuestra consciencia, nuestra percepción, nuestro pensamiento, nuestra memoria, nuestros sentimientos y nuestras intenciones son producto de cambios eléctricos y químicos que tienen lugar en el cerebro. Tenemos un montón de pruebas que sostienen ese punto de vista.

En primer lugar, está la asociación cotidiana entre la actividad cerebral y la experiencia mental. Por ejemplo, cuando uno se emborracha o cuando recibe un golpe en la cabeza, no piensa con tanta claridad como de costumbre. Y no hay duda de que las patologías que afectan al cerebro, como los accidentes vasculares, los ataques epilépticos y las conmociones, pueden influir en nuestra capacidad de pensar, sentir y recordar. También hay experimentos científicos que han demostrado que determinadas funciones mentales están asociadas con la actividad de algunas partes específicas del cerebro. Por ejemplo, la vista está vinculada a la actividad del lóbulo occipital, que se encuentra en la parte posterior del cerebro y recibe la información de los ojos. Y también hemos aprendido que la extirpación de ciertas partes del cerebro interfiere en determinadas experiencias mentales, por lo que, si

---

125. Esta cita aparece en la página 4 de Stephen M. Kosslyn y Olivier M. Koenig, *Wet Mind*, Nueva York, Free Press/Macmillan, 1992.

a uno le extirparan el lóbulo occipital, dejaría de ver aunque sus ojos siguieran funcionando con normalidad. También hemos descubierto que estimular determinadas partes del cerebro mediante una corriente eléctrica puede provocar determinadas experiencias mentales. Así, la estimulación eléctrica del lóbulo occipital podría provocar una experiencia visual. Si observamos todas estas pruebas en su conjunto, parece razonable pensar que la mente o la consciencia son producto del cerebro.

Pero esa no es la única forma de entender el vínculo entre el cerebro y la mente. Debemos tener cuidado con no confundir lo que podría ser una simple asociación con una relación de causa y efecto. El calcetín que llevo en el pie izquierdo suele ser del mismo color que el que llevo en el pie derecho. Si conocemos el color de uno, generalmente podemos adivinar el color del otro. Pero el color del calcetín izquierdo no provoca que mi calcetín derecho sea de un color determinado. Si me pongo un calcetín azul en el pie izquierdo y un calcetín marrón en el pie derecho, un calcetín no puede hacer que el otro se vuelva del mismo color.

Del mismo modo, las asociaciones entre actividad cerebral y función mental no significan necesariamente que sea la actividad eléctrica del cerebro la que provoque los pensamientos o sentimientos. Quizá sea el pensamiento el que provoque la actividad eléctrica en el cerebro. Por ejemplo, al leer las palabras impresas en esta página, las células nerviosas de los ojos envían una señal eléctrica al centro de visión del lóbulo occipital del cerebro y al centro del lenguaje del lóbulo temporal. Pero eso no significa necesariamente que sea esa actividad eléctrica de las células nerviosas la que esté haciendo que usted lea las palabras en esta página. Quizá sea la lectura de estas palabras la que cause la actividad eléctrica de sus células nerviosas.

Wilder Penfield dedicó décadas a realizar investigaciones pioneras para mapear las funciones de las diversas partes del cerebro, estimulándolas con corrientes eléctricas. Pero durante la estimulación de las partes del cerebro que provocaban el movimiento de los brazos y las piernas, los pacientes afirmaban que no tenían la sensación de estar moviendo ellos mismos sus extremidades. Por el contrario, sentían como si fuera Penfield quien obligaba a sus extremidades a moverse en contra de su voluntad. Al final de su carrera, Penfield lo resumió de este modo: «Cuando he hecho que un paciente consciente mueva la mano aplicando un electrodo en la corteza motora de un hemisferio cerebral, normalmente le he preguntado cuál era su sensación. Invariablemente, la respuesta era: "Yo no he sido. Ha sido usted".[126] Cuando les hacía vocalizar, me decían: "Ese sonido no lo he emitido yo. Me lo ha sacado usted". No existe ninguna zona de la corteza cerebral donde la estimulación eléctrica haga que un paciente crea algo o decida algo».

Está claro que los pacientes de Penfield sabían distinguir entre que fuera su propia mente la que deseara que sus extremidades se movieran y que fuera su cerebro el que obligara a sus extremidades a moverse inducido por la corriente eléctrica de Penfield. Estaban convencidos de que su cerebro y su mente eran cosas distintas.

Decir que «la mente es lo que hace el cerebro» no es exactamente lo mismo que decir que «la digestión es lo que hace el estómago». Sabemos cuál es el proceso por el que el estómago hace la digestión, desde los músculos de las paredes del estómago que mueven y trituran la comida en trozos pequeños hasta el ácido y otras sustancias químicas que descomponen los alimentos en nutrientes que podemos utilizar.

Sin embargo, en lo que respecta al cerebro, sabemos mucho menos. Podemos decir, por ejemplo, que parte de lo que hace el cerebro es coordinar el movimiento de nuestro cuerpo. Sabemos cómo lo hace, enviando impulsos eléctricos a través de las células nerviosas motoras por nuestra médula espinal hasta los múscu-

126. Esta cita aparece en las páginas 76-77 de Wilder Penfield, *Mystery of the Mind*, Princeton (New Jersey), Princeton University Press, 1975. [Hay trad. cast.: *El misterio de la mente: estudio crítico de la consciencia y el cerebro humano*, Madrid, Pirámide, 1977.]

los, donde estos impulsos estimulan a las células musculares para que se contraigan y muevan los brazos y las piernas. Pero en cuanto a cómo puede producir el cerebro físico nuestros pensamientos, nuestros sentimientos, nuestros recuerdos y nuestra consciencia del mundo que nos rodea, no tenemos ni idea. Los científicos y los filósofos concuerdan en que, tal como lo expresó el profesor de filosofía Alva Noë: «Tras décadas de esfuerzos por parte de neurocientíficos, psicólogos y filósofos, solo una idea acerca de cómo el cerebro nos dota de consciencia —cómo da lugar a los sentimientos, la subjetividad, las sensaciones— se ha mantenido indemne: no tenemos ni idea».[127]

El físico Nick Herbert planteó así el problema: «El mayor misterio de la ciencia es la naturaleza de la consciencia. No es que las teorías que tenemos sobre la consciencia humana sean malas o imperfectas; es simplemente que no tenemos ninguna teoría en absoluto. Todo lo que sabemos sobre la consciencia es que tiene algo que ver con la cabeza más que con el pie».[128]

No podemos explicar cómo puede existir actividad mental —pensamientos, sentimientos y recuerdos— cuando el cerebro está dañado o cuando no existe función cerebral, como en el caso de Al Sullivan, que vio a su médico aleteando, o el de Bill Hernlund, que vio cómo sus colegas arrastraban su cuerpo. Pero también carecemos de una explicación básica para dar cuenta de los pensamientos, sentimientos y recuerdos cotidianos que tenemos cuando nuestro cerebro funciona bien. El secreto inconfesable de la neurociencia es que no tenemos ni idea de cómo un fenómeno físico como la corriente eléctrica o una alteración química en una célula nerviosa puede producir consciencia.

Decir que «la mente es lo que hace el cerebro» es como decir

127. Esta cita aparece en la página xi de Alva Noë, *Out of Our Heads*, Nueva York, Hill and Wang, 2009 [Hay trad. cast.: *Fuera de la cabeza. Por qué no somos el cerebro y otras lecciones de la biología de la consciencia*, Barcelona, Kairós, 2010.]
128. Esta cita aparece en la página 249 de Nick Herbert, *Quantum Reality*, Garden City (Nueva York), Anchor/Doubleday, 1985.

que «la música es lo que hace un instrumento musical». Está claro que los instrumentos musicales producen sonidos musicales, pero no por sí solos. Se necesita algo externo al instrumento, un músico, para decidir la nota y conseguir que el instrumento produzca ese sonido. Citando nuevamente a Alva Noë: «Los instrumentos no hacen música ni producen sonidos. Lo único que hacen es posibilitar a las personas hacer música o producir sonidos [...] La idea de que la consciencia es un fenómeno del cerebro, igual que la digestión es un fenómeno del estómago, es tan fantástica como la idea de una orquesta que toca sola».[129]

Otra interpretación posible es que la mente no es un producto del cerebro, sino que normalmente trabaja junto con el cerebro. William James, el padre de la psicología estadounidense, escribió hace más de cien años que la mente, como función del cerebro, puede interpretarse de dos formas muy distintas.[130] Por una parte, puede significar que el cerebro produce pensamiento igual que una tetera produce vapor o una cascada de agua, energía. Si ese fuera el caso, entonces, al morir el cerebro, ya no podría producir pensamiento y todo pensamiento se detendría. Pero, por otro lado, escribió James, la mente también puede ser una función del cerebro en el mismo sentido en que las teclas de un órgano hacen música, abriendo los diversos tubos para permitir la salida del aire de varias maneras distintas. El órgano no produce ni aire ni música, pero elimina los obstáculos que detienen el paso del aire.

La asociación entre mente y cerebro es un hecho. Pero la interpretación de que el cerebro es el que crea la mente no es un hecho científico. Es solo una teoría que hemos desarrollado para explicar esta asociación. Y, para nuestra vida cotidiana, esta teo-

---

129. Esta cita aparece en la página 64 de Alva Noë, *Out of Our Heads*, cit.
130. William James, *Human Immortality*, Boston, Houghton Mifflin, 1898.

ría representa un modelo viable: es conveniente actuar como si nuestro cerebro creara nuestra mente. Pero tenemos también hallazgos científicos adicionales que sugieren que hay más elementos implicados en esta historia. Resulta que, en circunstancias excepcionales, como las experiencias cercanas a la muerte, la conexión entre la mente y el cerebro se interrumpe.

Cuando el corazón se para, la respiración también se detiene y la sangre que transporta el oxígeno ya no fluye hasta el cerebro. En un lapso de entre diez o veinte segundos, deja de haber actividad eléctrica detectable en el cerebro. Entonces, la persona se considera clínicamente muerta. Las personas que sobreviven a una crisis de este tipo no suelen guardar pensamientos y percepciones claras del período en que sus corazones estuvieron parados. Y, tras ser reanimados, no recuerdan ese lapso en el que estuvieron inconscientes. Pero entre el 10 y el 20 por ciento de estas personas recuerdan con toda viveza y detalle unas ECM ocurridas justo mientras sus corazones estaban parados, y algunas de ellas pueden relatar con precisión todos los sucesos ocurridos durante ese tiempo.

Si la mente realmente estuviera producida por una serie de alteraciones eléctricas y químicas que tienen lugar en el cerebro, las experiencias cercanas a la muerte ocurridas cuando el cerebro ha dejado de funcionar deberían ser imposibles. Si la mente depende por completo del cerebro, ¿cómo podría tener una ECM? ¿Cómo podría tener sentimientos, pensamientos y una memoria vívida e incluso intensificada si el corazón está parado y la actividad cerebral ha desaparecido en gran medida? El hecho de que estas ECM pudieran ocurrir durante un paro cardíaco y una anestesia profunda, estado en el que el cerebro no es capaz de procesar experiencias ni de formar recuerdos, me llevó a buscar posibles alternativas a la idea de que «la mente es lo que hace el cerebro». Una vez más, estaba comenzando a derrumbarse toda mi cosmovisión. Si el cerebro no es la fuente de todos nuestros pensamientos y sentimientos, ¿cómo podemos explicar lo que sucede durante las ECM?

11

La mente no es el cerebro

Las experiencias cercanas a la muerte nos plantean algunas preguntas espinosas relativas a nuestra forma de entender la mente y el cerebro, un modelo que se ha vuelto ya poco convincente. Escuchar con atención lo que las personas cuentan sobre lo que le ocurre a su pensamiento durante una ECM puede darnos algunas pistas sobre cómo interactúan el cerebro y la mente. Steve Luiting tuvo una ECM a los ocho años, cuando estuvo a punto de ahogarse. Hacía un precioso día soleado y había ido a bañarse a un lago cercano. Primero tomó el sol en la arena y, sin darse cuenta, se quemó gravemente. Luego se metió en el agua y trató de nadar hasta una balsa que había en mitad del lago. Su amigo estaba allí tirándose «en bomba», encogido como una pelota para salpicar lo más posible. Steve quiso imitarlo y hacer una: era su primera vez. No había notado cómo la quemadura solar había ido haciendo más sensible su piel a medida que pasaba el tiempo. Se tiró con las piernas encogidas, pero a mitad de caída le entró miedo, se estiró y golpeó el agua con la espalda quemada. El impacto y el dolor abrasador lo dejaron sin aliento y se hundió bajo el agua, inmóvil. Me contó que entonces tuvo la sensación de que su mente se expandía más allá del límite de su cerebro infantil:

«Mientras me hundía, intenté moverme, pero no pude. Me

entró pánico. Según me acercaba al fondo, el agua se iba enfriando y el dolor disminuía. Me puse a respirar cantidades pequeñas de agua, pensando que quizá fuera posible obtener aire del agua de esa forma. Cuando una parte de mí se dio cuenta de que estaba a punto de morir, empecé a gritarme una y otra vez a mí mismo que tenía que hacer algo, cualquier cosa.

»Entonces se produjo un cambio sutil. Podía cambiar de punto de vista, como si estuviera moviéndome de sitio en una habitación. En un momento, era la persona que estaba aterrorizada; y al siguiente era otra que "miraba" con mucha tranquilidad al chico aterrorizado. Yo era las dos cosas y en realidad no lo era. El yo "de verdad" era el tranquilo, pero hasta ese momento siempre había creído que era el otro.

»Mi mente se expandió hasta alcanzar una capacidad adulta, y luego aún más allá. Supongo que, sin tener la limitación de un cerebro infantil, mi verdadera naturaleza podía expresarse de nuevo. Aquella experiencia me hizo pensar que en realidad entendemos el cerebro al revés. El cerebro lo filtra todo y no ayuda a nuestro pensamiento, sino que lo obstaculiza, lo ralentiza, lo centra. Quizá es precisamente por eso, porque funciona tan bien filtrando, centrando y enfocando que no recordamos nuestra existencia previa ni tampoco sucesos futuros».

Lo que Steve decía era que su cerebro «filtraba» y «centraba» sus pensamientos, y que, sin la limitación de su cerebro, su mente se «expandía». Y no era el único que sostenía esta interpretación de cómo funcionan mente y cerebro durante las ECM. A los diecisiete años, Michele Brown-Ramirez se golpeó la cabeza con un trampolín y tuvo una experiencia cercana a la muerte. Siempre le había gustado mucho ver al equipo de saltos de natación del instituto, aquella gracia que mostraban en el aire. Con el tiempo, entró a formar parte del equipo y desarrolló una habilidad especial para el llamado «salto adentro»: colocarse de espaldas al agua con los dedos de los pies en el borde del trampolín, saltar haciendo un carpado y zambullirse en la piscina mirando en dirección al trampolín. En uno de esos saltos, se golpeó la nuca al caer. Cuando chocó contra el agua oyó los gritos horrorizados de toda la gente que estaba al borde de la piscina. No sabe cuánto tiempo estuvo bajo el agua, pero le pareció mucho. Al final, oyó que el entrenador le preguntaba a alguien: «¿Crees que debería rescatarla?». Igual que Steve, me habló de la sensación de sentir que estaba libre de las limitaciones impuestas por su cerebro:

«En aquel momento, el pensamiento era algo extraordinariamente distinto y no podría haber respirado aunque hubiera querido. Vi como "estrellas" por todas partes y sentí gradualmente que el tiempo iba más rápido y más despacio al mismo tiempo, hasta que todo se volvió atemporal. Sentí como un extraño tirón que me sacaba de mi cuerpo y me di cuenta de que me estaba muriendo.

»El tirón fue muy fuerte. Me sentí rodeada de presencias, gente que me conocía y que se conocía entre sí, pero fundamentalmente mis dos abuelas. En aquel lapso intemporal, me sentí libre y en paz. Fue una sensación extremadamente maravillosa, sentí como si pudiera "volar" hacia una gran Luz que era Dios, y hacia un futuro en el que recibía amor y las cosas tenían un sentido profundo. Era un entorno de amor, paz, calma y aceptación, que no tenía espacio y que, sin embargo, era todo espacio. Era agradable y acogedor, y todo lo contrario a la gente de este mundo.

»Después de golpearme la cabeza contra el trampolín y caer al agua, mi pensamiento se extendió por todas partes. Yo era como una máquina de *pinball* que se hubiera vuelto loca, y aun así una parte de mí se sentía libre de las limitaciones ordinarias del pensamiento. ¡Me sentía libre de mi propio cerebro! Y ese nuevo "pensamiento" era muy libre, simple y claro. Era extraordinario: aunque tenía el cerebro anulado, o disparado, o sin función, o lo que fuera, podía tener pensamientos libres y claros, y de pronto sentí este tirón como si ya no estuviera sometida a las constricciones y a los límites de este mundo».

Estas dos ECM, y muchas otras similares, sugieren que la

mente, la parte de nosotros que experimenta la consciencia, no es lo mismo que el cerebro, la masa de materia gris rosada que se aloja dentro del cráneo. Estas personas afirman que, en sus ECM, sus mentes estaban libres de los límites habituales de la consciencia que operan cuando el cerebro funciona con normalidad.

Anita Moorjani tuvo una ECM cuando su cuerpo, invadido por un linfoma, se rindió. Para explicar cómo el cerebro limita nuestra consciencia del mundo que nos rodea, Anita emplea la siguiente analogía:

«Imaginemos, por ejemplo, un almacén enorme y oscuro.[131] Vives en él y para iluminarte solo tienes una linterna. Todo lo que sabes que hay en ese enorme espacio es lo que has podido ver con la luz de una pequeña linterna. Cada vez que buscas algo, puede que lo encuentres o puede que no, y eso no significa que no exista. Está ahí, pero no has acertado a iluminarlo. E incluso si lo consigues, puede que sea difícil distinguir el objeto. Puede que a veces consigas tener una visión medianamente buena, pero a menudo te vas a quedar con la duda, porque solo puedes ver aquello que enfoca la linterna y solo vas a poder identificar lo que ya conoces.

»La vida física es así. Solo podemos conocer aquello que nuestros sentidos enfocan en un momento dado, y solo podemos comprender aquello que ya nos resulta familiar.

»Ahora imaginemos que un día alguien enciende un interruptor. De pronto, por primera vez, en un súbito arrebato radiante de sonido y color, ves todo el almacén y no tiene nada que ver con nada que te hubieras imaginado... Colores que te parecen irreconocibles, nunca vistos...

»La inmensidad, complejidad, profundidad y alcance de todo lo que sucede a tu alrededor es casi abrumadora. No alcanzas a ver hasta el final del espacio, y sabes que hay mucho más de lo que puedes asimilar a partir del torrente que en ese mo-

131. Esta cita aparece en las páginas 71-73 de Anita Moorjani, *Dying to Be Me*, Carlsbad (California), Hay House, 2014.

mento seduce tus sentidos y tus sentimientos. Pero tienes una sensación fortísima de que formas parte de... un vasto tapiz que se va desplegando y se extiende mucho más allá de la vista y el sonido.

»De pronto entiendes que lo que pensabas que era tu realidad no era más que una mota dentro de la enorme maravilla que te rodea. Puedes ver cómo todas las partes están vinculadas, cómo se relacionan entre sí, cómo encaja todo. Te das cuenta de la cantidad de cosas distintas que hay en el almacén y que nunca habías visto ni habías soñado que existieran en tal esplendor de gloria y color... y ahí están, junto con todo lo que ya conocías. Y hasta estos objetos familiares están enmarcados en un contexto totalmente nuevo, de modo que también parecen completamente nuevos y extrañamente superreales.

»Incluso cuando el interruptor se apaga, ya nada puede quitarte esa comprensión, esa sensación de lucidez, la maravilla, la belleza, la fabulosa vitalidad de la experiencia. Nada puede borrar el conocimiento de todo lo que existe en el almacén. Eres mucho más consciente de lo que hay allí, de cómo acceder a ello y de las posibilidades que existen de lo que nunca fuiste con tu pequeña linterna. Y te quedas maravillada por todo lo que experimentaste en aquellos momentos de lucidez cegadora. La vida ha adquirido un sentido distinto y, a partir de entonces, todas tus experiencias parten de esa consciencia».

La idea de que nuestra mente es independiente de nuestro cerebro parece contradecir nuestra experiencia diaria. ¿Acaso no es el cerebro el que piensa? Es decir, ¿la mente no es simplemente «lo que hace el cerebro»? Los relatos de las experiencias cercanas a la muerte de personas como Steve, Michele y Anita me hicieron considerar seriamente la idea de que quizá nuestra experiencia diaria no sea todo lo que hay, y que nuestra mente puede funcionar a veces con independencia de nuestro cerebro. Ante esas evidencias, que suponían todo un desafío, necesitaba explorar si era posible que existiera un modelo alternativo para explicar la relación cerebro-mente.

De hecho, eso es lo que están haciendo cada vez más científicos. Hace más de una década participé en un simposio en las Naciones Unidas sobre modelos alternativos en la relación cerebro-mente.[132] Desde entonces se han realizado diversas investigaciones. Un estudio realizado con 250 estudiantes universitarios escoceses de ocho espacialidades distintas (el 86 por ciento de ellos, de varias carreras de ciencias) reveló que dos tercios de ellos creían que la mente y el cerebro son dos cosas distintas. Otra encuesta similar, entre casi dos mil profesionales médicos belgas, reveló que la mayoría de ellos creía lo mismo.[133] Y una encuesta reciente realizada entre más de seiscientos psiquiatras brasileños reveló que la mayoría creía que la mente es independiente del cerebro.[134] Un número creciente de científicos de todo el mundo está descubriendo que el modelo antiguo —el que propone que la mente depende por completo del cerebro— es inadecuado.

La idea de que la mente es producto del cerebro es una guía razonablemente buena para manejarnos en la vida cotidiana. Cuando nuestro cerebro se ve dañado —por un golpe o por una infección viral o por beber demasiado...—, pensamos peor. Pero ese modelo mente-cerebro se desmorona cuando experimentamos algunas situaciones extremas, en particular cuando el cerebro deja de funcionar y sin embargo la mente sigue funcionando. Basil Eldadah, médico supervisor del Instituto Nacional sobre Envejecimiento, ha afirmado recientemente que «los paradig-

132. «Beyond the Mind-Body Problem: New Paradigms in the Science of Consciousness», 11 de septiembre de 2008, Nueva York, <www.nourfoun dation.com/events/Beyond-the-Mind-Body-Problem-New-Paradigms-in-the-Science-of-Consciousness.html>.
133. Athena Demertzi, Charlene Liew, Didier Ledoux, *et al.*, «Dualism Persists in the Science of Mind», *Annals of the New York Academy of Sciences*, 1157(1), 2009, págs. 1-9.
134. Alexander Moreira-Almeida y Saulo de Freitas Araujo, «Does the Brain Produce the Mind? A Survey of Psychiatrists' Opinions», *Archives of Clinical Psychiatry*, 42(3), 2015, págs. 74-75.

mas dominantes crean inadvertidamente barreras que ponen obstáculos a la innovación... Si bien las teorías hegemónicas suelen ser útiles para explicar los sucesos promedio, fallan al acercarse a los extremos. Y si una teoría no puede dar cuenta adecuadamente de los sucesos extremos, lo que está ocurriendo es que, o bien los extremos son un artefacto, o bien la teoría necesita una revisión».[135]

Puede resultarnos útil pensar en nuestros modelos simplemente como herramientas para manejarnos en el mundo. Para cada tarea necesitamos una herramienta concreta. Un martillo es una herramienta excelente para clavar un clavo en una tabla de madera, pero no es la mejor para fijar una tuerca y un tornillo. Aunque sé que los martillos son muy útiles para clavar clavos, no me empeñaría en defender que son la única herramienta que merece la pena usar para cualquier tarea. Del mismo modo, la idea de que el cerebro es el que produce nuestros pensamientos y nuestros sentimientos es una herramienta útil para la vida cotidiana, pero no es la mejor herramienta para comprender las ECM, cuando los pensamientos y la percepción se vuelven más vívidos que nunca aunque el cerebro esté privado de oxígeno.

Pero ¿hay otra forma mejor de pensar en la relación entre la actividad química y eléctrica de nuestro cerebro y los pensamientos y sentimientos de nuestra mente? Una posible respuesta es que el cerebro es un dispositivo que permite que la mente actúe de manera más eficaz dentro de un cuerpo físico, enfocando nuestros pensamientos hacia el mundo físico. Tal como dijo el filósofo francés Henri Bergson, «el cerebro mantiene la consciencia fija en el mundo en el que vivimos; es el órgano de atención a la vida».[136] Es decir, el cerebro puede recibir pensa-

---

135. Esta cita aparece en las páginas 1104-1105 de Basil A. Eldadah, Elena M. Fazio y Kristina A. McLinden, «Lucidity in Dementia: A Perspective from the NIA», *Alzheimer's & Dementia*, 15(8), 2019, págs. 1104-1106.
136. Esta cita aparece en la página 168 de Henri Bergson, «Presidential Address», traducido al inglés por H. Wildon Carr, *Proceedings of the Society for Psychical Research*, 27(68), 1914, págs. 157-175.

mientos de la mente, seleccionar los que son importantes para la supervivencia y convertirlos en señales eléctricas y químicas que el cuerpo puede interpretar. Pero la mente produce muchos pensamientos que no tienen nada que ver con la supervivencia en el mundo físico. Pensemos en todas las cosas inusuales que la gente cuenta que suceden en las ECM, desde encontrarse con seres guía y seres queridos que han fallecido hasta visitar lugares de otro mundo. Este tipo de pensamientos y sensaciones no nos ayudarían a sobrevivir en el mundo físico, de hecho, podrían obstaculizar nuestra capacidad para procesar con agilidad la información sobre el mundo. De este modo, el cerebro funcionaría como un filtro que bloquea la información que el cuerpo no necesita para sobrevivir y selecciona, de todos los pensamientos y recuerdos almacenados en la mente, solo la información que el cuerpo necesita.

Es muy similar a la forma en que un receptor de radio selecciona entre toda una variedad de transmisiones únicamente la señal que queremos escuchar y filtra el resto de las emisoras. Si no lo hiciera, nuestros oídos quedarían abrumados tratando de escuchar cientos de estaciones de radio al mismo tiempo, y no podríamos escuchar ninguna de ellas con claridad. Pero cuando el cerebro se encuentra afectado, como puede ocurrir si nos damos un golpe en la cabeza o durante una anestesia o una intoxicación por drogas, su capacidad para filtrar nuestros pensamientos y sentimientos deja de funcionar. Como ese ruido confuso que se escucha al ajustar el dial de la radio entre varias emisoras.

Esto también explicaría por qué algunas de las personas que han tenido una ECM cuentan que, tras regresar a su cuerpo físico, su mente quedó atada otra vez a su cerebro y no eran capaces de entender las cosas tal como lo hacían mientras habían estado libres de las limitaciones del cerebro humano. Lynn tuvo una ECM a los veintiún años. Iba en bicicleta y una conductora borracha se la llevó por delante. Me contó que, al despertarse de nuevo en su cuerpo físico, ya no conseguía entender cosas que le habían resultado obvias durante la ECM:

«Volvía a casa después de una reunión y choqué frontalmente con una chica que se había saltado un semáforo en rojo. Por casualidad, detrás de mí iba conduciendo una enfermera que me había visto en la reunión y me reconoció por mi casco. Llegó cuando acaban de atropellarme y me salvó la vida. Después apareció el equipo de emergencias y también ayudó, pero ella empezó a hacerme la reanimación cardiopulmonar antes de que llegaran. No recuerdo nada sobre el accidente, ni siquiera el momento en que ocurrió. Por eso me parece raro recordar lo que recuerdo de haber ido a ese otro sitio.

»Lo primero que recuerdo es que todo estaba negro. Recuerdo haber visto una luz y después, hacia el final, aunque todavía me quedaba bastante por recorrer, me acerqué a ella más rápido de lo que había atravesado la oscuridad. Supongo que ahí fue donde el tiempo dejó de existir, porque yo deseaba con todas mis fuerzas llegar hasta la luz y no conseguía hacerlo lo bastante rápido, y la distancia era el tiempo. La oscuridad era enorme, y la luz... no estoy segura de que ninguna de las dos tuvieran fin. Y me acuerdo de ir pensando que en la tierra nadie entendería nada de aquello.

»No daba miedo atravesar la oscuridad. Yo me limitaba a observar. Y al final estaba la luz. No era solo luz, no era solo un color transparente: era un amor intenso. Cuando entrabas dentro de él, no solo te rodeaba como el agua en una piscina. Era como cuando el sol atraviesa un cristal. Atravesaba completamente todos los puntos de tu cuerpo y todo lo demás. Era cálido y reconfortante. Era como una calidez, un consuelo, un silencio pacífico y un amor que lo rodeaba todo y estaba dentro de todo.

»No había muros ni fronteras ni nada sólido, solo luz y seres. La luz era también como un imán. Resultaba imposible separarse de ella; deseabas unirte a ella con una intensidad que no había experimentado nunca. Todos nos amábamos más de lo que aquí podemos llegar a entender; nos amábamos por lo que éramos, no por quiénes éramos. Nosotros somos seres limitados, pero ellos no. No sé cómo explicar el modo en que hablábamos. No hablábamos como lo hacemos aquí. Simplemente sabíamos. No existía el tiempo, no había un sentido de separación entre un segundo y el siguiente. No sé cómo explicarlo. Es como si estuvieras totalmente presente, sin memoria del pasado y sin futuro. No tenía cuerpo, solo veía. Después de eso, salí volando hacia atrás muy rápido y atravesé la oscuridad. Lo último que recuerdo es que era como si tuviera sonido, pero no cerebro.

»Y lo siguiente que recuerdo es que estaba tumbada escuchando el pitido del monitor cardíaco y a mi hermana que me decía al oído: "Lynn, soy Caroline, ¡tu hermana! ¡Has tenido un accidente!". No podía responderle ni moverme. Como una semana y media después, seguía sin reconocer a nadie y no podía abrir los ojos. Más tarde, incluso después de abrir los ojos, seguía sin saber quiénes eran los demás ni quién era yo.

»Como aproximadamente un mes después, mi cerebro comenzó a funcionar un poco. Me acuerdo de abrir los ojos y pensar: "¡Mierda! Solo tengo un cerebro humano". También lo dije en voz alta y empecé a quejarme de ser una persona otra vez, y mi madre y mi hermana creyeron que me había vuelto loca.

»También me acuerdo de que, cuando volví, sabía que mientras siguiera en la tierra nunca podría llegar a comprenderla, porque solo tengo un cerebro humano. Aquí en realidad solo podemos pensar en una cosa a la vez, pero allí lo sabemos todo, lo sabemos de verdad. No se puede comparar a las cosas de la tierra. Intentar hablar de ello o dibujarlo lo reduce por completo. Sería como intentar hablarle a un bebé del ADN o de tecnología médica espacial. Un bebé ni siquiera puede entender el lenguaje y desde luego no puede entender las ideas. Solo conoce las cosas a su nivel, igual que nosotros. Somos como bebés y, al contrario de lo que mucha gente piensa, no sabemos nada. Mientras esté aquí, nunca podré sentir lo que sentí allí, porque estoy otra vez metida en este cuerpo humano. Aquello va mucho más allá, es superior, más grande que cualquier cosa que un cerebro humano pueda comprender, y también mucho más maravilloso. Pero creo que es como en una fiesta: no puedes ir hasta que no te invitan. Me siento como una hormiga en una granja de hormigas».

Esta idea de que el cerebro procesa o filtra nuestros pensamientos en lugar de crearlos no es nueva. A lo largo de los siglos se ha expresado con metáforas diversas.[137] El médico griego Hipócrates ya lo hizo hace más de dos mil años: «El cerebro es el órgano más poderoso del cuerpo humano, porque cuando está sano nos sirve como intérprete de todos los fenómenos [...] esto es lo que le da su inteligencia [...] Para la consciencia, el cerebro es el mensajero [...] Por eso afirmo que el cerebro es el intérprete de la consciencia».[138]

El filósofo inglés Aldous Huxley describió este mismo modelo empleando la metáfora de la tecnología del siglo pasado: «La función del cerebro y del sistema nervioso es protegernos, impedir que quedemos abrumados y confundidos por esta masa de conocimientos en gran parte inútiles y sin importancia, dejando fuera la mayor parte de lo que de otro modo percibiríamos o recordaríamos en cualquier momento y admitiendo únicamente la muy reducida y especial selección que tiene probabilidades de sernos útil de forma práctica. [...] en la medida en que somos animales, lo que nos importa es sobrevivir a toda costa. Para que la supervivencia biológica sea posible, la Inteligencia Libre tiene que ser regulada mediante la válvula reduc-

137. Michael Grosso, «The "Transmission" Model of Mind and Body: A Brief History», en *Beyond Physicalism*, Edward F. Kelly, Adam Crabtree, y Paul Marshall (eds.), Lanham (Maryland), Rowman & Littlefield, 2015, págs. 79-113.

138. Esta cita aparece en la página 179 de Hippocrates, *Hippocrates. Volume 2: The Sacred Disease, Sections XIX & XX*, traducido al inglés por William Henry Samuel Jones, Cambridge (Massachusetts), Harvard University Press/Loeb Classical Library, 1923). [Hay trad. cast.: *Tratados hipocráticos*, Madrid, Gredos, 2000.] (La obra original está escrita en torno al 400 a.C.)

tora del cerebro y del sistema nervioso. Lo que sale por el otro extremo del conducto es un insignificante hilillo de esa clase de consciencia que nos ayudará a seguir con vida en la superficie de este planeta determinado».[139]

Cuando recibimos una llamada de teléfono, escuchamos una voz que sale por el auricular, pero no pensamos que es el teléfono el que está produciendo la voz. Sabemos que la voz parte de una persona y que las ondas de radio la llevan hasta el teléfono, que recrea el sonido de la voz para que la escuchemos. Si el teléfono se estropea o se queda sin batería, no podremos oír la voz. Podríamos seguir hablando, pero ya no escucharíamos ninguna voz por el auricular. Puede que el cerebro funcione como un teléfono. Recibe los pensamientos y sentimientos y los convierte en señales eléctricas y químicas que el cuerpo puede entender y utilizar.

Esta idea de que el cerebro es un filtro que acota la información entrante para que recibamos solo lo que tiene importancia para nuestra supervivencia física no debería resultarnos sorprendente. Todos nuestros sentidos filtran la información que no es relevante. Los ojos no solo nos transmiten la luz, sino que también filtran la luz ultravioleta e infrarroja, de modo que solo vemos una pequeña porción del espectro. Recordemos cómo Jayne Smith hablaba de que durante la ECM que tuvo tras sufrir una reacción adversa a la anestesia vio unas flores «de unos colores que jamás había visto antes. Recuerdo muy bien haber pensado al mirarlos: "¡Algunos de estos colores no los he visto nunca!"». Del mismo modo, nuestros oídos no solo reciben la vibración del sonido, sino que también filtran la mayoría de las frecuencias de sonido que para los perros y los gatos, por ejemplo, tienen relevancia, pero para nosotros no. Por tanto, teniendo en cuenta todos nuestros conocimientos de neurobiología, resulta coheren-

139. Esta cita aparece en las páginas 22-24 de Aldous Huxley, *The Doors of Perception*, Nueva York, Perennial Library/Harper & Row, 1954. [Hay trad. cast.: *Las puertas de la percepción. Cielo e Infierno*, trad. de Miguel de Hernani, Buenos Aires, Debolsillo, 2018.]

te pensar que si nuestros pensamientos y sentimientos provinieran de fuera del cuerpo el cerebro estaría actuando como un filtro de todos aquellos que no sean esenciales para nuestra supervivencia física, igual que otras partes de nuestro sistema nervioso filtran la información no esencial procedente del exterior.

Sugerir que la mente podría operar con independencia del cerebro físico parece contradictorio, pero no es algo que quede fuera del alcance de la ciencia. Actualmente, los neurocientíficos están investigando los posibles mecanismos biológicos que podrían hacer que el cerebro funcione como un filtro,[140] centrándose principalmente en el córtex prefrontal, que controla la atención selectiva, y en la actividad eléctrica sincronizada en partes distintas del cerebro.

Me preguntaba si habría pruebas que corroboraran este modelo del filtro, más allá de las que yo estaba encontrando en mi investigación sobre las ECM. Y descubrí que había bastantes. Otra experiencia inexplicable similar era la llamada «lucidez terminal»[141] o «lucidez paradójica». En esos casos, una persona que durante años ha tenido una enfermedad cerebral irreversible, como Alzheimer, por ejemplo, y es incapaz de hablar o de reconocer a sus familiares, vuelve a gozar de pronto de una perfecta claridad mental. Las personas con lucidez terminal recuperan la capacidad de reconocer a sus familiares y de mantener conversaciones con sentido y expresar sus emociones, sin una razón neurológica aparente.

Esta recuperación asombrosa e inexplicable suele ocurrir,

140. Edward F. Kelly y David E. Presti, «A Psychobiological Perspective on "Transmission" Models», en *Beyond Physicalism*, Edward F. Kelly, Adam Crabtree y Paul Marshall (eds.), Lanham (Maryland), Rowman & Littlefield, 2015, págs. 115-155; Marjorie Woollacott y Anne Shumway-Cook, «The Mystical Experience and Its Neural Correlates», *Journal of Near-Death Studies*, 38, 2020, págs. 3-25.

141. Michael Nahm, Bruce Greyson, Emily W. Kelly y Erlendur Haraldsson, «Terminal Lucidity: A Review and a Case Collection», *Archives of Gerontology and Geriatrics*, 55(1), 2012, págs. 138-142.

generalmente, en las horas previas al fallecimiento de dicha persona, lo que nos sugeriría que el cerebro dañado ha perdido su capacidad para funcionar como filtro de la mente, que queda libre, durante un período breve, para expresarse antes de que la persona muera. La lucidez terminal es un caso extremadamente raro, pero el hecho de que ocurra resulta un enigma para los neurocientíficos. Hace un par de años participé en un taller organizado por el Instituto Nacional del Envejecimiento para evaluar nuestros conocimientos sobre la lucidez terminal y para intentar identificar aspectos del fenómeno susceptibles de un estudio más profundo.[142] El taller dio como resultado la convocatoria por parte del Instituto de dos becas de investigación sobre este fenómeno de recuperación repentina de la claridad de pensamiento que se produce de forma inexplicable en fases avanzadas de la enfermedad de Alzheimer.

Además, estudios recientes con neuroimagen de sujetos bajo los efectos de drogas psicodélicas han demostrado que las complejas experiencias místicas vinculadas con el uso de estas sustancias van acompañadas de una disminución de la actividad cerebral.[143] Exactamente lo contrario de lo que esperábamos. La

142. George A. Mashour, Lori Frank, Alexander Batthyany, *et al.*, «Paradoxical Lucidity: A Potential Paradigm Shift for the Neurobiology and Treatment of Severe Dementias», *Alzheimer's & Dementia*, 15(8), 2019, págs. 1107-1114.

143. Robin L. Carhart-Harris, David Erritzoe, Tim Williams, *et al.*, «Neural Correlates of the Psychedelic State as Determined by fMRI Studies with Psilocybin», *Proceedings of the National Academy of Sciences* 109(6), 2012, págs. 2138-2143; Robin L. Carhart-Harris, Suresh D. Muthukumaraswamy, Leor Roseman, *et al.*, «Neural Correlates of the LSD Experience Revealed by Multimodal Neuroimaging», *Proceedings of the National Academy of Sciences* 113(17), 2016, págs. 4853-4858; Suresh D. Muthukumaraswamy, Robin L. Carhart-Harris, Rosalyn J. Moran, *et al.*, «Broadband Cortical Desynchronization Underlies the Human Psychedelic State», *Journal of Neuroscience* 33(38), 2013, págs. 15171-15183; Fernanda Palhano-Fontes, Katia Andrade, Luis Tofoli, *et al.*, «The Psychedelic State Induced by Ayahuasca Modulates the Activity and Connectivity of the Default Mode Network», *PLOS ONE* 10(2), 2015, e0118143.

explicación tradicional de la neurociencia a los viajes psicotrópicos daba por hecho que las drogas psicodélicas como el LSD y la psilocibina producían un aumento de la actividad cerebral, que es lo que desencadena las alucinaciones. Pero lo que parece es que, en vez de ello, disminuye la actividad cerebral, en concreto en la corteza prefrontal, y también baja de forma drástica el tipo de actividad eléctrica sincronizada que se observa generalmente en el cerebro con el pensamiento complejo. Puede que esta disminución de la actividad cerebral reduzca la capacidad del cerebro para filtrar la mente y eso sea lo que facilite las experiencias místicas. Y ello concuerda con la práctica de tradiciones espirituales de todo el mundo que emplean la asfixia, la contención de la respiración, el ayuno y la privación sensorial prolongada para inducir experiencias místicas.

Estos estudios sugieren que las experiencias profundas pueden estar asociadas a una menor actividad cerebral y a una menor conexión entre las distintas regiones del cerebro. Quizá las ECM sean el ejemplo paradigmático de las experiencias complejas vinculadas a un momento en el que la actividad cerebral no solo ha disminuido, sino que está prácticamente ausente. Todas estas pruebas concuerdan con la idea de que el cerebro es un filtro para nuestros pensamientos y sentimientos, y de que el alcance de estos se expande a medida que la actividad de filtrado del cerebro decae. Como dijo el médico Larry Dossey: «Si somos conscientes no es gracias al cerebro, sino a pesar de él».[144]

Si nuestra mente puede funcionar al margen de nuestro cerebro, ¿es posible que esto nos permita entender las características más desconcertantes de las ECM? ¿Puede ayudarnos a explicar por qué Al Sullivan «vio» a su cirujano aleteando con los codos, por qué Bill Hernlund «vio» a sus colegas arrastrando su cuerpo y por qué Tom Sawyer pudo repasar su vida entera con detalle?

144. Esta cita aparece en la página 191 de Larry Dossey, *The Power of Premonitions*, Nueva York, Dutton, 2009. [Hay trad. cast.: *El poder de las premoniciones*, Lleida, Milenio, 2015.]

Y si nuestra mente puede funcionar incluso cuando nuestro cerebro está inactivo, tal como estos hechos sugieren, ¿sería acaso posible que la mente siguiera funcionando una vez que nuestro cerebro se ha detenido por completo, es decir, después de morir? Esta pregunta parece escapar al ámbito tradicional de la ciencia y, sin embargo, en las últimas décadas, científicos de todo el mundo se han mostrado cada vez más dispuestos a ampliar los límites de ese ámbito tradicional. La cuestión de si nuestra mente puede sobrevivir a la muerte también supuso un desafío para mi visión personal sobre cómo funciona el mundo. Ni mi educación ni mi formación me habían preparado para valorar en serio esta posibilidad. Pero, tal como descubrí, hay formas de revestir de principios y métodos científicos la pregunta de si nuestra consciencia podría seguir existiendo más allá de la muerte.

12

¿Sigue existiendo la consciencia?

Casi sin excepción, aquellas personas que han tenido una experiencia cercana a la muerte mantienen la firme creencia de que una parte de ellas seguirá viviendo una vez que mueran. Independientemente de lo que crean que va a suceder una vez muerto el cuerpo, lo que no creen es que la muerte física sea su final. Y aunque sus ideas sobre qué es exactamente lo que podría suceder difieren, hay algunos patrones en las descripciones que estas personas hacen sobre una existencia después de la muerte que sí son recurrentes. Por ejemplo, las tres cuartas partes de los participantes en mi investigación han afirmado que el más allá es un estado dichoso de paz y tranquilidad, en el que no hay dolor ni sufrimiento. También sostienen que esa vida más allá está fuera del tiempo, y que, en ese otro plano, el tiempo terrenal tal como lo conocemos deja de existir. Dos tercios de estas personas afirmaron que seguimos existiendo de alguna forma que puede identificarse con nuestros propios pensamientos, sentimientos y rasgos de personalidad, pero que, después de la muerte, seguimos aprendiendo y creciendo espiritualmente.

Más de la mitad de las personas que han experimentado una ECM afirma que después de morir revisamos nuestras vidas y nos juzgamos a nosotros mismos, y que de alguna forma nos enfrentamos a las consecuencias de nuestros actos. También dicen que lo que nos suceda en la otra vida depende, al menos en parte, de cómo hemos vivido antes de la muerte, y que también cosecharemos beneficios por las buenas obras y acciones que hayamos realizado en esta vida.

Casi la mitad de las personas que han tenido una ECM dice que en la otra vida podremos seguir viendo a nuestros seres queridos que aún están vivos y que es posible que podamos comunicarnos e interactuar con ellos. También dicen que en la otra vida seguimos teniendo sensaciones físicas, comparables con la vista y el oído, y también sentimientos.

Dos tercios afirman que en la otra vida nos encontramos con los seres queridos que han fallecido antes, y que ellos mismos, de hecho, durante su ECM han visto o sentido la presencia de algún ser querido fallecido. Todas estas experiencias les resultan convincentes a las personas que experimentan una ECM, pero ¿ofrecen pruebas suficientes como para convencernos a los demás de que la muerte no es el final? ¿Podemos verificar de algún modo estos relatos que hablan de encuentros con seres queridos ya fallecidos, o son solo ilusiones, reflejo de las expectativas y esperanzas sobre lo que podría ocurrir cuando nos acercamos a la muerte? Está claro que es posible que al menos algunos de estos relatos sean fruto de la imaginación de quienes han experimentado situaciones así y de su esperanza de volver a reunirse con sus seres queridos después de la muerte. Pero hay otras ECM que no pueden descartarse como un mero reflejo de expectativas. En ocasiones, quienes tienen una ECM se encuentran con personas recientemente fallecidas que no se sabía que habían muerto.[145]

A los veintidós años, a Jack Bybee lo ingresaron en un hospital de su Sudáfrica natal a causa de una neumonía grave. Me describió cómo durante su ECM se encontró con su enfermera: «Había ingresado en muy mal estado y estuve entre tres y

---

145. Bruce Greyson, «Seeing Deceased Persons Not Known to Have Died: "Peak in Darien" Experiences», *Anthropology and Humanism*, 35(2), 2010, págs. 159-171.

cuatro semanas en una carpa de oxigenoterapia en estado epiléptico, luego sufrí una doble neumonía y otras complicaciones. Me mostré muy amistoso (léase que "ligoteaba" cuando podía hacerlo) con una enfermera de la zona rural del Cabo Occidental. Un día, mientras me ahuecaba las almohadas, me dijo que ese fin de semana cumplía veinte años y que venían sus padres del campo para celebrarlo. Le cogí la mano para desearle un feliz cumpleaños y se fue.

»Durante mi ECM, me encontré con la enfermera Anita al otro lado. "¿Qué haces aquí, Anita? —le pregunté—. Bueno, Jack, he venido a ahuecarte las almohadas, claro, y a ver cómo estás. Pero, Jack, ahora tienes que volver, debes regresar. Diles a mis padres que siento mucho haberme cargado el MGB rojo. Diles que los quiero."

»Y de pronto Anita se había ido. Atravesó un valle muy verde y cruzó una cerca, y ya desde el otro lado me dijo: "Hay un jardín. Pero no puedes verlo. Porque tienes que volver mientras yo cruzo la puerta".

»Cuando me recuperé, le conté a una enfermera lo que me había dicho Anita. La chica se echó a llorar y salió de la habitación. Después supe que Anita y aquella enfermera eran muy buenas amigas. Los padres de Anita, que la querían mucho, le habían dado una sorpresa regalándole un coche deportivo MGB rojo. Anita se subió al coche y, emocionada, piso a fondo el acelerador mientras recorría De Waal Drive hasta la ladera de Table Mountain y la conocida "curva suicida", donde se estampó contra un poste de teléfono de hormigón. "Pero yo estaba 'muerto' cuando ocurrió todo aquello. ¿Cómo es posible que lo supiera? Porque, como le he dicho anteriormente, me lo había contado Anita durante mi experiencia».

Cuando Jack me contó esta historia, hace unos quince años, subrayando su asombro por haberse encontrado con la enfermera que él creía viva, caí de inmediato en la cuenta de que en su historia había algo importante de lo que no me había dado cuenta antes. Había oído muchos relatos de ECM en los que los pacientes decían haberse encontrado con algún ser querido ya fallecido, empezando por Henry, que treinta años antes me había dicho que había visto a sus padres después de pegarse un tiro. La cuestión es que Henry sí sabía que sus padres habían muerto, es más, anhelaba volver a verlos, y eso me hacía sospechar, como joven psiquiatra, que todo había sido una alucinación. Pero Jack no tenía forma de saber que su enfermera había muerto, y tampoco es que tuviera ningún anhelo de verla aquel fin de semana, que ella pasaría con sus padres. Este era un encuentro con una persona fallecida que no podía ser entendido como producto de una ilusión. Y Jack no es la única persona que ha tenido una ECM y me ha contado una historia como esta.

Ese mismo año, una mujer de cien años, Rose, me describió una ECM similar que había tenido durante la Primera Guerra Mundial, tras ingresar en el hospital con neumonía:

«Durante la guerra, estuve muy enferma, me ingresaron en el hospital. Una mañana llegó una enfermera y me encontró sin signo de vida alguno. Llamó a los médicos y a la matrona, y a todos ellos también les pareció que estaba muerta, y así me quedé, me dijeron después, al menos veinte minutos.

»Mientras tanto, yo estaba en un lugar bellísimo, verde, ondulado. Había unos árboles grandes y hermosos por todas partes, sus hojas parecían emitir una especie de suave resplandor. Entonces vi a un joven oficial acercándose, acompañado de algunos soldados. El joven oficial era mi primo favorito, Alban. No sabía que estaba "muerto", tampoco lo había visto nunca de uniforme; pero mi visión quedó confirmada por una fotografía que vi de él algunos años después.

»Estuvimos charlando muy contentos durante unos minutos y luego él y los otros hombres se marcharon. Una presencia que había junto a mí me explicó que a todos aquellos soldados se les permitía ir a recibir y ayudar a quienes encontraban la muerte en el campo de batalla.

»Mi siguiente recuerdo vívido fue estar mirando hacia abajo, desde la altura del techo, viendo una cama en la que yacía un cuerpo muy demacrado. A su alrededor había médicos y enfermeras con batas blancas. Al momento siguiente los estaba mirando desde abajo, y sentí una sensación de decepción intensísima. Había regresado de un lugar encantador y absolutamente satisfactorio».

Y unos años después, Barbara Langer me habló de una ECM parecida que había tenido tras un accidente de coche a los veintitrés años:[146]

«Me estaba recuperando de una hepatitis en casa de una pareja joven que había conocido hacía poco, David y Christine. Christine y yo nos hicimos pronto muy buenas amigas y ella me cuidó. Llevaba unas semanas alojada en su habitación de invitados cuando tuve el accidente.

»Una soleada tarde de martes, Christine y yo íbamos camino del veterinario con su gato blanco, que estaba enfermo. Ella conducía la furgoneta Volkswagen de David e íbamos hablando de un concierto al que teníamos pensado ir. Nasty, el gato, estaba sobre mi regazo. De pronto, Nasty se escapó, dio un salto hasta el brazo de Christine y empezó a subirle por el cuello. Ella intentó quitárselo y yo me incliné para cogerlo. Y eso es lo último que recuerdo del viaje al veterinario. Después supe que nos habíamos estrellado contra la parte de atrás de un autobús escolar y que ambas salimos por el parabrisas. Estuve inconsciente casi una semana.

»Sentí que atravesaba un universo vasto y oscuro a una velocidad alucinante. Me sentía pequeña, tranquila, desapegada de todo, pero también interesada en el viaje, y al mismo tiempo era

146. Una versión abreviada de la ECM de Barbara aparece en las páginas 125-127 de Julia Dreyer Brigden, *Girl: An Untethered Life*, Santa Rosa (California), Julia Dreyer Brigden, 2019.

muy consciente de la velocidad a la que viajaba. Todo esto pareció durar mucho tiempo.

»Luego me vi sola y feliz en una pradera muy verde, en un valle rodeado por suaves colinas verdes. Había flores y un arroyo. Los colores eran bellos e intensos y la atmósfera, etérea. Percibía un sentimiento de paz y de amor que lo impregnaba todo, y era gloriosamente estimulante.

»Después me di cuenta de que estaba recorriendo un camino en otro lugar sublime y efímero. Christine estaba conmigo, llevaba los mismos vaqueros azules que se había puesto aquel día, y nos deslizábamos por el camino uno junto a la otra. Se la veía serena y asombrosamente bella. No tengo idea de cómo aparecí allí, pero sentía que ambas estábamos rodeadas de amor y llenas de él.

»Íbamos por un estrecho sendero de tierra. Pronto el camino se dividió en dos. Sabíamos que ahí era donde tendríamos que separarnos y tomar direcciones distintas. Estábamos tranquilas y nos comunicamos sin palabras. Christine me pidió telepáticamente que le dijera a David que lo amaría para siempre. Después ella se fue por el camino de la derecha y yo tomé el camino de la izquierda. No estaba claro adónde nos llevarían aquellos caminos. No hubo ninguna decisión consciente por nuestra parte sobre lo que debíamos hacer, pero lo que sí estaba claro era el camino que debíamos tomar cada una. Nos separamos sabiendo que volveríamos a estar juntas, pero más adelante. Por ahora, cada una tendría que emprender la parte difícil del viaje sin la compañía de la otra.

»Mi camino me llevó instantáneamente de vuelta a mi cuerpo físico. Recuperé la consciencia en el hospital. En la mano aún tenía esquirlas de vidrio del parabrisas del coche y una brecha en la frente. Me pusieron un espejo delante y no reconocí mi cara. Un amigo me dijo que me acababan de hacer "un *lifting* total". Veía doble a causa de la triple conmoción cerebral que los médicos decían que tenía, pero no había perdido mis lentillas y la hepatitis había desaparecido.

»Vinieron a verme amigos y familiares. Uno de ellos me enseñó un artículo sobre el accidente que había salido en el periódico y fue entonces cuando me enteré de la muerte de Christine. Decían que Christine había muerto en el mismo lugar del accidente y que a mí me habían llevado a un hospital cercano, pero no se esperaba que sobreviviera.

»Al conectar las piezas de la experiencia que había tenido, me di cuenta de que yo había muerto y había regresado y mi amiga no, pero ella estaba en un sitio mucho mejor. Deseé haberme quedado allí con ella porque en aquel momento no había nada en la vida que me hiciera sentir vinculada al mundo físico».

Cuando Jack, Rose y Barbara me contaron sus ECM, supe que era importante investigar aquellas experiencias. Encontrar a seres queridos que han fallecido no es infrecuente en las ECM. De todos los participantes en mi investigación, casi la mitad describió haber visto a alguien ya fallecido. He dejado de dar automáticamente por hecho que se trata de alucinaciones. Pero tampoco considero que la mayoría de estos relatos sean una prueba científica de nada, porque tampoco puedo ignorar la influencia que pueden ejercer las esperanzas y expectativas de esas personas de reencontrarse con sus seres queridos. Sin embargo, en el caso de encuentros con personas que uno no sabe que han fallecido, como en los casos de Jack, Rose y Barbara, sabía que no podía mediar ninguna expectativa. Seguí buscando otras explicaciones posibles.

¿Podía ser que aquellas visiones se imaginaran después de los hechos? Es decir, ¿era posible que las personas se encontraran en sus ECM con algún ser y solo después de conocer la muerte de alguien querido identificaran retrospectivamente al ser de la ECM como esa persona recién fallecida? Esto podría suceder en algunas ECM, pero no en otros casos, como el de Jack, que habló de haber visto a la persona fallecida antes de enterarse de que había muerto.

¿Es posible que estas visiones sean «conjeturas afortunadas»? Es decir, ¿podría tratarse de una visión de alguien que aún siguiera vivo en el momento de la ECM pero que tenía probabilidades de morir? Si esta fuera la explicación, ¿ha habido también casos de «conjeturas desafortunadas» en las que las personas han identificado en sus ECM a fallecidos que en realidad todavía estaban vivos? Pues resulta que sí hay algunas ECM en las que las personas dicen haberse encontrado con gente que aún seguía estando viva. En nuestro repertorio de más de mil ECM, el 7 por ciento declara haber visto a alguien que aún estaba vivo en el momento de la ECM.[147] Pero en cada uno de esos raros casos, la persona que estaba teniendo la ECM afirma que sabía que la otra persona estaba viva, y en la mayoría de los casos le suplicaba que regresara. En ni una sola de las ECM que tenemos recogidas se ha identificado erróneamente como fallecida a una persona que aún estuviera viva.

Las ECM en las que las personas se encuentran —y se sorprenden de ver— a un ser querido que no saben que ha fallecido no son comunes, pero ocurren. Y este tipo de casos no son en absoluto nuevos. También existe registro de ellos desde hace siglos.

En el siglo I, Plinio el Viejo, historiador y naturalista romano, escribió acerca de un noble llamado Corfidio que fue declarado muerto por un médico una vez que dejó de respirar.[148] Abrieron su testamento, que nombraba a su hermano pequeño como albacea y heredero, y el hermano pequeño contrató a un enterrador para que organizara el funeral. Sin embargo, la sorpresa del

147. Emily W. Kelly, «Near-Death Experiences with Reports of Meeting Deceased People», *Death Studies* 25(3), 2001, págs. 229-249.
148. La historia de Corfidio aparece en las páginas 624-625 de Plinio el Viejo, *Natural History*, vol. 2, libros 3-7, traducción al inglés por Horace Rackham, Cambridge (Massachusetts), Harvard University Press, 1942. (La obra original está escrita en el año 77 d.C.) [Hay trad. cast.: *Historia natural*, Madrid, Cátedra, 2002.]

enterrador fue mayúscula cuando Corfidio se incorporó de repente y se sentó en la mesa de embalsamamiento. Luego dio unas palmadas, la señal para llamar a sus sirvientes, y anunció que acababa de llegar de casa de su hermano pequeño: este le había dicho que los preparativos debían hacerse para su propio funeral y no para el de Corfidio. Contó también que su hermano le había pedido que cuidara a su hija y que le había enseñado dónde tenía enterrado secretamente oro en su jardín. Mientras Corfidio contaba toda esta historia al asombrado enterrador, llegó el criado del hermano pequeño con la noticia de que su amo acababa de morir inesperadamente. Y el oro enterrado se encontró, efectivamente, donde Corfidio había dicho que le había indicado su hermano.

En el siglo XIX se publicaron varios casos de este tipo, detallados y bien documentados. La física Eleanor Sidgwick escribió sobre el caso de una mujer inglesa que buscaba un profesor de canto para sus sobrinas, que estaban de visita.[149] Contrató a Julia, la hija de un comerciante local, que tenía formación profesional como cantante. Una vez que se fueron las sobrinas, Julia le dijo a su padre que nunca había pasado una semana más feliz. Poco tiempo después, Julia se casó y se mudó. Varios años más tarde, la mujer que había contratado a Julia estaba en su lecho de muerte repasando algunos asuntos comerciales cuando de pronto se detuvo y preguntó: «¿Escuchan esos cantos?». Nadie más lo hacía, y ella pensó que debían de ser ángeles que le daban la bienvenida al cielo. Añadió: «Qué extraño, entre todas las voces, hay una que estoy segura de conocer, pero no consigo recordar quién es». De repente señaló hacia arriba y dijo: «Oh, si está ahí, en aquel rincón de la habitación. Es Julia». Nadie más vio aquella aparición, y la mujer murió al día siguiente, el 13 de febrero de 1874. El 14 de febrero, el *London Times* anunció la muer-

---

149. Esta historia aparece en las páginas 92-93 de Eleanor M. Sidgwick, «Notes on the Evidence, Collected by the Society, for Phantasms of the Dead», *Proceedings of the Society for Psychical Research*, 3, 1885, págs. 69-150.

te de Julia. Su padre fue entrevistado más tarde, y contó: «El día de su muerte, Julia empezó a cantar por la mañana y no dejó de hacerlo hasta que murió».

En años más recientes, el doctor K. M. Dale estudió el caso de un niño de nueve años, Eddie, que estuvo casi treinta y seis horas con una fiebre muy alta bajo la angustiada vigilia de sus padres y el personal del hospital.[150] En cuanto abrió los ojos, a las tres de la madrugada, Eddie contó a sus padres con urgencia que había estado en el cielo, donde había visto a su abuelo fallecido, a su tía Rosa y a su tío Lorenzo. Su padre, avergonzado de que el médico estuviera escuchando la historia de Eddie, la desdeñó como un delirio febril. Después Eddie añadió que también había visto a su hermana Teresa, de diecinueve años, y que esta le había dicho que tenía que volver. El padre se enojó y pidió al doctor Dale que sedara a Eddie. Hacía dos días que había hablado con Teresa, que estaba en la universidad en otro estado, a mil kilómetros de distancia. Algo más tarde, esa misma mañana, los padres llamaron a la universidad y descubrieron que Teresa se había matado en un accidente de coche poco después de medianoche y que el personal de la universidad había estado intentando localizarlos llamándolos a su casa.

¿Qué son estas visiones? ¿Meras fantasías? ¿O de verdad es posible que podamos encontrarnos con nuestros seres queridos fallecidos durante una ECM? Dado que yo no tenía ninguna creencia religiosa a la que recurrir respecto a la vida después de la muerte, aquellas visiones me resultaban muy difíciles, si no imposibles, de explicar. Las personas que habían tenido una ECM aseguraban que aquellos seres fallecidos no solo se les habían aparecido, sino que también habían interactuado con ellos y les habían dado información. ¿Quién o qué es lo que les dio

---

150. Esta historia aparece en las páginas 42-46 de Brad Steiger y Sherry Hansen Steiger, *Children of the Light*, Nueva York, Signet, 1995.

aquella información? En todos los casos, las personas interpretaron que había sido ese ser fallecido quien de algún modo seguía siendo consciente y era capaz de interactuar. Pero lo que eso implicaría es que la consciencia, nuestra capacidad para pensar y sentir, sigue existiendo tras la muerte del cuerpo físico. Aquello me resultaba difícil de entender. Si nuestra consciencia no se extingue cuando nuestro cuerpo muere, ¿adónde va?

13

¿Cielo o infierno?

Preguntas como «¿adónde va nuestra consciencia cuando el cuerpo muere?» parecen forzar los límites de la investigación científica. Si prestamos atención a los relatos de las personas que han tenido una ECM y que describen adónde van una vez que han dejado su cuerpo, veremos que muchas de ellas nos ofrecen una descripción elaborada. A la mayoría de ellos, las ECM los transportaron a un mundo de dicha.

Casi el 90 por ciento de los participantes en mi investigación dijo haber experimentado un sentimiento de paz. Casi las tres cuartas partes hablaron de sentimientos de alegría o dicha. Dos tercios describieron una sensación celestial de unidad cósmica, de ser «uno con todo». Y tres cuartas partes hablaron de un encuentro con «un ser de luz amoroso». Cuando comencé a estudiar a personas que habían tenido una ECM me sorprendió descubrir que en su mayoría no se habían sentido aterrorizadas ni les había dado pánico enfrentarse a la muerte. De hecho, solían hablar de lo contrario. La mayoría describía unos sentimientos abrumadoramente positivos, desde una increíble calma hasta alegría y éxtasis.

¿Es esto lo que han descrito los seres humanos a lo largo de los siglos cuando hablan del «cielo»? A menudo, quienes han tenido una ECM cuentan que estas se desarrollan en un ámbito tan distinto de nuestro mundo físico cotidiano que nuestras palabras no alcanzan a describirlo. Y como les resulta difícil, si no del todo imposible, describir esos otros reinos y esos otros seres con precisión, a menudo recurren a la metáfora cultural o personal que tengan más a mano para hablar de cosas que no encajan en nuestras categorías habituales, y una de ellas es el «cielo». Muchas de estas personas identifican ese otro mundo dichoso que visitaron durante su ECM literalmente como «el cielo». A los veinticuatro años, Judy Friel, criada en una familia presbiteriana «cuando aún se iba a la iglesia», sintió que se elevaba por encima de su cama mientras estaba hospitalizada.

«Subí flotando hasta el cielo. Sabía que se trataba del cielo por lo que la Biblia cuenta de él y por las enseñanzas de la iglesia. El cielo me gustó. Todos, incluida yo, estábamos en paz, felices, no sentíamos ningún dolor. Me recibió un ángel que me dijo que entrara para ver cómo era el cielo. Vi gente trabajando. Estaban cantando y riéndose. Jóvenes y viejos juntos. La música era bonita y armoniosa, incluso quienes no sabían cantar lo hacían bien. Reconocí a algunas de aquellas personas. Las vi tal como las había visto en la tierra, de la misma edad y vestidos con la misma ropa. Pero, al mismo tiempo, todos eran iguales y llevaban las túnicas blancas más puras que jamás hubiera visto, de un blanco inconcebible. Vi calles e hileras de mansiones. Todo brillaba, cubierto de oro puro.

»Me encontré de pie en una larga fila. Al poco rato, me di cuenta de que estaba en una fila que se formaba ante el trono de Dios. Se me iba a pedir que diera cuenta de mi vida. El trono estaba imbuido en una luz blanca resplandeciente.»

Dottie Bush, que sufrió una hemorragia durante el parto a los veinticinco años, también decía haber visitado un lugar que identificó con el paraíso:[151]

---

151. El crecimiento espiritual de Dottie como resultado de su experiencia cercana a la muerte está descrito en las páginas 77 y 105 de P. M. H. Atwater, *Coming Back to Life*, Nueva York, Dodd, Mead, 1988.

«Entré en shock. Lo último que recuerdo es que el anestesista le estaba gritando al médico que se diera prisa, que mi presión arterial estaba cayendo.

»Y entonces me encontré en un lugar hermoso. Sé que era el cielo: pacífico, muy hermoso, con una música y unas flores bellísimas. Eran tan bellas que parecían millones de veces más bellas que cualquiera que podamos ver aquí en la tierra. Escuchando aquella música y estando rodeada de amor y paz, no deseaba volver.

»Alguien empezó a hablarme. No vi su rostro, pero sentí que era Jesús. Me dijo: "Dottie, te dejo en la tierra con un propósito". Y seguidamente me dio a conocer todas las cosas. Me contó por qué murió en la cruz, pero lo único que recuerdo es que era bastante distinto de lo que enseña la iglesia.

»Mientras Jesús me hablaba, yo estaba en plan: "¿Por qué me ha elegido a mí para contármelo todo?" Y pensé que, puesto que lo había hecho, después de una experiencia tan reveladora yo podía servir a los demás ayudándoles a entender. Cuando terminó de hablarme, sentí que me alejaba flotando de aquel hermoso lugar de vuelta a este otro, sucio y feo. El contraste entre el cielo y la tierra era enorme. Yo no quería volver, aunque él me dijo que debía hacerlo.

»Y luego estaba de nuevo en mi cuerpo, en la mesa de operaciones. Mi médico me explicó después que habían tenido que aplicarme técnicas de reanimación a causa de la apnea y la hipoxia».

Judy y Dottie identificaron ese «otro lugar» al que habían ido como el cielo. Sin embargo, la mayoría de las personas no son capaces de identificar adónde van en sus ECM, simplemente describen ese otro mundo sin ponerle una etiqueta. Tres cuartas partes de los participantes en mi investigación dijeron haber entrado en algún reino o dimensión desconocida. Aunque la mayoría de ellos afirmó que era imposible describirlo con palabras, cuando se les insistió para que trataran de hacerlo, emplearon toda una variedad de metáforas, incluidos términos religiosos como «cielo» o «infierno» o términos naturales como «valle», «prado» o «espacio exterior». Pero incluso en estos casos, casi la mitad de ellos se reafirmaba en que no podía encontrar ninguna descripción familiar que le ayudara a identificarlo. Cynthia Ploski, educada en el protestantismo, pero que posteriormente pasaría a considerarse una persona espiritual aunque sin afiliación religiosa, tuvo un ataque al corazón a los setenta y dos años. Y describió este reino dichoso haciendo referencia al mundo natural:

«No me di cuenta de que mi corazón se había parado. De pronto, sin haber tenido ninguna sensación de morirme, estaba de pie en el lindero de un hermoso bosque. No había gente, solo una luz suave, dorada, primaverales hojas verdes a mi alrededor y, sobre mí, una suave brisa que mecía las hojas. Era como estar dentro de una visión, pero una muy real y vívida, inconfundiblemente real. Tenía una sensación como de estar allí de pie, pero no sé qué forma tenía mi cuerpo, sé que no estaba flotando ni era liviano. Me sentía sólida y normal. Y tenía capacidad de cognición, porque me daba cuenta de que estaba al "otro lado", y sabía que no deseaba quedarme allí.

»Delante de mí, una especie de claro o sendero se adentraba en el bosque, y al final había más luz. Daban ganas de recorrerlo, pero pensé que si no salía de allí no podría volver a la vida en este lado. Así que pensé, "¡Será mejor que me marche!" y con ese pensamiento me vi de vuelta en urgencias».

También Harriet, que tuvo una ECM a los setenta y cuatro años a causa de un infarto, describe una experiencia maravillosa:

«Parecía estar flotando en un espacio más o menos acotado, pero no había paredes en el sentido en el que las conocemos. Yo entraba y salía de una sustancia aterciopelada, suave, violeta oscuro, ondulante. Era una sensación hermosa, sensual, voluptuosa, como caer sobre una gran masa de suaves plumas de satén y de plumón. Estaba completamente rodeada por esta sustancia y flotaba arriba y abajo lentamente, serenamente.

»Cada vez que me acercaba al fondo, veía un gran resplandor al final de este espacio, un poco a la derecha. Era un resplandor cálido, suave, muy acogedor. Me acerqué flotando a él varias veces, pero, aunque me acercara, nunca era yo la que hacía ningún esfuerzo por alcanzarlo. No parecía tener ni cuerpo ni mente. No parecía ser una persona, ni siquiera una cosa. Estaba en paz, feliz, dichosa. Nada parecía importarme. No es un sentimiento que sea capaz de expresar con palabras: no tener mente, ni cuerpo, ni límites, solo satisfacción, como si fuera una ameba que se ha metido en el mar por error».

A diferencia de Judy y de Barbara, Cynthia y Harriet no asignaron ninguna etiqueta al mundo al que habían viajado, simplemente lo describieron como «un hermoso bosque» y «una sustancia aterciopelada, suave, violeta oscuro, ondulante».

Pero no todas las ECM son dichosas o placenteras. Cuando a finales de la década de los setenta comencé a investigar las experiencias cercanas a la muerte, la mayoría de los relatos que escuché hablaba abrumadoramente de serenidad, cuando no de dicha. En los años que han pasado desde entonces, sin embargo, he descubierto que, aunque la mayoría de las personas habla de haber tenido sentimientos agradables durante sus ECM, hay otras que no. A principios de la década de los noventa, Nancy Evans Bush y yo habíamos reunido ya suficientes relatos de experiencias cercanas a la muerte con un componente angustiante como para publicar nuestro primer informe sobre ello en una revista médica.[152]

De la muestra de entrevistas que hoy tenemos, el 86 por cien-

---

152. Bruce Greyson y Nancy Evans Bush, «Distressing Near-Death experiences», *Psychiatry*, 55(1), 1992, págs. 95-110.

to afirma que su ECM fue fundamentalmente agradable, el 8 por ciento, desagradable, y el 6 por ciento, ninguna de las dos cosas.

Aunque solo una pequeña minoría de estas personas sostiene haber tenido sensaciones de temor o angustia, es posible que haya muchas más personas con una ECM desagradable pero que no están dispuestas a hablar de ello. Por esa razón, no estoy seguro de que estas experiencias cercanas a la muerte aterradoras sean tan escasas como parece.

A partir de los cientos de relatos de ECM que he recopilado y de los estudios de otros investigadores, no veo ninguna razón evidente que explique por qué algunas personas tienen ECM maravillosas y otras, aterradoras. No es cierto, por ejemplo, que las personas que han llevado una vida «de santidad» tengan invariablemente experiencias agradables, mientras que las «malas» las tengan aterradoras. A lo largo de toda la historia, existen místicos venerados como santa Teresa de Ávila[153] y san Juan de la Cruz,[154] en el siglo XVI, y la Madre Teresa de Calcuta,[155] en el siglo XX, que hablan de «la noche oscura del alma» como una primera etapa necesaria en su camino hacia la unión con lo divino.

Por otra parte, también he oído relatos de ECM placenteras contadas por delincuentes y hasta asesinos que cumplen cadena perpetua en la cárcel. La escasa documentación de la que disponemos actualmente sobre ECM aterradoras o angustiosas puede hacernos pensar que es posible que ocurran en las mismas condiciones que las ECM dichosas. No sabemos por qué unas personas tienen ECM agobiantes y otras, felices. Lo que sí he detectado es que la renuencia a enfrentarse al recuerdo de una ECM aterradora puede producir un trauma emocional permanente, y

153. Santa Teresa de Jesús, *El castillo interior, o, Tratado de las moradas*, Sevilla, Arzobispado de Sevilla, 1882. (La obra original está escrita en 1577.)
154. San Juan de la Cruz, *En una noche oscura* (Poesía completa y selección de prosa), Barcelona, Penguin Clásicos, 2018. (La obra original está escrita en 1584.)
155. Madre Teresa, *Come Be My Light*, Nueva York, Doubleday, 2007. [Hay trad. cast.: *Ven, sé mi luz*, Barcelona, Booket, 2009.]

que las personas interpretan a menudo las ECM angustiosas como un mensaje para cambiar su vida.[156]

Algunas de ellas hablan de un mundo que suena a la descripción tradicional del infierno. Brenda tuvo una de esas experiencias a los veintiséis años, cuando intentó suicidarse con una sobredosis de somníferos:

«El médico del hospital se inclinó hacia mí y me dijo que me estaba muriendo. Mis músculos comenzaron a contraerse, fuera de control. Ya no podía hablar, pero sabía lo que estaba pasando. Aunque mi cuerpo se iba desacelerando, las cosas que me rodeaban y las cosas que me ocurrían iban bastante deprisa.

»Entonces sentí que mi cuerpo resbalaba hacia abajo, no en picado, sino en ángulo, como en un tobogán. Hacía frío, estaba oscuro y húmedo. Cuando llegué al fondo, parecía la entrada de una cueva, con telarañas o algo similar colgando. El interior de la cueva era gris y marrón.

»Escuché llantos, lamentos, quejidos y rechinar de dientes. Vi a unos seres que se parecían a los humanos, tenían cabeza y cuerpo, pero eran feos y grotescos. Tengo el recuerdo de algunos colores, como rojo, verde y morado, pero no soy capaz de recordar si eran los colores de aquellos seres. Eran espantosos y parecían atormentados, como si estuvieran sufriendo una agonía. Nadie habló conmigo.

»No entré a la cueva, me quedé en el umbral. Recuerdo que me dije: "No quiero quedarme aquí". Intenté levantarme, como si tratara de sacarme a mí misma, a mi espíritu, de aquel pozo. Y eso es lo último que recuerdo».

Brenda se recuperó de aquella sobredosis y empezó un tratamiento para la depresión que la había llevado a intentar quitarse la vida. También comenzó a asistir a reuniones de Alcohólicos Anónimos. A pesar del carácter tan angustioso de su ECM, la experiencia le proporcionó la certeza de que la muerte

---

156. Nancy Evans Bush y Bruce Greyson, «Distressing Near-Death Experiences: The Basics», *Missouri Medicine*, 111(6), 2014, págs. 486-491.

no es el final y le dio esperanza y fuerzas para cambiar su vida. Con el tiempo, se formó como terapeuta para atender a personas que sufren depresión y adicción a las drogas.

Kat Dunkle también tuvo una experiencia terrorífica a los veintiséis años, después de un accidente de coche que le provocó una severa hemorragia interna:[157]

«En el accidente me llevé un fuerte golpe en la espalda y la membrana que rodeaba mi hígado explotó como un globo y provocó una hemorragia interna masiva. La considerable pérdida de sangre impidió que el heroico esfuerzo del cirujano diera resultados. Entré en encefalograma plano y, según todos los informes médicos, estaba clínicamente muerta. El anestesiólogo apagó el equipo y se dispuso a irse, pero el joven cirujano no se rindió y me devolvió la vida. Mientras todo aquello sucedía en el quirófano frío y estéril, yo estaba en un viaje que me cambiaría la vida para siempre.

»En la mesa de operaciones estaba clínicamente muerta. Sentí que tomaba mi último aliento y fui arrojada a un túnel. Entonces el suelo desapareció y caí en una oscuridad total; un dolor horrible y abrasador me quemaba el cuerpo. Oí a otros que gritaban y supe que estaba en el infierno. Sabía que no había escapatoria y que seguiría cayendo y ardiendo y gritando en la oscuridad total para siempre. Grité pidiendo a Dios que me ayudara, pero sabía que Él no me oía y que nadie sabía siquiera que yo estaba allí. Y entonces, simplemente, terminó.

»Inmediatamente empecé a caer en picado por la oscuridad, un horrible espacio negro sin fin. Imagina que estás en un ascensor y de pronto el suelo se abre, esa terrible sensación de caída. Estaba aterrorizada con toda aquella oscuridad rodeándome y a la vez era muy consciente del horrible dolor que quemaba y

---

157. Kat ha contado su ECM en Kat Dunkle, *Falling into Darkness*, Maitland (Florida), Xulon Press, 2007.

abrasaba todo mi cuerpo, un dolor agónico que nunca remitía y que supera toda descripción. Oía los gritos torturados de los demás, pero no podía ver otra cosa que oscuridad. No había fuego, solo un terrible dolor ardiente en cada parte de mí, y supe que aquello era el infierno.

»Sentí desesperación, ¡sabía que sería así toda la eternidad! No había escapatoria de aquella pesadilla: no me despertaría, no tocaría fondo ni moriría; nadie vendría a rescatarme. Seguiría cayendo y ardiendo en aquel espantoso lugar por los siglos de los siglos, gritando junto con todas aquellas otras almas perdidas que lloraban en la oscuridad, totalmente indefensas mientras caíamos más y más dentro del hoyo del infierno. Ni siquiera Dios entraba en aquel lugar, y la tortura se prolongaría por los siglos de los siglos. No hay manera de describir el terror que me invadió al darme cuenta de que en realidad yo misma me había enviado al infierno por mi decisión de no tener fe. Yo había elegido aquello. Había elegido no creer en Dios.

»Sentí una separación, como si yo nunca hubiera existido. No hay un lugar más solitario que estar separado de Dios. No vi llamas, solo oscuridad total. Y esa sensación de arder. Oía a mucha gente gritar, pero no vi a nadie. Era un lugar oscuro, desolado y horrible del que no había esperanza alguna de escapar. Sentí la desesperanza de estar perdida en aquel tormento, separada de Dios por toda la eternidad».

Pero la experiencia de Kat no terminó allí. Como ocurre con muchas otras ECM aterradoras, la suya terminó por transformarse y volverse pacífica. En el caso de Kat, a pesar de que durante veintiséis años había sido atea, clamó pidiendo ayuda a Dios:

«Mientras caía, ardiendo de dolor, en aquel horrible lugar, llamé a Dios rogándole que me perdonara. Le supliqué que me liberara. Y de pronto aquella tortura cesó. ¡Se acabó sin más! Aquel aullido atronador y penetrante que sonaba en mis oídos y la horrenda sensación de que mi cuerpo ardía y se desgarraba cesó, y sin ninguna duda lo supe: "Existe un Dios". Estaba colmada por la perfecta paz de Dios, una paz que jamás podrá ser descrita, una paz que trasciende todo entendimiento. No había miedo, dolor, ansiedad ni sentimiento de ningún tipo. Todo quedaba superado por un sentimiento de adoración a Dios y por la certeza de conocerlo de verdad. Así que pasé de ser una no creyente convencida a ser una persona que no tiene dudas».

Brenda y Kat identificaron claramente su «otro mundo» con el infierno, igual que Judy y Dottie habían identificado su «otro mundo» como el cielo. Pero la mayor parte de los supervivientes de este tipo de experiencias cercanas a la muerte aterradoras, igual que los supervivientes de ECM dichosas, no pone nombre a ese lugar, simplemente describe ese otro mundo sin ponerle etiquetas. Doris vivió una ECM aterradora a los veintisiete años, cuando el útero y el cuello uterino se le desgarraron durante el parto:

«De pronto me di cuenta de que estaba pasando algo realmente extraño. Era como si me hubiera levantado y alejado de mi cuerpo, y me encontré mirando desde una esquina de la habitación, cerca del techo. Desde ahí veía cómo el médico y la enfermera se afanaban con mi cuerpo. Estaba superdesconcertada por flotar de aquella manera, y quería sentir que tenía el control de la situación, pero no podía hacer nada más que mirar, impotente.

»Y de pronto ya no estaba en la habitación, sino viajando a través de un túnel, lentamente al principio, luego ganando velocidad a medida que avanzaba. Cuando entré en el túnel, empecé a escuchar el sonido de un motor, como de maquinaria pesada. Luego, mientras me movía despacio, escuchaba voces a los lados de mi cabeza, voces de personas que había conocido, porque me resultaban vagamente familiares. Aproximadamente en ese momento, me asusté, así que no me concentré en reconocer ninguna de aquellas voces.

»Me fui sintiendo cada vez más asustada a medida que aumentaba la velocidad, y me di cuenta de que me dirigía hacia un punto de luz situado al final del túnel. Me alcanzó el pensamiento de que, probablemente, morir sería así. En aquel momento decidí que no quería ir más lejos e intenté dar marcha atrás, detenerme, dar la vuelta, pero fue en vano. No podía controlar nada y el puntito de luz se hacía cada vez más grande.

»Mi actitud en aquel momento no tenía nada que ver con la de las personas que aparecen en el libro *Vida después de la vida*. Estaba aterrorizada, no quería estar allí y estaba decidida, por Dios, a no quedarme allí».

Igual que en el caso de Kat, la terrible experiencia de Doris tampoco terminó así, sino que acabó por transformarse en un remanso de paz:

«Había seres a mi alrededor y reconocían mi presencia. Los seres se estaban riendo bastante de mí; tuve la "sensación" de que el grupo que me recibía se ría. Había una persona (si es que eso es lo que eran) que parecía estar al mando, y empezó a comunicarse conmigo igual que lo haría un padre cariñoso pero serio. Insistía en que le prestara atención. Lentamente, mis plumas onduladas se volvieron suaves y me sentí en paz y en calma. Me dio a entender que no había nada que temer en aquel lugar. Cuando dejé de farfullar, consiguieron convencerme de que estaba perfectamente bien que me quedara allí por un tiempo, que solo sería temporal y que podría regresar a la sala de partos llegado el momento. Fue entonces cuando comencé a aceptar aquella extraña experiencia y empezamos con un turno de preguntas y respuestas.

»Yo hacía una pregunta y, en vez de recibir una respuesta en palabras, me mostraban la respuesta. En los veintidós años que han pasado desde aquella experiencia, solo dos cosas permanecen en mi memoria. Una es la certeza de que morirse puede ser algo desagradable, pero que la muerte en sí no es algo que debamos temer en absoluto».

A diferencia de Brenda y Kat, Doris no intentó poner una etiqueta al «lugar» en el que había estado. Stewart también tuvo una ECM angustiosa tras perder el control de su coche en mitad de una nevada. Patinó, se salió de la carretera y cayó por un terraplén hasta un arroyo. Se golpeó la cabeza contra el parabrisas, perdió el conocimiento y entonces, según su relato, dejó su cuerpo y vio que su coche empezaba a inundarse con el agua helada:

«Vi que llegaba la ambulancia y vi cómo la gente me ayudaba, me sacaba del coche y me metía en la ambulancia. En aquel momento ya no estaba dentro de mi cuerpo. Lo había abandonado. Estaba como a unos treinta metros por encima del lugar del accidente y podía sentir la calidez y la empatía de las personas que intentaban ayudarme. Y también sentía la fuente de toda bondad, o lo que fuera, y era muy muy potente y me daba miedo, así que no quería aceptarlo. Y dije: "No". No me sentía seguro ni cómodo, así que lo rechacé.

»En ese momento abandoné el planeta. Podía sentirme y verme alejándome, ascendiendo por el aire, más allá del sistema solar, más allá de la galaxia y más allá de cualquier cosa física. Y luego, a medida que pasaban las horas, no notaba absolutamente ninguna sensación, no había dolor, pero no había calor, ni frío, ni luz, ni sabor, ni olor, ni sensación alguna, nada. Y supe que estaba dejando la Tierra y todo lo demás, todo el mundo físico. Y en ese momento todo se me hizo insoportable, ese transcurrir del tiempo sin ningún sentimiento, ni sensación, ni luz era horrible. Empecé a sentir pánico, a luchar, a rezar y a todo lo que se me ocurría, a esforzarme por volver, y me comuniqué con una hermana que había fallecido y le supliqué que me ayudara. Y en aquel momento, regresé a mi cuerpo, que ya estaba dentro de la ambulancia».

Cabe insistir de nuevo: la mayoría de las personas que han experimentado una ECM afirma que ese mundo sobrenatural no puede describirse con palabras. Incluso cuando se les presiona para que intenten hacerlo, la mitad de ellos sigue sin encontrar las palabras adecuadas. La mayoría de los participantes de mi estudio se centró o bien en hablar de sucesos que ocurrieron durante la ECM, como adentrarse en la luz o interactuar con otros seres, o bien en sus propios sentimientos y pensamientos. Muchos de ellos o bien no han prestado una gran atención a la apariencia física del «otro mundo», o bien aseguran que el «otro mundo» no incluye nada que pueda describirse como una apariencia física.

Al día siguiente de cumplir treinta y cinco años, sin previo aviso, Róisín Fitzpatrick sufrió una hemorragia cerebral que la dejó al borde de la muerte en la unidad de cuidados intensivos. Ha explicado la experiencia cercana a la muerte que tuvo en la UCI:[158]

«Me convertí en pura energía y me di cuenta de que había un "yo" que seguía existiendo aunque ya no fuera una persona concreta dentro de mi cuerpo físico. Me había fusionado con una consciencia mayor y más luminosa para convertirme en un todo con ella.

»No había inicio ni término, principio ni final, vida ni muerte, "fuera" ni "dentro". No había diferencia alguna entre estar o no en mi cuerpo; ni siquiera era relevante porque me había fusionado con un campo de energía increíblemente potente y muy cargado.

»Rodeada de silencio, quedé envuelta por ondas de luz opalescente y cristalina. Simultáneamente, un sentimiento de amor y de dicha se extendía hasta el infinito. Desde este lugar todo era posible, porque solo el amor, la alegría, la paz y el potencial creativo eran su realidad. Mi comprensión de la "realidad" dio un giro de ciento ochenta grados cuando supe que en nuestro nivel más profundo de consciencia somos seres de energía hechos de puro amor y de pura luz que solo residen en un cuerpo físico de forma temporal».

---

158. Róisín ha explicado su ECM en Róisín Fitzpatrick, *Taking Heaven Lightly*, Dublín, Hatchette Books Ireland, 2016.

Margot Gray también describe haber experimentado un sentimiento de dicha cuando una enfermedad desconocida le provocó una fiebre muy alta mientras viajaba por la India a los cincuenta y un años: «Me sentía exultante, y tenía la sensación de estar muy cerca de la "fuente" de la vida y del amor, que parecían ser una misma. Me sentía envuelta en tal sentimiento de felicidad que no hay palabras para describirlo. Lo más cercano que se me ocurre en términos humanos es el éxtasis de estar "enamorado", la emoción que sientes cuando te ponen en brazos a tu primer hijo, la trascendencia del espíritu que a veces te arrebata en un concierto de música clásica, la paz y la grandiosidad de las montañas, los bosques, los lagos u otras bellezas naturales que pueden conmoverte hasta las lágrimas. Si ponemos todos estos elementos juntos y los ampliamos mil veces, podríamos únicamente vislumbrar el "estado" en el que uno se encuentra cuando se elimina parcialmente la restricción a su "verdadera esencia"».[159]

Tanto Róisín como Margot me hablaron de sentimientos y sucesos que tuvieron lugar durante sus ECM, pero ninguna de ellas describió nada que pudiera llamarse un «lugar». Teniendo en cuenta que la mitad de los participantes en mi investigación no fueron capaces de describir el «lugar» al que habían ido en sus ECM, y la poca consistencia de las descripciones de la otra mitad que sí dibujaron ese «lugar», ninguna de esas imágenes puede tomarse como un rasgo «típico» de las ECM.

Entonces, ¿adónde va la mente después de morir? ¿Vamos al cielo, al infierno o adónde? La ciencia puede recopilar lo que dicen las personas que han tenido una experiencia cercana a la muerte, puede hablarnos de la coherencia o no de esos relatos de individuos diferentes pertenecientes a culturas diferentes.

159. Margot ha descrito su ECM en Margot Grey, *Return from Death*, Londres, Arkana, 1985.

Pero, más allá de eso, lo normal es que la ciencia no pueda decirnos nada sobre la precisión de aquello que cuentan.

Digo «lo normal» porque en algunos casos sí podemos investigar lo que afirman estas personas sobre ese otro mundo, y si aquello que cuenta está relacionado con cosas que podemos observar en esta vida. Algunos de sus relatos pueden ser descripciones precisas de cosas que realmente sucedieron, y algunos pueden incluir cosas que solo imaginaron. Pero otros caen en un término intermedio de malas interpretaciones de acontecimientos que sí ocurrieron. Jeff tuvo un accidente durante una carrera de motos y quedó atrapado debajo de la suya. Mientras yacía en el suelo, la gasolina se filtró en el interior de su casco e inhaló vapores tóxicos. Llegó a urgencias con varios huesos rotos, abrasiones y una considerable intoxicación debida a los vapores del combustible, lo que hacía que estuviera asustado, confuso y agitado.

Cuando lo entrevisté al día siguiente ya estaba tranquilo, pero seguía algo aturdido. Me dijo que se había desmayado después del accidente, y que se despertó en un lugar maloliente donde le pareció que había unos seres con ojos, pero sin otros rasgos faciales, que le estaban torturando. Algunos de ellos lo sujetaron y lo ataron a una mesa. Otros le clavaban agujas en el cuerpo. ¿Se trataba de una ECM infernal? Sus recuerdos eran confusos, no tenían la claridad cristalina típica de los recuerdos de una ECM. Y aunque la única forma que tenía de explicar aquellos vagos recuerdos era imaginar que lo habían atormentado demonios o extraterrestres, no tenía interés en saber lo que había sucedido, como le ocurre a la mayoría de las personas después de tener una ECM. ¿Podía tratarse, en cambio, de una alucinación provocada por los vapores tóxicos de la gasolina?

Tras hablar con el personal de urgencias que lo había atendido el día anterior, me di cuenta de que no se trataba de una ECM ni de una alucinación. Solo de la percepción confusa de Jeff sobre lo que había ocurrido realmente. Los vapores le habían generado tal estado de agitación que el personal de urgencias no podía examinarlo, ni sacarle sangre ni ponerle una vía intravenosa para la medicación. El equipo médico, que llevaba unas mascarillas quirúrgicas que les cubrían el rostro por debajo de los ojos, le hizo respirar un gas fétido con el fin de sedarlo. Luego, una vez que dejó de resistirse, le ataron las muñecas y los tobillos para colocarle una vía intravenosa y sacarle sangre. Jeff no estaba teniendo una ECM, pero tampoco estaba alucinando. Veía, escuchaba y sentía todo lo que el equipo médico le estaba haciendo, pero en su estado de confusión no era capaz de entenderlo.

Cuando por fin recuperó la claridad mental, un día después, pude explicarle lo que había descubierto y ayudarle a dar sentido a su aterradora visión. Sintió alivio al saber que ni se lo estaban llevando a rastras al infierno ni se estaba volviendo loco, sino que únicamente le habían afectado de forma temporal los vapores tóxicos que había inhalado. Y yo me alegré del hecho de que tomarme su historia lo bastante en serio como para investigarla le hubiera ayudado a entender su aterradora experiencia.

Así que no siempre podemos tomarnos los relatos de la existencia de un mundo después de la muerte al pie de la letra, pero debemos tomarnos en serio aquellos relatos que muestran las mismas similitudes pese a darse bajo distintos paradigmas culturales y expectativas personales diferentes. Hay que escuchar a las personas que dicen haber tenido una experiencia cercana a la muerte. Necesitan espacio y tiempo para procesar su trauma físico y mental.

¿Vamos a «otro lugar»? Incluso el mero hecho de plantear esta pregunta puede ser engañoso, porque «otro lugar» implica un «lugar». Lo único que parecen mostrar los hechos es que después de morir, hay quien sigue consciente, al menos por un tiempo. Y como ese «otro lugar» a menudo no se parece a nuestro entorno físico habitual, las personas que experimentan una ECM lo describen a menudo como un «mundo» diferente, un «mundo celestial» o «espiritual». Pero esa descripción no implica necesariamente una ubicación física distinta. A veces hablamos del «mundo del deporte» o del «mundo del entretenimiento» o del «mundo de la política» y no nos referimos a lugares físicos, sino simplemente a diferentes aspectos de nuestro mundo físico a los que normalmente no prestamos atención. ¿Es posible que lo que estas personas llaman «mundo espiritual» no sea, de hecho, una ubicación física distinta, sino más bien un aspecto diferente de nuestro mundo cotidiano que normalmente no vemos?

14

¿Y qué hay de Dios?

En más de dos tercios de los casos de ECM que he podido estudiar, quienes han tenido esa experiencia aseguran que durante su transcurso se encontraron con, al menos, una persona. Dos tercios de ellos la identificaban con una persona fallecida, y este tipo de casos al menos ofrecen la ventaja de que la información es verificable. Pero casi el 90 por ciento asegura haberse encontrado con algún tipo de ser divino o de deidad. Esto, para mi investigación, suponía un problema, porque era incapaz de ingeniar un modo de comprobar la veracidad de esos relatos. Sin embargo, creí que tenía que investigarlos igualmente, porque muchas de las personas que han tenido una ECM consideran ese encuentro divino como lo más significativo de su experiencia. Así, comencé a buscar patrones recurrentes en sus historias.

Algunas de estas personas identifican ese ser divino con el Dios de su religión. Julia, que había sido educada en la fe baptista, aunque apenas asistía a la iglesia, relataba que se había reunido con Jesús y con El Padre después de sufrir un infarto a los cincuenta y tres años:

«Primero vi a Jesús. Tenía los ojos azules y sonreía. Me tendió la mano. Cosa curiosa, no hablaba, pero yo sabía lo que me estaba diciendo. Me dijo que El Padre quería verme. Atravesamos flotando el lugar más bello que he visto en mi vida.

Reinaba una paz inmensa. Fuimos hasta una cosa enorme y blanca que parecía una nube. Había un hombre con una larga barba blanca y el pelo también largo y cano sentado sobre un gran objeto cuadrado blanco. Me dijo que no podía quedarme, que tenía que volver. Me necesitaban más aquí, pero pronto podría estar con Él».

Julia identificaba sin ninguna duda a aquellos seres como Jesús y Dios, de acuerdo con su educación religiosa, igual que lo hace aproximadamente un tercio de quienes dicen haber visto en sus ECM a un ser aparentemente divino.

Otras personas dicen haber visto a un ser divino, pero no necesariamente lo identifican con el Dios de su tradición religiosa. Suzanne Ingram, que se consideraba «católica no practicante», ingresó en urgencias después de sufrir un accidente de coche a los veintidós años. Me contó que había visto a un ser que identificaba como su «Creador», pero que no era necesariamente el Dios de su educación católica:

«Entonces empezó otra experiencia. Me acuerdo de que me encontré con mi Creador. Llámelo como quiera: Dios, Buda, Krishna, Alá. No importa. Lo llamaré Dios por simplificar, pero no me refiero a ningún dios en particular ni a ninguna religión.

»Dios me habló. Me habló durante un rato y luego me dijo que podía quedarme allí en ese momento y que mi vida sería considerada un éxito. Aquel era un buen sitio, pero tendría que volver a la tierra en otra vida para acabar lo que no había terminado aún en esta. O podía volver a la tierra en ese momento y seguir con esta vida. Creo que dijo que así completaría mi misión aquí, en este planeta, y que podría pasar al mundo que había más allá de la puerta. Dios abrió apenas una rendijita de una puerta y me permitió vislumbrar la luz que salía por ella, y en ese preciso momento elegí volver a la tierra y seguir con mi vida. Nada me iba a impedir llegar a ese lugar después de morir, y sabía que no tendría que volver a la tierra en otra vida. Me acuerdo de que estaba muy decidida a lograr mi objetivo. Aunque aún no tengo claro cuál es ese objetivo.

»Decidí volver. Dios y yo sonreíamos. Dios estaba muy complacido por mi decisión. La decisión de volver a la tierra era, en sí misma, otro paso hacia mi destino final».

Suzanne identificaba la cualidad divina de aquel ser, pero a diferencia de Julia, no lo identificaba con el Dios de su tradición cristiana y, de hecho, usaba la palabra «Dios» únicamente para facilitar la conversación.

Rachel Walters Stefanini recibió una educación protestante y después se convirtió en una «pagana ecléctica» que hacía rituales domésticos de adoración de la naturaleza. Me contó que durante su ECM se había encontrado con una deidad budista y otra celta, dos seres de tradiciones espirituales muy distintas. Perdió la consciencia a causa de una hemorragia masiva provocada por un cáncer de cuello uterino a los cuarenta y cinco años:

«Me encontré en el regazo de la dulce y maternal Kwan Yin. La adoré con todo mi ser y sentí una paz y una seguridad que jamás había experimentado en mi vida humana. Me abrazó, acarició mi cabello, me dijo palabras suaves y tranquilizadoras. Sigo siendo incapaz de repetirlas. En mi mente, puedo ver cómo se mueve su boca, pero no puedo oír sus palabras. Todo lo que sé es que, al tiempo que me cuidaba, me daba paz. No tenía ningún miedo, solo sentía una paz profunda y duradera. La Dama estaba a mi derecha. A mi izquierda estaba Cernunnos, un antiguo y sabio dios celta. Me alegré de verlo, porque es muy antiguo, pero me sorprendió, puesto que nunca lo he adorado. Cernunnos estaba callado, sentado con los ojos cerrados, como si meditara. Me acuerdo de mirar aquellos enormes cuernos saliéndole de la cabeza y de pensar en lo fuerte que debía de ser para poder estar allí sentado, tan quieto, sosteniendo todo ese peso.

»No tengo ni idea de cuánto tiempo estuve allí, en presencia de aquellos dos seres amorosos. Recuerdo aún el tacto sedoso y fresco de la ropa de la Dama en mis brazos y mis manos.

»Me desperté de la operación con un pensamiento en la cabeza: "Estás bien, hija". Sabía que era la voz de Kwan Yin. Y sabía que me iba a poner bien».

La presencia de dos deidades de tradiciones culturales muy diferentes resulta bastante sorprendente. Tal como me explicó la propia Rachel: «Dese cuenta de que, técnicamente, aquellas dos deidades no debían haber aparecido allí juntas. Los sabios y los referentes paganos insisten en que un ser humano no debe mezclar dioses de sistemas y culturas distintos. Otros paganos a los que les he hablado de esto también se quedan sorprendidos y no encuentran más explicación que decirme "debías de necesitarlos"».

Lo que nos sugiere la aparición de ambas deidades de tradiciones distintas (y la explicación de «debías de necesitarlos») es que las imágenes de Kwan Yin y Cernunnos pudieron formarse en la propia imaginación de Rachel en parte como una interpretación personal de lo que estaba experimentando. De hecho, Rachel también concedía que quizá aquellos seres divinos tomaran la apariencia de imágenes que ya tenía en su mente para de esta forma resultarle familiares. «No soy cristiana, así que estoy segura de que la ECM adquirió un contexto con el que me sintiera cómoda.»

Con sesenta años, John Seidel se rompió la clavícula y siete costillas en un grave accidente de motocicleta. Se despertó en cuidados intensivos con serias dificultades para respirar, y una radiografía desveló que tenía la cavidad torácica llena de sangre y ambos pulmones encharcados. Durante la operación a la que fue sometido de urgencia para drenarle el pecho tuvo una ECM que me describió de este modo:

«Lo siguiente que recuerdo es que fui guiado por un mundo blanco hasta una habitación que no tenía techo ni paredes ni esquinas, pero que parecía un espacio acotado. Ante mí había una figura vestida con una túnica blanca de mangas anchas y largas.

Tenía el pelo largo y la barba también larga, tupida y veteada de gris. Alzó su mano derecha y señaló por encima de mi hombro izquierdo. Sentí una enorme calidez, me sentí en paz y a gusto con mi situación y mi realidad. Veía los pliegues de su túnica y los detalles de su barba con gran precisión. Cuando me desperté le dije a mi mujer que el que está al mando de todo es Gandalf. Aquella figura que vi se parecía a Gandalf, el de *El señor de los anillos*».

John creció en una familia que se mudaba a menudo. En cada nuevo destino, iban a la iglesia que frecuentaran los nuevos compañeros de trabajo de su padre. Había asistido a un montón de servicios de religiones distintas, pero, para cuando tuvo su ECM, hacía años que no pisaba uno o que no rezaba. Durante su ECM, cuando se encontró con una figura de autoridad benigna y vestida de blanco, el nombre que se le ocurrió darle no fue el de una deidad, sino el de un mago de ficción sacado de la popular obra de fantasía épica de J. R. R. Tolkien. De todos los participantes en mi investigación que hablan de un encuentro con una deidad o un ser divino, un tercio lo identifica con una entidad propia de su credo religioso, mientras que el doble (dos tercios) afirma que no podría identificar al ser divino.

Aunque muchas de estas personas emplean el término «Dios» o el correspondiente a alguna otra deidad conocida para identificar a la presencia divina, algunas de ellas reconocen que la palabra no es del todo adecuada. Eben Alexander habla de una deidad amorosa, para la que «el término "Dios" se queda corto», y Kim Clark Sharp, que tuvo una ECM al desplomarse, sin pulso, sobre la acera a los diecisiete años, también afirmaba que «incluso la palabra "Dios" es insuficiente para describir la magnificencia de aquella presencia».[160] Muchas otras personas simplemente describen la presencia sin intentar identificarla.

160. Kim ha contado su ECM en Kimberly Clark Sharp, *After the Light*, Nueva York, William Morrow, 1995.

Tracy, una joven agnóstica de veintisiete años que tuvo una ECM cuando su coche patinó sobre una capa de hielo negro y se estrelló contra una grúa, me describió una sensación como de fundirse con una presencia divina:

«Me sentí completamente envuelta e imbuida en una Omnipresencia de Luz indescriptiblemente cálida y amorosa. La serenidad y el amor incondicional que emanaban de ella a través de mí está fuera del alcance de la descripción verbal. Había una transferencia directa y sin obstáculos del pensamiento, más bien como una forma de conocimiento compartido que inundaba cada célula de mi ser. AQUELLO era yo y no era yo. Yo era AQUELLO y no lo era. Yo estaba en ELLO, era parte de ELLO, y al mismo tiempo seguía manteniendo mi esencia única e individual. Sabía que para esta Presencia de Luz y Sonido yo era extremadamente preciosa, como si fuera uno de sus átomos. Una gota del océano es la misma esencia del océano, aunque no es el océano; el océano no está completo salvo con la presencia de cada una de las gotas que lo componen. Ese es el modo en que yo me relacionaba con la Luz y el Sonido en los que estaba inmersa.

»No era tanto que pudiera ver esta Presencia de Luz y Sonido como que simplemente la conocía y la amaba, totalmente; a mi alrededor y dentro de mí, tal como ella me conocía y me amaba. No había espacio, ni tiempo, ni separación, ni dualidad: cada célula de mi ser estaba inundada por completo con el conocimiento de que todo lo que es, simplemente es; de que todo tiene sentido Divino, de que todo está en Orden Divino. De que amarnos unos a otros es amarnos a nosotros mismos y a la Divinidad, de la que cada uno somos un átomo.

»Igual que una mano es parte del cuerpo humano... aunque no sea el cuerpo, y aunque el cuerpo no sea un cuerpo completo sin la mano... en aquel momento, y para siempre, supe que yo era un aspecto atómico y único de aquel maravilloso ser. Con una extrema lucidez de la consciencia, me sentí iluminada con la comprensión de que cada uno de nosotros somos un aspecto de la Fuente. Las palabras no hacen justicia a aquella experiencia, como tampoco lo haría la descripción de la gama de color dorado, rosáceo, amarillo del amanecer para alguien que nunca ha visto un amanecer».

Y Rudy, que tuvo una ECM a los veintiséis años después de volcar con su coche y sufrir una grave lesión cerebral y múltiples fracturas, también habla de haber sentido que se fundía con una presencia divina:

«Me encontré en una oscuridad suave, aterciopelada, pura, infinita. Tenía más consciencia de aquella oscuridad vasta e infinita que de lo que te estoy diciendo a ti ahora mismo. Tenía una sensación de plenitud. Me sentía completo, pero tenía pensamientos confusos.

»Y entonces apareció aquello: un puntito de Luz blanca que parpadeaba. Éramos mutuamente conscientes el uno del otro, había una sensación de unidad amorosa y pacífica entre ambos. Había perdido la noción del tiempo desde el momento que tomé consciencia de la oscuridad, y eso se prolongó durante toda la experiencia, que a partir de ahí se volvió aún más profunda y difícil de contar: la única forma de entender el Amor incondicional es vivirlo.

»Tan pronto como la Luz se hizo presente, sentí como si me estuviera fundiendo con ella, una sensación de estar en comunión con lo que supongo que es la Luz del Amor. Parecía como si me estuviera moviendo, desplazándome, siendo atraído o impulsado hacia aquella Luz. Sé que viajé por la eternidad a una velocidad incomprensible, y que, al tiempo, seguí inmóvil. A medida que me acercaba a la Luz, esta se volvía más deslumbrante, de un blanco puro. La Luz del Amor englobaba la riqueza de todas las buenas cualidades, que he descubierto que, durante la experiencia, se volvieron cada vez más profundas. Paz, tranquilidad, armonía, unidad, bienestar, Amor incondicional y aceptación es todo lo que yo había creído que era Dios, y mucho más. La Luz se convirtió en mi totalidad, con un resplandor de una calidad y riqueza de la que solo podré dar cuenta con definiciones y metáforas vacías hasta el día en que vuelva a experimentarla de nuevo; una belleza que deja sin aliento con solo pensar en ella. Entré en la Luz y la Luz y yo nos volvimos uno».

Muchas de las personas que han tenido una ECM afirman haberse dado cuenta durante esa experiencia de que todos somos seres divinos. Anita Moorjani, aquejada de un linfoma muy extendido, me contó que lo que percibió en su ECM es que todos formamos parte de lo Divino:

«En mi experiencia, yo me convertí en la Fuente; había una claridad total... Dada la naturaleza de mi experiencia, mi sensación es que, en el fondo, todos somos Uno. Todos venimos de la Unidad, sufrimos una separación y luego regresamos al Todo. Creo que en la ECM pude vislumbrar esa Unidad. Podría referirme a ello como Dios, o la Fuente, o Brahman, o Todo lo que Es, pero creo que cada persona tendrá una idea diferente de lo que significa. No percibo lo Divino como una entidad distinta de mí ni de cualquier otra persona. Para mí, es más un estado del ser que un ser independiente...

»Una vez que nombramos esta energía con una palabra concreta —Fuente, Dios, Krishna, Buda, lo que sea—, puede resultarnos difícil ver más allá del nombre. Estos términos significan cosas distintas para cada persona, y también parecen imponerle una forma a lo infinito. A menudo, estos calificativos vienen acompañados de ciertas expectativas, y muchas de ellas nos mantienen encerrados en la dualidad, así que lo que vemos es que esta energía es una entidad separada de nosotros. Pero la energía Universal, igual que nuestro estado de consciencia puro, debe conservar su naturaleza ilimitada y sin forma para poder unirse con nosotros en un todo».

La diversidad cultural de los orígenes de Anita quizá la diferencian un poco de la mayoría de las personas que han tenido una ECM. Sus padres son hindúes, y se crio primero en Singapur, donde las religiones predominantes son el budismo, el islam y el hinduismo; y luego en Hong Kong, donde predominan el budismo, el taoísmo y el confucianismo, pero asistió a colegios católicos para tener la mejor educación. Ha convivido con un corpus muy amplio de metáforas religiosas sobre lo divino. En el otro extremo del espectro, están aquellas personas que se han educado sin recibir formación religiosa alguna, que en el momento de tener una ECM eran ateos y que vieron cómo su experiencia suponía un desafío a sus creencias.

Por ejemplo, Janice Blouse, que sufrió una parada cardíaca a los veintiocho años después de que varias úlceras de estómago le provocaran un vómito de sangre. Lo que me explicó fue lo siguiente: «Siempre fui una atea convencida, pero después de esta experiencia sé que hay un Dios. Me estaba esperando al final del túnel, de algún modo lo sé. Sentí una paz y una tranquilidad que no había experimentado nunca. Ahora encuentro todo esto muy reconfortante, porque sé que nuestro espíritu sobrevive a nuestro cuerpo, y que morir es una experiencia muy agradable».

Y Marcia, que a los treinta y nueve años pasó dos semanas ingresada por una septicemia que la llevó al borde de la muerte, me contó cómo había viajado a otro mundo sin su cuerpo:

«Me encontré viajando en una luz luminosa. No me sentía como una persona, aunque podía tener pensamientos profundos. Me sentía totalmente en paz, cómoda. Me desplazaba hacia arriba, en ángulo. No lo pensé entonces, pero ahora puedo describir aquel movimiento como si estuviera en un globo aerostático, viajando por el aire, sin sonido.

»Vi la pesada túnica blanca de Jesucristo ondeando y supe que aquel era mi destino. Yo no creo en Jesús, así que recuerdo haber sentido confusión. Me parece que fue mi confusión lo que me impidió continuar e hizo que la sensación de completa paz cesara. La paz seguía siendo intensa y yo no quería renunciar a ese sentimiento, pero regresé porque era demasiado confuso.

»Mientras seguía recuperándome, podía rememorar mi experiencia y sentir aquella paz total en mi cuerpo y alma. Mi padre era católico y mi madre metodista, y me eduqué en ambas religiones. De muy pequeña, decidí que no creía en Cristo ni en la Trinidad. Después de aquella experiencia cercana a la muerte, intenté ir una vez a una iglesia metodista, pero me pasé el servicio entero llorando. No entendía por qué había sido conducida ante Cristo si no creo en Él. No sé por qué tuve aquella experiencia, pero dado que aún puedo sentir aquella tremenda paz, me alegro de que haya sucedido».

Independientemente de que conciban sus creencias espirituales en los términos de una fe religiosa concreta o de un sentido general de conexión con el universo, la mayoría de las personas que viven una ECM afirman que desde ese momento han sido conscientes de la presencia en su vida de algo sagrado o divino. Entre los participantes de mi investigación, al menos cuatro de cada cinco mencionan que tanto su creencia en un poder superior como el sentimiento interior de la presencia divina se han reafirmado.

A los cuarenta y un años, Tanya dejó de respirar tras desangrarse después de una histerectomía. Tuvo una ECM y me habló de esa incesante sensación de la presencia divina:

«Aquella experiencia cercana a la muerte no me ha abandonado nunca, me ha hecho ser totalmente consciente de que existe un más allá, un mundo espiritual, y la respuesta a aquello que creo que todo el mundo está buscando, a saber: "¿Existe de verdad un Dios?". Tuve que estar a punto de morir para que se me diera una respuesta. Ahora sé que hay un Dios y que Él se ocupa de cada uno de nosotros personalmente. Si tuve que pasar por todo esto para alcanzar la fe que hoy tengo, doy gracias. Nunca volveré a ser la persona que era antes de esta experiencia».

Veronica tuvo una ECM a los cuarenta y ocho años, cuando tras una operación se le infectó la herida. También me contó una historia similar:

«Aquella experiencia cambió mi vida. Me hizo ser más consciente de que existe un Dios. Además, puesto que se me eximió de morir, ahora la vida tiene un significado especial. Ya no doy las cosas por sentado. Y Dios se ha convertido en mi mejor amigo. Dependo de Él y busco su consejo en todo. Rezo constantemente y agradezco a Dios su bondad para conmigo. Cada hora, cada minuto y cada segundo son ahora valiosos, y hago todo lo posible para ayudar a la gente. Sé que fui resucitada de entre los muertos, y por eso estaré eternamente agradecida».

Y Darcy, ingresada con hepatitis B a los veintiocho años, describe así su permanente relación con lo divino desde su ECM:

«Mientras estaba en coma en el hospital, experimenté un viaje con una libertad de movimiento total, sin esfuerzo alguno por mi parte. No creo que estuviera flotando, pues tengo la sensación de haber estado erguida. Me veía atraída hacia unas luces intensas. Oía una música y sentía una paz y una tranquilidad enormes. Mi sensación es que me embargaba un sentimiento extremo de aceptación y amor. No pensaba en cosas mundanas. Aunque tenía dos hijos pequeños y un marido, era como si, dondequiera que yo estuviera, ellos no existieran.

»Vi dos imágenes; una de ellas creo que era Dios y la otra Jesús. Entre ambos me sentía plenamente amada y satisfecha. Mantuvieron una conversación y se determinó que yo debía regresar por donde había venido, pues en este otro lugar había un propósito para mí. Así que retrocedí, mirando aún lo que tenía delante.

»Mi vida cambió de un modo radical. Vengo de un entorno pagano, pero desde aquella experiencia cercana a la muerte, mantengo una relación muy estrecha y personal con el mundo espiritual. Mi boca articula pensamientos y palabras que no controlo, como si hubiera otra persona hablando a través de mí. He oído a Dios dirigirse a mí en voz alta en más de una ocasión; y si no era Dios o Jesús, pues quien fuera que escuché hablando en mi ECM. Por lo general, es para darme consejos o indicaciones».

Igual que Marcia, Darcy vio en su ECM una imagen de unos seres divinos, Dios y Jesús, que le resultaban familiares, aunque por entonces no fuera cristiana. Aún hoy, intenta no pillarse los dedos y se refiere a su consejero divino como «Dios o Jesús, o quien fuera que escuché hablando en mi ECM».

Como científico, me siento cómodo lidiando con los fenómenos comprobables de este mundo, pero estoy fuera de mi elemento cuando se trata de doctrinas religiosas. Y habiendo crecido en un hogar donde primaba el espíritu científico y no el sentido de lo divino, la abrumadora cantidad de personas que describían un encuentro con algún tipo de ser divino me causaba problemas, no solo por el hecho de que no encajaba con mi contexto personal, sino también porque parecía algo imposible de verificar científicamente. Pero los científicos no pueden elegir qué hechos merece la pena investigar y cuáles deben ignorarse. Si nos reivindicamos como escépticos, no podemos rechazar aquellas observaciones que contradicen nuestra visión del mundo y aceptar solo las que concuerdan con nuestro punto de vista, sin estudiar los datos. Tal como Sigmund Freud nos advirtió, «quien se considera escéptico debería, de vez en cuando, mirar su escepticismo con escepticismo».[161]

Igual que ocurría con las descripciones de los entornos más

---

161. Esta cita aparece en la página 53 de Sigmund Freud, «New Introductory Lectures on Psycho-Analysis. Lecture XXX. Dreams and Occultism», en *The Standard Edition of the Complete Psychological Works of Sigmund Freud*, vol. 12, traducción al inglés por James Strachey, Londres, Hogarth Press, 1933, págs. 31-56. [Hay trad. cast.: *Obras completas. Conferencias de introducción al psicoanálisis*, Buenos Aires/Madrid, Amorrortu Editores, 2007.]

allá de la muerte de quienes han tenido una ECM, lo que la ciencia puede contarnos es lo que las experiencias cercanas a la muerte dicen sobre Dios y el grado de coherencia que mantienen entre sí los relatos de los individuos, pero la ciencia no puede decirnos nada sobre su veracidad. E igual que ocurría con las descripciones de la otra vida, me resulta difícil saber si estas descripciones de Dios son reflejo de las propias proyecciones culturales de estas personas. Pero mi escepticismo también me impide tomarme estas descripciones literalmente. No estoy diciendo que estos seres aparentemente divinos sean irreales, sino que las personas que tratan de explicar estos encuentros con lo divino sucedidos durante sus ECM emplean una variedad de términos: Dios, Buda, Brahman, Krishna, Allah, la Fuente, Todo lo que Es, Kwan Yin o Cernunnos. Y en muchas ocasiones, como en el caso de Suzanne, Rachel y Anita, estas mismas personas reconocen que estas etiquetas no deberían tomarse necesariamente al pie de la letra, sino que representan un intento de dar sentido a la experiencia que han tenido y que trasciende el alcance de las palabras.

Algunas de estas personas reconocen a los seres divinos que se encuentran y no se sorprenden en absoluto de verlos, como en el caso de Julia. Otros los reconocen, pero con sorpresa, como Rachel, Janice y Marcia. Otras, como Suzanne y Anita, no sienten necesidad de identificar o poner nombre a dicho ser divino. Lo importante parece ser no tanto cómo estas personas identifican a los seres divinos que ven, o qué nombre le ponen, sino cómo se sienten en su presencia. Independientemente del nombre o de lo sorprendente del encuentro, lo que manifiestan sin excepción es una sensación de paz, de calma, de tranquilidad, de llegar a casa, de agradecimiento y, sobre todo, de sentirse amadas.

El otro elemento común en casi todas estas descripciones es que las personas generalmente ven a la divinidad —aun cuando en la experiencia se sienten parte de ella— como algo mucho mayor que ellos mismos. Es decir, aunque después sientan que hay en ellos algo divino, siguen reconociendo que son solo una pequeña parte de una divinidad mayor. Y muchas de ellas emplean la analogía de las olas del mar para describir dicha condición.[162] Una ola es solo una pequeña parte del inmenso mar, está compuesta por la misma agua que el resto del mar, pero mantiene su individualidad al ser distinta al resto y tener sus propiedades particulares, al menos durante un tiempo. En palabras de Tracy, que tuvo una ECM después de que su coche patinara y chocara contra una grúa: «Una gota del océano constituye la esencia misma del océano, aunque no es el océano; el océano no está completo salvo con cada una de las gotas que lo componen».

Tuve que aceptar, al menos en ese punto, que la ciencia no iba a resolver todas estas preguntas sobre la naturaleza y la identidad de los seres divinos que ciertas personas sostenían haber visto en el transcurso de sus experiencias cercanas a la muerte. Pero sea cual sea el tipo de divinidad con el que se encuentra la gente en sus ECM, y sea cual sea la interpretación que le den, lo que sí es verdad es que parece ser uno de los elementos más profundos de este tipo de experiencias. Y la reacción de estas personas al tener un encuentro con un ser divino, sumado al impacto permanente que deja en sus vidas, me condujo a plantearme otra pregunta de mayor importancia y que sí podía estudiarse científicamente: ¿Qué hacen las personas después de haber pasado por una ECM? ¿Qué diferencia hay entre una persona que tiene una ECM y otra que no? Y esa resultó ser, al menos para un psiquiatra, la cuestión más importante de todas.

162. La novelista Katherine Anne Porter tuvo una ECM durante un episodio de gripe casi letal durante la epidemia de 1918. En su cuento «Pale Horse, Pale Rider», habla de su encuentro con sus seres queridos fallecidos en un entorno celestial y lo describe como moviéndose «como una ola entre otras olas». Véase Steve Straight, «A Wave among Waves: Katherine Anne Porter's Near-Death Experience», *Anabiosis*, 4(2), 1984, págs. 107-123.

15

Esto lo cambia todo

Un día ventoso de julio, John Migliaccio estaba buceando en la costa de New Jersey. Había vuelto a casa durante las vacaciones universitarias. El mar estaba revuelto y la visibilidad era tan mala que, bajo el agua, no podía ver nada a un metro de distancia. Al cabo de una media hora, empezó a tener dificultades para respirar, señal de que su botella de oxígeno se estaba agotando. Se encontraba a unos cien metros de la orilla y, con aquel bravo oleaje, estaba tragando gran cantidad de agua salada. Empezó a arderle la garganta y se mareó, porque estaba hiperventilando.

En aquel momento, todo se volvió un poco confuso. John recuerda que tuvo miedo de estar demasiado agotado para seguir nadando, y que, de pronto, estaba muy por encima del océano, mirando un cuerpo negro que flotaba en el agua:

«Sentí una paz y una tranquilidad absolutas. No tenía que preocuparme de nada. Se iban a encargar de todo. Me acuerdo de que en aquel momento sentí que todo había terminado. Y me sentí muy en paz. Sentí que podía descansar, ya no tenía que nadar. Era como estar en una piscina, flotando sin más. Me di cuenta de que empezaba a dejarme llevar con las olas y luego no me acuerdo de nada más. La última sensación física que sentí es que flotaba con las olas y luego no tengo memoria física de nada más. Solo que me sentía en paz. Y el sentimiento de estar como riéndome. Fue un alivio. Era como si me estuviera dejando ir.

»Había otros dos buzos en la playa. Me sacaron del agua a rastras, pero no respiraba. Me abrieron la chaqueta de neopreno y no me encontraron el latido. Un chico empezó a hacerme la reanimación boca a boca, y otro chico, de rodillas, un masaje cardiopulmonar.

»Antes nunca había pensado en la muerte. Solo tenía diecisiete años. ¿Qué iba a saber? Y luego tienes una experiencia así y ya no te da miedo morirte, si es que eso era morirse, si esa es mi experiencia de la muerte. Porque no estuvo mal; fue algo agradable, tranquilo. Sentí que me llevarían sin que yo tuviera que preocuparme ni hacer nada. Lo único que tenía era esa sensación de oscuridad. Pero estaba cómodo, sereno. No vi pasar mi vida por delante de mí. No fui al cielo, no fui al infierno, no fui al limbo. No fui a ningún lado. Yo lo llamo estar en descanso. Como una flor que baja flotando muy lentamente por un arroyo a través de los prados primaverales. Es la única forma que tengo de explicarlo. Y el ambiente era soleado y luminoso y pacífico y se oía el canto de los pájaros, y dije "Si la cosa es así, no está tan mal. No está tan mal, ¿sabes?".

»Esta experiencia tuvo dos efectos inmediatos. Primero, entendí por qué seguía vivo. Segundo, ya no tenía miedo a morir. Hace poco, cuando murió mi abuelo, no me sentí angustiado como otros miembros de mi familia. Y también creo que mi consciencia seguirá existiendo después de la muerte.»

Mi valoración de lo que implican las experiencias cercanas a la muerte en lo relativo a la relación mente-cerebro y, en último término, a lo que sucede después de la muerte está basada en décadas de investigación, pero es solo mi opinión de lo que muestran los hechos. Aunque creo que tengo pruebas bastante sólidas para respaldar mis tesis, sé que otras personas pueden interpretar esos hechos de manera distinta y que la aparición de nuevas evidencias puede demostrar que estoy equivocado. Pero hay una cosa sobre la que sí estoy seguro y sobre la que las pruebas son abrumadoras, y es el efecto que tienen las ECM en la actitud, las creencias y los valores de las personas. Si el lector tuviera que quedarse con una sola cosa de este libro, me gustaría que fuera con la apreciación del poder transformador que tienen estas experiencias en la vida de las personas.

Cuando pregunté a algunos de estos pacientes con ECM cómo les había afectado la experiencia, lo primero que respondían era casi siempre lo mismo que John: que les habían cambiado la forma de ver la muerte. Tanto las conclusiones de mi estudio como las de algunos otros muestran que a las personas como John la idea de la muerte les provoca un grado de ansiedad marcadamente menor que a otras personas que también han estado al borde de la muerte, pero no han experimentado una ECM.[163] Quienes sí la han tenido suelen manifestar menos miedo a morir y evitan menos el tema de la muerte. Por el contrario, suelen hablar de la muerte como una puerta de acceso a otro tipo de vida. Entre todos los participantes de mi investigación, el 86 por ciento afirmó que desde su ECM tenía menos miedo a la muerte. Incluso personas como John, que dicen no haber estado en el cielo ni haber visto a Dios, respaldan la creencia de que no hay razón para temer la llegada de la muerte.

Sarah también habla de cómo encontró consuelo en la muerte a los veintitrés años, tras sufrir una hemorragia durante el parto: «Mi experiencia me acompañará siempre. No es que estuviera cerca de la muerte, es que estaba muerta, clínicamente

163. Bruce Greyson, «Reduced Death Threat in Near-Death Experiencers», *Death Studies*, 16(6), 1992, págs. 523-536; Russell Noyes, «Attitude Change following Near-Death Experiences», *Psychiatry*, 43(3), 1980, págs. 234-242; Kenneth Ring, *Heading toward Omega*, cit.; Michael Sabom, *Recollections of Death*, cit.; Charles Flynn, *After the Beyond*, Englewood Cliffs (New Jersey), Prentice Hall, 1986.

muerta, hay pruebas médicas que lo demuestran. Desde entonces, la muerte ha sido a menudo una fuente de consuelo para mí. Acepté mi enfermedad crónica y aprendí a adaptar mi estilo de vida. Pero nunca, ni en mi peor momento, me ha dado miedo morirme. Creo que no tener miedo ha multiplicado por cien mi capacidad de disfrutar de la vida.

»Cuando más tarde me diagnosticaron un cáncer y me operaron, ni entonces ni tampoco después, olvidé lo que se siente estando muerta. Mi muerte no me hizo ningún daño, sino que mejoró mucho mi vida. Saber que morir es algo hermoso y completamente pacífico, que cuando suceda se me protegerá y acogerá, hace que no tenga miedo. La calidez, la atracción de ese abrazo de bienvenida que recibí en el túnel siempre están conmigo.

»Para mí, no hubo transición. No me vi saliendo de mi cuerpo y elevándome. Estaba allí, en el túnel, al final del túnel. Morirse fue bello, tranquilo y grácil. He estado muerta. Conozco la verdad. No tengo miedo».

Por su parte, George, que tuvo una ECM a los cuarenta y nueve años cuando su corazón entró en parada, me contó que él usa su experiencia para consolar a otras personas que se enfrentan a una muerte próxima:

«Todo lo que puedo decir es que aquello me quitó el miedo y me proporcionó una gran sensación de paz. Si morirse es eso, entonces tendría que decir: "¿Por qué temerlo?". No vi ninguna figura sagrada en "el otro lado", ni a ningún familiar que viniera hacia mí, como han contado otras personas. Pero no quería volver. Si bien no soy religioso ni creo en el cielo o el infierno, lo que pienso ahora es que de alguna manera hacemos una transición a otro estado. Sea lo que sea ese nuevo estado, la sensación fue tan agradable que casi deseo volver a él. En cualquier caso, la muerte ya no me da el mismo miedo.

»La experiencia cambió mi vida de diversas formas. Como

director de los servicios sociales de un hospital, creo que tener una experiencia cercana a la muerte me ha permitido gestionar el miedo de los pacientes que están a punto de morir. Estoy dispuesto a disfrutar de la vida mientras esta aún pueda ser disfrutable, pero no creo que pase una sola semana en la que no piense: "¿Qué hay más allá de la luz resplandeciente?"».

La psicóloga Marieta Pehlivanova y yo tratamos de identificar qué características concretas de las experiencias cercanas a la muerte están vinculadas con un cambio en la manera de entender y enfrentar la muerte.[164] En un estudio realizado con una muestra de más de cuatrocientas personas que habían tenido una ECM, descubrimos que el encuentro con algún tipo de deidad o ser divino estaba relacionado con un aumento posterior de la aceptación de la muerte y con una disminución del miedo y los sentimientos de ansiedad que esta generalmente provoca. Encontrarse con seres queridos ya fallecidos, ver una luz resplandeciente y albergar sentimientos de dicha también tenían relación con esta aceptación de la muerte. Y la sensación de ser uno con el universo también podía asociarse con una disminución de la ansiedad ante la proximidad de la muerte. Para mi sorpresa, la sensación de abandonar el cuerpo no se relacionaba significativamente con ninguna actitud hacia la muerte. Lo que yo esperaba era que la experiencia de quedar libre del cuerpo minimizara los miedos, y así lo habían esperado también otros investigadores, pero los resultados no parecieron avalar esta hipótesis.[165]

164. Marieta Pehlivanova y Bruce Greyson, «Which Near-Death Experience Features Are Associated with Reduced Fear of Death?», presentado en el congreso de 2019 de la International Association of Near-Death Studies, Valley Forge (Pennsylvania), 31 de agosto de 2019.
165. Natasha A. Tassell-Matamua y Nicole Lindsay, «"I'm Not Afraid to Die": The Loss of the Fear of Death after a Near-Death Experience», *Mortality*, 21(1), 2016, págs. 71-87.

Como psiquiatra, esta reconciliación con la idea de la muerte después de una ECM me hizo pensar en las personas que tras un intento de suicidio tenían una de estas experiencias. Suponía que perder el miedo a morir haría que fueran aún más propensas a suicidarse. Pero este no fue el caso de Joel, con quien me entrevisté en el hospital un día después de su intento de suicidio. Joel padecía unos terribles dolores físicos y deseaba desesperadamente escapar de aquella vida atormentada por el sufrimiento, pero había temido ir al infierno si se suicidaba. Al final, el dolor se había hecho tan intolerable que recurrió a una sobredosis y después, para su sorpresa, tuvo una ECM pacífica. Cuando me lo contó al día siguiente, le pregunté cómo se sentía después de aquella experiencia.

—Ahora mis ideas sobre la muerte son totalmente distintas —dijo, moviendo levemente la cabeza mientras yacía en la cama del hospital—. La muerte fue una bendición absoluta. No sé ni por dónde empezar a describirlo. Pero sí le digo lo siguiente: definitivamente, es algo que espero con ganas.

—Explícame esto —le pedí.

—A mí me daba miedo la muerte —continuó—, y particularmente el destino que podía esperarme durante toda la eternidad si me suicidaba. —Calló un momento y luego prosiguió—: Pero, cuando intenté suicidarme, nada fue en absoluto como esperaba. Se me dijo que había cometido un error, pero que de todos modos era amado. No fui al infierno. Fui a un sitio... bueno, no sé. Supongo que tendría que describirlo como celestial.

—Así que ahora la muerte te parece algo deseable, en lugar de algo temible —concluí.

—Ya lo creo —dijo, asintiendo—. No soy capaz de contar todo lo que pasó, pero sí puedo decirle esto: estoy deseando volver.

—¿Entonces? ¿Estás pensando otra vez en suicidarte? —le pregunté.

—¡Oh, Dios, no! —dijo enfáticamente—. No me refería a eso. Jamás volvería a intentarlo. Con la sobredosis cometí un error, pero me enviaron de vuelta... para empezar de nuevo.

—A ver si lo entiendo —le dije, con cautela—. Has regresado a tu cuerpo, sigues padeciendo unos dolores para los que parece que los médicos no tienen solución, son tan fuertes que te han hecho desear la muerte. ¿Qué te impide intentar acabar con todo de nuevo?

—Es cierto que ya no le tengo miedo a la muerte —dijo—, pero tampoco le tengo miedo a la vida. Sí, sigo sintiendo mucho dolor y, por ahora, a esto no le veo salida. Pero también veo que hay una razón para este dolor y este sufrimiento. Ahora entiendo que todo lo que sucede, incluidos todos nuestros problemas, tienen un sentido y un propósito. —Guardó silencio y bebió un sorbo de agua de la taza que tenía junto a su cama—. Me enviaron de vuelta por una razón. Aquí tengo una labor que hacer. El dolor es algo con lo que debo aprender a lidiar, no algo de lo que escapar. —Hizo otra pausa, como sopesando mi reacción y valorando si debía añadir algo más. Luego continuó—: Ahora comprendo que soy más que un simple conjunto de moléculas. Tengo un vínculo profundo con el resto de las cosas que existen en el universo. Los problemas de este saco de piel no son tan importantes. El hecho de estar aquí de vuelta, en este cuerpo, tiene un sentido y un propósito. —Joel me miró, ladeando la cabeza—. No le convence, ¿no? —me preguntó.

Me encogí de hombros y dije.

—Soy psiquiatra. Me tomo el suicidio muy en serio. Anoche intentaste suicidarte. Contra todo pronóstico, has sobrevivido, y aún estás recobrándote del impacto de la experiencia y del shock de encontrarte aquí de nuevo. —Hice una pausa y proseguí—: Lo que me dices suena tranquilizador, pero no dejas de estar en una situación muy vulnerable. Sigamos en contacto y veamos cómo evolucionan las cosas con el tiempo.

Seguimos hablando unos días más, y cuando fue dado de alta del hospital continuó haciendo psicoterapia con un colega mío. El dolor nunca desapareció, pero no volvió a intentar suicidarse.

Esa nueva actitud de Joel no es un caso único. Recordemos a Henry, que se pegó un tiro en la cabeza para acabar con el insoportable sufrimiento que sentía y tuvo una ECM en la que vio a su madre dándole la bienvenida al cielo. Parece que aquella visión tuvo el efecto de aliviar su dolor y, para mi sorpresa, no hizo que Henry considerara más apetecible otro intento de suicidio. Como él mismo dijo: «Ahora no pienso en ello en absoluto. Sigo echando de menos a mamá, pero estoy contento porque sé dónde está».

Mi investigación con pacientes que han intentado suicidarse me ha demostrado que en torno a una cuarta parte de ellos tiene una ECM,[166] y son precisamente estos los que posteriormente muestran menos tendencias suicidas, a diferencia de quienes lo han intentado y no han tenido ninguna ECM.[167] Parece algo paradójico, porque las ECM desembocan generalmente en actitudes más positivas hacia la muerte y disminuyen el miedo a morir. Tras décadas dirigiendo servicios de urgencias psiquiátricas y tratando de ayudar a la gente a lidiar con pensamientos suicidas, descubrir esto me sorprendió. Sin embargo, todos los estudios sobre el tema, míos y de otros investigadores, han llegado a la misma conclusión: las ECM mitigan los pensamientos suicidas.

Tan pronto constaté este paradójico efecto, empecé a preguntar a aquellos pacientes que habían tenido una ECM tras un intento de suicidio no solo si la experiencia había alterado lo que pensaban de la muerte y cómo, sino también por qué. Me dieron una amplia variedad de explicaciones, pero detecté algunos pun-

---

166. Bruce Greyson, «Incidence of Near-Death Experiences following Attempted Suicide», *Suicide and Life-Threatening Behavior*, 16(1), 1986, págs. 40-45.

167. Bruce Greyson, «Near-Death Experiences and Attempted Suicide», *Suicide and Life-Threatening Behavior*, 11(1), 1981, págs. 10-16; Kenneth Ring y Stephen Franklin, «Do Suicide Survivors Report Near-Death Experiences?», *Omega*, 12(3), 1982, págs. 191-208.

tos en común en todas ellas.[168] La mayor parte de las veces estos pacientes afirmaban que la experiencia les había hecho sentir que formaban parte de algo más grande que ellos mismos. Desde ese punto de vista, sus pérdidas y problemas individuales parecían menos importantes. Empezaron a valorarse a sí mismos más por aquello que eran que por sus circunstancias. En general, la vida les pareció más plena de sentido, más preciosa y más agradable después de intentar suicidarse y comenzaron a sentirse más vivos que antes. Muchos vinculaban este cambio de actitud a la creencia de que la muerte no es el final, y a su sensación de estar interconectados con otros seres humanos.

Y como también quedó demostrado, no solo en el caso de quienes han intentado suicidarse, sino en el de la mayoría de las personas que tienen una ECM, perder el miedo a la muerte significa también perder el miedo a la vida: dejar de querer tenerlo todo bajo control, asumir más riesgos y disfrutar al máximo. Durante estos años, he escuchado una y otra vez que perder el miedo a la muerte a menudo lleva a apreciar con más intensidad la vida, independientemente de cuáles sean las circunstancias externas.

Glen se electrocutó con un taladro a los treinta y seis años mientras estaba subido en una escalera de cuatro metros y tuvo una ECM que cambió su visión de la muerte:

«Esto sucedió en 1973 y el recuerdo sigue vivo en mi memoria como si hubiera ocurrido esta mañana. No tengo miedo a morir, solo a no corregir las cosas negativas de mi vida. Aguardo la muerte como una liberación y una nueva vida.

»Esta vida es solo una sombra de la siguiente. Ahora, mi vida es mucho más rica y divertida. Veo el lado humorístico de las cosas o siento que me da la risa incluso en situaciones graves en

---

168. Bruce Greyson, «Near-Death Experiences and Anti-Suicidal Attitudes», *Omega*, 26, 1992, págs. 81-89.

las que la mayoría de la gente estaría triste o lloraría. Sé que para obtener la libertad debemos sufrir y ser derrotados. Cuando aprendamos lo suficiente, quedaremos libres de este mundo.

»Lo que mejor recuerdo, y para mí fue lo más importante, es la sensación de paz y de estar liberado del cuerpo físico. Como un peso sostenido durante mucho tiempo, librarse de él fue como una promesa de lo que me depara mi futuro espiritual, cuando muera de verdad porque ya no habrá nadie para ayudarme. Me parecerá bien. Ya no le temo a la muerte, solo me da miedo el dolor, el proceso de envejecimiento y el progresivo deterioro».

Katie tuvo una ECM a los treinta años, cuando estuvo a punto de ahogarse. Iba en piragua, se quedó atrapada en un remolino, volcó y no consiguió salir a la superficie. Habla de cómo perdió el miedo a la muerte y a la vez adquirió una mayor alegría de vivir:

«Fue como si en el momento en que tragué toda aquella agua, cada músculo, cada fibra y cada pensamiento que albergaba mi cuerpo se relajaran totalmente, y me sentí genial. Estar tan relajada y al tiempo tan consciente era un poco extraño, pero lo acepté por completo. Lo deseaba. Sentí que debía de haber llegado mi hora.

»Creo que esta experiencia me ha cambiado la vida. La recuerdo como algo bueno, como un aprendizaje. Tengo la sensación de que no hay que tenerle miedo a la muerte, que la muerte puede ser una experiencia hermosa. Me ha hecho desear disfrutar de todas las pequeñas cosas que me rodean, vivir la vida al máximo, tomarme un tiempo cada día para detenerme, mirar y escuchar, pararme y ver algo de verdad, por primera vez.

»De pronto me descubro pensando, "Oh, ha florecido el primer tulipán de la primavera", y me tomo el tiempo suficiente para salir, mirarlo, sentirlo y simplemente disfrutarlo un rato. Obtengo un gran placer mirando las cosas, sin más, disfrutándolas y asombrándome de lo maravillosa y compleja que puede ser la vida. Todo ha adquirido un aspecto mucho más amplio».

Peggy tuvo una ECM a los cuarenta y cinco años tras sufrir un paro cardíaco en el transcurso de una histerectomía. También explica cómo perdió el miedo a la muerte y adquirió el compromiso de vivir cada día al máximo:

«Durante una histerectomía, mi corazón empezó a fallar y finalmente se detuvo. No tenía pulso. El anestesista oyó la alarma del monitor que indicaba que había entrado en encefalograma plano y creyó que era el monitor el que no funcionaba bien. Lo revisó todo y entonces se dio cuenta de que mi corazón había dejado de latir y que no tenía pulso. Le gritó al ginecólogo que interrumpiera la cirugía y llamó a urgencias de cardiología.

»En el mismo segundo en el que se me paró el corazón, abrí los ojos y me vi envuelta en una luz blanca y resplandeciente. Tener miedo era lo último en lo que hubiera pensado. ¡Nunca había sentido tanta paz, tanta alegría, tanta satisfacción, tal amor incondicional y tal sensación de aceptación en toda mi vida! No hay nada en esta tierra que pueda compararse con el amor que sentí. Hasta la luz parecía resplandecer con un polvo dorado que era amor. Estar allí era el sentimiento más maravilloso, pacífico y protector, y mi corazón estaba tan lleno de alegría que pensé que iba a estallar. No quería irme de aquel lugar. No existía el tiempo: dos segundos podrían haber sido dos días. Yo no quería que aquello terminara.

»Estar allí era lo que más deseaba, pero algo me hizo dudar: mi familia, quizá, o simplemente que tenía asuntos pendientes, no lo sé. Me dicen que todo el incidente duró menos de un minuto. En ese lapso pude vislumbrar un poco el otro lado y lo que me espera. El amor es el regalo más hermoso que cualquiera puede dar o recibir. Todos necesitamos nutrir nuestras relaciones y expresar nuestro amor a aquellos que nos importan.

Ahora veo lo frágil y lo breve que es la vida, así que trato de vivir cada día al máximo. Espero la muerte y no me da miedo. Será entonces cuando pueda irme a "casa", volver allí de donde vengo. Sé que Dios está siempre conmigo. En mi corazón hay una gran paz y una alegría que antes no había, y siento un entusiasmo renovado por la vida».

Estos efectos duraderos y de amplio alcance de las ECM en la vida de las personas constituyen el aspecto más sorprendente y, a la par, más invariable de este tipo de experiencias. A lo largo de los años, he conocido a muchas personas que han tenido una ECM y no me parecen radicalmente distintas de los demás, pero, sin embargo, todas ella insisten en que su actitud y sus creencias han sufrido una transformación enorme. Como psiquiatra, sé bien lo difícil que puede ser ayudar a la gente a incorporar un mínimo cambio en su forma de vida, algo que a menudo requiere semanas, meses o años de intenso trabajo. Sin embargo, estas personas afirmaban que las ECM les habían cambiado la vida en cuestión de segundos. Cuando empecé a estudiar estas experiencias, era, por decirlo suavemente, escéptico a la posibilidad de que estos relatos fueran precisos, y por eso dediqué un buen número de años a documentar toda la variedad de efectos secundarios que provocan las ECM.

Pronto tuve que rendirme a la evidencia de que, después de ver una realidad diferente durante sus ECM —o después de mirar la realidad de una forma distinta—, estas personas cambiaban para siempre. Para ellos el mundo de la ECM es «más real» que nuestro mundo físico cotidiano. Y ni pueden ni quieren dejarlo atrás para volver a adoptar la misma actitud, valores y comportamientos que tenían antes de la ECM. Entre los casos que he estudiado, el 90 por ciento de las personas afirmó que su actitud y sus creencias cambiaron como resultado de su ECM, y más de la mitad dijo que los efectos de la experiencia se acentuaron con el paso del tiempo. Dos tercios declararon que se sentían mejor consigo mismos y su estado de ánimo era mejor; y las tres cuartas partes dijeron que estaban más tranquilos y dispuestos a ayudar a los demás que antes de sus ECM.

Las personas que han tenido una ECM a veces comparan su nueva visión del mundo con ir caminando durante una noche lluviosa muy oscura en la que la visibilidad es muy escasa. De pronto, un relámpago ilumina el cielo y ven el camino, los árboles y todas las cosas que hay en su entorno inmediato. Tan pronto como cesa ese breve relámpago, vuelven a quedarse a oscuras. Pero aunque ya no pueden ver lo que les rodea, recuerdan la visión que les reveló el relámpago y no pueden negar que la carretera y los árboles siguen existiendo.

Diversos investigadores han comprobado los cambios que experimentan estas personas en su concepción de sí mismas, su relación con los demás y su actitud ante la vida.[169] Regresan de las ECM con una creencia nueva o reforzada en la existencia de la vida después de la muerte, un sentimiento de ser amados y valorados por un poder superior, una mayor autoestima y la sensación de tener un propósito o una misión en la vida. Esta nueva sensación se relaciona frecuentemente con la experiencia de haber sido enviados de vuelta, o de haber tomado la decisión de regresar a esta vida para completar alguna misión. Estas personas suelen regresar de sus ECM con la sensación de que todos formamos parte de algo más grande.

También parecen experimentar una mayor empatía o preocupación por los demás, un sentido de estar conectados y el deseo de servir a otras personas, lo que a menudo los lleva a

169. Russell Noyes, Peter Fenwick, Janice Miner Holden, y Sandra Rozan Christian, «Aftereffects of Pleasurable Western Adult Near-Death Experiences», en *The Handbook of Near-Death Experiences*, cit., págs. 41-62; Sabom, *Recollections of Death*, cit.; Bruce Greyson, «Near-Death Experiences and Personal Values», *American Journal of Psychiatry*, 140(5), 1983, págs. 618-620; Flynn, *After the Beyond*, *op. cit.*; Margot Grey, *Return from Death*, Londres, Arkana, 1985.

mostrar un comportamiento más altruista. Quienes vuelven de una ECM tienden a verse a sí mismos como partes integrales de un universo benévolo y con sentido, en el que el beneficio personal, en particular si es a expensas de otra persona, ya no es pertinente. También aseguran sentir una mayor comprensión, aceptación y tolerancia hacia los demás.

Los cambios personales relacionados con las experiencias cercanas a la muerte alcanzan una magnitud mayor que los que vemos en las personas que han estado al borde de la muerte y no han tenido una ECM.[170] Aunque muchas de estas personas también sienten después un mayor aprecio por la vida, las que no han tenido una ECM se vuelven frecuentemente más ansiosas, desarrollan tendencia a la depresión, se alejan de las actividades sociales y tienen síntomas de estrés postraumático.[171] A menudo, este roce con la muerte las hace volverse más cautelosas y menos propensas a correr riesgos. Por el contrario, quienes tienen ECM muestran un mayor entusiasmo por la vida, sienten un aprecio más intenso por la naturaleza y la amistad, y viven más plenamente el momento sin preocuparse por la impresión que puedan causar.

He hablado con algunas personas de noventa años que tuvieron una ECM siendo niños. Todas ellas insisten en que siguen notando sus efectos con la misma intensidad que en las décadas previas. El psicólogo Ken Ring desarrolló el primer medidor

170. Kenneth Ring, *Heading toward Omega*, cit.; Cherie Sutherland, *Transformed by the Light*, Nueva York, Bantam Books, 1992; Peter Fenwick y Elizabeth Fenwick, *The Truth in the Light*, Nueva York, Berkley Books, 1995; Zalika Klemenc-Ketis, «Life Changes in Patients after Out-of-Hospital Cardiac Arrest», *International Journal of Behavioral Medicine*, 20(1), 2013, págs. 7-12.

171. Esther M. Wachelder, Véronique R. Moulaert, Caroline van Heugten, *et al.*, «Life after Survival: Long-Term Daily Functioning and Quality of Life after an Out-of-Hospital Cardiac Arrest», *Resuscitation*, 80(5), 2009, págs. 517-522.

objetivo de cambios vitales operados después de una ECM y lo llamó Inventario de Cambios Vitales.[172] Yo empecé a usar esta escala a principios de los ochenta con algunas personas que habían tenido experiencias cercanas a la muerte. Veinte años después, decidí volver a contactar a aquellas mismas personas y hacer que completaran nuevamente el Inventario de Cambios Vitales, para ver si las transformaciones de las que me habían hablado en los ochenta seguían teniendo el mismo impacto. Lo que descubrí fue bastante sorprendente.

Los cambios de actitud más positivos eran: una actitud más favorable hacia la muerte, la espiritualidad y la vida, y una consciencia de sentido o propósito. Mostrando un aumento levemente menor, pero igualmente una mejoría significativa, estaba la actitud hacia otras personas y hacia uno mismo. La actitud hacia la religión y los problemas sociales mostraba solo una leve mejoría, y la actitud hacia las cosas mundanas era más negativa que antes de la ECM. Todas estas transformaciones seguían conservando la misma intensidad veinte años después. Nada había cambiado significativamente desde la primera vez que los encuesté.

Estas observaciones acerca de los cambios profundos en la personalidad que suscita una ECM no son nuevas. En 1865, sir Benjamin Brodie, cirujano de la reina Victoria y presidente de la Royal Society, escribió lo siguiente sobre un marinero rescatado cuando estaba a punto de ahogarse: «En una ocasión, un marinero que fue arrebatado a las olas, tras permanecer insensible algún tiempo en la cubierta del barco, proclamó al recuperarse que había estado en el cielo, y se lamentó amargamente de haber sido devuelto a la vida con un gran pesar. El hombre había sido considerado siempre un individuo sin valor, pero desde el

---

172. La historia del desarrollo de esta escala, que Kenneth Ring presentó en una versión preliminar en 1980, se describe en Bruce Greyson y Kenneth Ring, «The Life Changes Inventory-Revised», *Journal of Near-Death Studies*, 23(1), 2004, págs. 41-54.

momento en que ocurrió el accidente, su carácter moral se vio alterado y se convirtió en uno de los marineros más rectos del barco».[173]

He escuchado numerosos relatos sobre cómo se han producido transformaciones generalizadas en la actitud, los valores y las creencias de cientos de personas después de sus ECM, algunos expresados en términos muy sencillos y otros con bastante elocuencia. Pero me conmovió especialmente una carta que recibí después de ser entrevistado por Greg Jackson en *The Last Word*, un *late-night* televisivo de Detroit. La carta la escribía, con muchas faltas de ortografía, una anciana que pensó que debía compartir conmigo los efectos de su ECM:

> Estimado doctor Greyson:
> Me gustó mucho su entrevista en *The Last Word*. Llamé, pero todas las líneas estaban ocupadas [...] El Señor me bendijo en 1973 [...] En torno a las seis de la mañana, el Señor vino y me llevó al cielo para enseñármelo. Alabado sea el Señor, era un lugar de lo más pacífico, yo no quería irme de allí. Había visto mi cuerpo tendido, esperándome. Le pedí una y otra vez que me dejara quedarme y él dijo que no, que tenía que volver. Doctor, no hay nada semejante en la tierra. Fue realmente una experiencia [...] Doctor, estaba perpleja, pero hubiera deseado que Él se quedara conmigo. Oh, vaya día. No da miedo morirse.
> No creo que nadie quiera volver de allí. Pero, doctor, se lo conté a mi pastor y a mi marido y creo que pensaron que estaba loca. Pero que piensen lo que quieran. Yo sé que he estado allí. Yo sé adónde voy [...] Pero doctor, fui bendecida, el Señor me bendijo y me dejó verlo. Cada día lo alabo por ello. Él me esta-

173. Esta cita aparece en la página 184 de Sir Benjamin Collins Brodie, *The Works of Sir Benjamin Collins Brodie*, Londres, Longman, Green, Longman, Roberts, and Green, 1865.

ba preparando para cosas que me ocurrirían después. El cielo está ahí, sé que lo está. Tenía la boca abierta de alegría, era una persona nueva; algo así hace que camines bien, hace que hables bien, hace que trates bien a todos los demás. Todo es distinto una vez que has estado allí. Tienes una visión diferente de la vida. Las cosas materiales no cuentan. Todo el mundo te parece bien. Encuentras una razón para cada culpa de los hombres. Él hará que te acerques más a él. Doctor Greyson, tenía que escribirle para decirle que es real, no le cuento una fantasía. No lo voy a olvidar, no es algo que quiera olvidar. No sé lo que pensará usted, pero Dios sabe que yo estuve en sus manos.

KATHERINE

Tal como la carta de Katherine sugiere, para muchas personas los cambios de actitud posteriores a una ECM son solo la punta del iceberg. Bajo la superficie hay una consciencia más profunda e íntima del sentido y el propósito de la vida, y una consciencia de estar conectados con algo más grande. Estas secuelas me parecieron extremadamente convincentes, pero tenía dificultades para entender lo que significaban.

16

¿Qué significa todo esto?

Christine, una alta ejecutiva, tuvo una ECM tras sufrir una parada cardíaca a los treinta y siete años. Su corazón se detuvo durante diez minutos. Christine se había criado en una familia cristiana que iba a la iglesia «de vez en cuando» y, durante la crianza de sus propios hijos, el cristianismo desempeñó un papel muy reducido en sus vidas, los llevaba a la iglesia «cuando tocaba». Se convirtió en una adicta al trabajo y estaba siempre preocupada. Dice que era una persona agresiva y que desarrolló hipertensión a causa de los años de exceso de trabajo y preocupaciones. Me habló de cómo todo eso había cambiado al tener una experiencia cercana a la muerte:

«Empecé a sentir un dolor en el pecho. Una hora después, estaba en el hospital y el médico le dijo a mi marido que había sufrido un infarto. Durante la noche, mi corazón se detuvo siete veces. La última durante al menos diez minutos. No hay palabras para describir aquella experiencia. Cada vez que trato de describir lo que sucedió, me da la sensación de estar intentando agarrar unas palabras que, simplemente, no existen.

»Tuve la sensación de que había más de un millón de luces que me atraían hacia sí, las luces más hermosas, resplandecientes y centelleantes del mundo. No era una sensación aterradora, sino natural. Mi vida pasó ante mí desde la infancia, como si estuviera hojeando un libro muy rápido. De algún modo, lo sabía y lo comprendía todo, todas las cosas: el por qué, el cuándo, el dónde. Entonces vi una luz enorme, como un foco, con un Ser en su interior, como si este Ser fuera la propia luz. En presencia de ese Ser, que era Dios, mis sentimientos eran gozosos, reconfortantes, pacíficos, bellos. Era como si hubiera llegado al lugar al que pertenecía: un sentimiento indescriptible de plenitud y de felicidad. Quería quedarme con Él; nunca había deseado algo con tanta intensidad. Era una sensación de estar totalmente colmada. Yo alargué mis brazos hacia Él y Él me tendió la mano, y justo antes de asirme, dijo: "Tus hijos te necesitan". Cuando dijo aquello, yo quise instantáneamente lo que Él quería, y lo que parecía que quería era que regresara. Así que no agarré su mano, solo porque Él no quería que lo hiciera.

»Esta experiencia me cambió la vida. Ahora tengo un sentimiento profundo de amor incondicional y de comprensión hacia casi todo el mundo. Las cosas que solían inquietarme o enfadarme ya no me afectan. No me preocupo por nada. Me siguen importando las cosas, pero no me agobio. Lo más importante en la vida no es hacer lo que la gente piensa que debes hacer, sino lo que Dios quiere que hagas. Mi labor es dar a conocer a la gente que hay otra vida y cuidar de mi familia.

»Antes de la ECM, era muy agresiva y quería tener todas las cosas materiales que puede ofrecerte la vida. Era demasiado orgullosa, tenía un genio muy vivo, una actitud parcial y el deseo de controlar cuantos acontecimientos pudiera. No aceptaba un no por respuesta. Cuando recibía una negativa, era como si me agitaran delante un capote rojo, iba a la carga. También era muy perfeccionista, así que a la gente no le gustaba trabajar para mí.

»En mi vida no había espacio para ninguna labor social. Realmente no me interesaba en absoluto otra gente. No tenía tiempo para nadie. Si miro atrás, veo que lo más importante para mí era el dinero y hacer lo que yo quería hacer. La posición social también me importaba mucho. Bebía demasiado, fumaba demasiado y lo disfrutaba todo. O, al menos, pensaba que lo disfrutaba.

»Mi mayor cambio vital a partir de la ECM es el amor incondicional y la empatía que siento por toda la humanidad. Me duele la situación de las personas desfavorecidas, enfermas, de las que pasan hambre o no tienen hogar, de los ancianos, los necesitados; y también me preocupan los que son infelices. Siento un deseo profundo y la necesidad de ayudar a todas estas personas. Al menos una décima parte de mis ingresos los dono a organizaciones benéficas. Ya no soy una esclava de mi empresa; el dinero no es mi amo. Sirve para cubrir las necesidades que tenemos y para ayudar a los demás. Mi temperamento y mi orgullo los tengo bajo control. No parece que nada pueda molestarme. Tengo algunos problemas, pero paso por encima de ellos como si fuera en un barco sobre las olas. Estoy llena de paz, de gozo y de satisfacción, pero espero con anhelo mi próxima vida. Cada nuevo día es realmente nuevo».

Como Christine, muchas de las personas que han tenido una ECM afirman que el cambio más significativo es un crecimiento de su vida espiritual. A lo que se refieren con «espiritualidad» es a aquellos aspectos de su vida personal que trascienden los habituales,[174] y a una búsqueda personal de inspiración, sentido, objeto,[175] una búsqueda para vincularse con algo más grande que ellas mismas. Para muchas de ellas, entre estas cosas está la convicción de que amar y cuidar a los demás es de primordial importancia.

Dado que yo no he sido educado en firmes convicciones religiosas, he tenido alguna dificultad para entender la carga emocional de algunos de los términos que empleaban Christine

174. Lynn G. Underwood, «Ordinary Spiritual Experience: Qualitative Research, Interpretive Guidelines, and Population Distribution for the Daily Spiritual Experience Scale», *Archive for the Psychology of Religion*, 28(1), 2006, págs. 181-218.

175. Eltica de Jager Meezenbroek, Bert Garssen, Machteld van den Berg, *et al.*, «Measuring Spirituality as a Universal Human Experience: A Review of Spirituality Questionnaires», *Journal of Religion and Health*, 51(2), 2012, págs. 336-354.

y otras personas, como «poder superior» o «lo que Dios quiere que haga». Pero la idea de estar vinculado a algo que es más grande que yo y de encontrarle un sentido a la vida amando y cuidando a los demás sí eran valores que mi familia me había inculcado de niño. ¿Podría ocurrir que las personas que dicen que después de una ECM se han vuelto más espirituales estén usando palabras distintas para referirse a los mismos valores e impulsos que tengo yo, o realmente están hablando de algo completamente distinto? Sus historias personales me parecían convincentes, pero quería obtener alguna medida objetiva de su espiritualidad para comprenderla en su conjunto.

Lo que se me ocurrió fue hacer una comparación entre personas que habían tenido experiencias cercanas a la muerte y personas que habían estado a punto de morir pero que no habían tenido una ECM, porque el mero hecho de estar al borde de la muerte ya es en sí un suceso de enorme magnitud que bien podría suponer una transformación vital. Empleé algunos cuestionarios estándar que miden diversos aspectos espirituales, como el índice de satisfacción vital, la conexión con una entidad mayor y la sensación de tener un propósito en la vida. Lo que descubrí es que quienes habían tenido una ECM estaban significativamente más satisfechos y se mostraban más dispuestos a reorientar su vida,[176] experimentaban más cambios positivos en su relación con otras personas, sentían una mayor fuerza personal, tenían un mayor aprecio por la vida y la sensación de haber experimentado un crecimiento espiritual como resultado de sus ECM.[177] Además, muchos de ellos aseguraban que desde la ECM habían sentido el impulso de emprender un camino de crecimiento espiritual.

176. Bruce Greyson, «Near-Death Experiences and Satisfaction with Life», *Journal of Near-Death Studies*, 13(2), 1994, págs. 103-108.
177. Surbhi Khanna y Bruce Greyson, «Near-Death Experiences and Posttraumatic Growth», *Journal of Nervous and Mental Disease*, 203(10), (2015), págs. 749-755; Bruce Greyson y Surbhi Khanna, «Spiritual Transformation after Near-Death Experiences», *Spirituality in Clinical Practice*, 1(1), 2014, págs. 43-55.

Elizabeth tuvo una ECM a los veintiocho años, cuando un embarazo ectópico terminó con la rotura de una de sus trompas de Falopio. Habla así de la búsqueda de conocimiento espiritual que emprendió posteriormente:

«Había dejado los estudios después del instituto y no me interesaban los asuntos religiosos, filosóficos ni científicos. Sin embargo, después de la ECM emprendí una búsqueda de conocimiento en esos ámbitos que me ha acompañado el resto de mi vida. Todo esto sucedió años antes de leer los testimonios de otras personas y de que estos pudieran influir en mi comportamiento.

»Desde la ECM, mi vida ha estado dominada por una sed casi insaciable de conocimiento en materia de ciencia, filosofía, teología y la denominada metafísica. He experimentado varios episodios "leves" de lo que yo llamo consciencia cósmica y tengo acceso a toda una biblioteca espiritual a través de los sueños, algún estimulante y la meditación que practico desde hace treinta y cinco años. También tengo una sensación intensa de que todo en el universo está conectado.

»Siento que lo más importante es buscar y compartir conocimiento, y recibir y dar amor. Creo firmemente que lo importante es la espiritualidad, y que los dogmas y doctrinas de las religiones organizadas, en tanto que elaborados por seres humanos, están sujetos a error y, tal como ha demostrado la historia, tampoco son demasiado eficaces. No sigo necesariamente las enseñanzas de ninguna iglesia, sino la guía de mi espíritu interior.

»La sed de conocimiento es un impulso diario y dedico horas a la investigación de una gran diversidad de temas. Todo lo que aprendas y todos tus saberes son las cosas que podrás llevarte contigo cuando mueras. El secreto está en la búsqueda, y la búsqueda continúa eternamente. Mi receta para la vida es que cada uno es responsable de sus propias acciones y de su progreso hacia la iluminación espiritual».

La psiquiatra Surbhi Khanna y yo descubrimos que las personas que habían tenido una ECM decían sentir un mayor bienestar gracias a su cambio de actitud y a sus nuevos intereses espirituales, y que ello les servía para hacer frente a cualquier reto.[178] También, en comparación con las personas que habían estado al borde de la muerte pero no habían tenido una ECM, un mayor número de ellas decía tener experiencias espirituales diarias, como sentimientos de gratitud, misericordia, amor, paz interior y una sensación de asombro cotidiano permanente.[179] Nuestros estudios y otras investigaciones también han demostrado que las personas que han pasado por una ECM manifiestan tener una mayor sensación de propósito vital, más empatía, una mayor consciencia de la interconexión entre todas las personas y la creencia de que todas las religiones comparten ciertos valores fundamentales.[180] Lo que las ECM también producen a menudo es una paradójica disminución del culto a una determinada tradición religiosa, a pesar de que el sujeto haya adquirido una mayor consciencia de un poder superior y de la conexión con él.

Esta espiritualidad puede estar conectada con alguna tradición religiosa, pero muchas de estas personas describen su espiritualidad como un sentimiento interno independiente de cualquier práctica o creencia religiosa. A menudo dicen sentir

178. Surbhi Khanna y Bruce Greyson, «Near-Death Experiences and Spiritual Well-Being», *Journal of Religion and Health*, 53(6), 2014, págs. 1605-1615.
179. Surbhi Khanna y Bruce Greyson, «Daily Spiritual Experiences before and after Near-Death Experiences», *Psychology of Religion and Spirituality*, 6(4), 2014, págs. 302-309.
180. Steven A. McLaughlin y H. Newton Malony, «Near-Death Experiences and Religion: A Further Investigation», *Journal of Religion and Health*, 23(2), 1984, págs. 149-159; Cassandra Musgrave, «The Near-Death Experience: A Study of Spiritual Transformation», *Journal of Near-Death Studies*, 15(3), 1997, págs. 187-201; Bruce Greyson, «Near-Death Experiences and Spirituality», *Zygon*, 41(2), 2006, págs. 393-414; Natasha A. Tassell-Matamua y Kate L. Steadman, «"I Feel More Spiritual": Increased Spirituality after a Near-Death Experience», *Journal for the Study of Spirituality*, 7(1), 2017, págs. 35-49.

una conexión personal tan fuerte con lo divino que la observancia religiosa les parece innecesaria.[181] Muchas hablan de haber adoptado una forma de espiritualidad sin etiquetas, en la que valoran todas las tradiciones religiosas, pero no dan prioridad a ninguna de ellas. Katherine Glenn tuvo una ECM a causa de una infección respiratoria contraída en el hospital a los veintisiete años, mientras se recuperaba de una operación. Me contó que en su experiencia vio que el núcleo de todas las religiones es esencialmente el mismo:

«La enormidad de este suceso tuvo un gran impacto en mi vida, me abrió ventanas y puertas que nunca había sabido que existían. En ella se me mostró que las religiones son como frascos de mermelada puestos en un estante, cada frasco tiene una etiqueta distinta que le han puesto los hombres. Todo es mermelada, todo es dulce.

»Hay muchos senderos para subir la montaña y llegar a Dios, y la verdad es que da igual el que tomes, porque cuando llegas a la cima todo es el mismo amor, la misma luz, paz, armonía, gratitud, sabiduría, verdad y triunfo para todos. En el cielo no hay religiones, solo "mermelada"».

Este desarrollo espiritual resulta aún más sorprendente en la gente que antes de su ECM era incondicionalmente materialista. Doug era ateo y siempre había desdeñado la idea de la existencia de un reino espiritual. A los setenta y un años, se le rompió una de las arterias del estómago y la hemorragia subsiguiente le llevó a una ECM. Me explicó como después de esto había llegado a aceptar, renuentemente, que las experiencias espirituales sí existen:

---

181. Greyson, «Near-Death Experiences and Spirituality», art. cit.; Tassell-Matamua and Steadman, «"I Feel More Spiritual"», art. cit.; Kenneth Ring, *Life at Death: A Scientific Investigation of the Near-Death Experience*, Nueva York, Coward, McCann & Geoghegan, 1980.

«Aproximadamente a las dos de la mañana me desperté con dolor de estómago. No podía vomitar ni defecar y me desmayé. Mi mujer me oyó gemir y llamó a una ambulancia. En urgencias, el médico habló con el cirujano y, tras varias pruebas, pensaron que podía tener roto el bazo y empezaron a operar. Para entonces había perdido una cantidad considerable de sangre. El médico por fin descubrió la arteria rota que iba hacia mi estómago: yo estaba a punto de morir.

»Durante esa operación tuve una ECM. Me encontraba junto a un muro bañado por la luz. Al otro lado del muro no había nada: solo oscuridad total.

»Entonces se me presentó una elección. No sé quién me dio a elegir, pero a pesar de mi escepticismo hacia las cosas espirituales, creo que de verdad pude elegir. Lo sigo creyendo. Las opciones eran o tomar la "Vía rápida" y morir sin dolor, o seguir viviendo, con la probabilidad de tener que enfrentarme a muchos sufrimientos e ingresos hospitalarios, para terminar muriendo de todos modos. Al otro lado del muro no había nada: solo oscuridad.

»Decidí no tomar la vía rápida porque no veía nada al otro lado del muro, el lugar donde habría ido, solo oscuridad. También pensé que merecía la pena averiguar si aquella triste perspectiva —sufrir y después morir de todos modos— podría no ser verdad. Si lo era, siempre podía elegir morirme la próxima vez. Mi elección estuvo basada en lo que yo creía acerca de la muerte: que cuando una persona muere es el final absoluto, igual que le pasa a un perro o un pájaro.

»Cuando lo pienso, creo que el componente espiritual de mi experiencia fue el hecho de que se me permitiera elegir; nadie lo hizo por mí. No soy una persona espiritual ni religiosa. Estudié en la universidad y me educaron en el catolicismo, pero dejé de practicarlo hace cincuenta o sesenta años. Y tampoco me interesa ninguna otra religión.

»¿Que aprendí? Primero, a sentirme agradecido por haber tenido elección. Y segundo, a vivir cada día lo mejor posible.

»Considero que de verdad tuve opción de elegir. Y eso es algo espiritual, ¿no? Y eso que yo no creo en ese tipo de cosas. Sí, pienso acerca de la parte espiritual de la ECM. No creo en las cosas espirituales, pero parece que fui testigo de una».

También Naomi, una pediatra que siempre se había considerado atea, dice que se volvió más empática y menos competitiva después de una ECM que tuvo a los treinta y cuatro años, tras una severa hemorragia provocada por una úlcera de estómago:

«Me acuerdo con mucha claridad de la primavera posterior a aquello. Todo adquirió una cualidad casi mágica, como si lo estuviera viendo por primera vez. Los árboles y las flores tenían nuevas dimensiones que antes no había apreciado; me sentía casi como si estuviera de subidón químico. Jamás volveré a dar por sentada la vida, de eso no tengo duda. También supe que cuando volviera a enfrentarme a la muerte no tendría miedo, pues está claro que no es una experiencia negativa. Toda esta información la he usado para ayudar a las familias de muchos de los niños que atiendo, niños discapacitados y con enfermedades terminales. Y ha dado buen resultado. También he adquirido un sólido sentido de la espiritualidad, y ahora creo firmemente en la existencia de un poder superior, aunque antes era básicamente atea.

»Hasta la fecha, ninguna otra experiencia ha tenido un impacto tan profundo en mi vida. El trabajo me cuesta mucho menos esfuerzo. Siento que los bienes materiales, aunque estén bien, no definen el espíritu o la esencia de las personas. Mi vida está más equilibrada que nunca. Estoy mucho más abierta a la meditación y a otras técnicas médicas "alternativas". Ahora intento controlar mis problemas médicos modificando mis hábitos de vida y no con medicación. Siento que soy más empática con mis pacientes y en consecuencia mejor médico. Todavía sigo integrando muchos aspectos de aquella experiencia, y me sienta bien pensar en ella de vez en cuando para resituarme y tener una perspectiva más amplia. Creo que para mí siempre será una fuente de crecimiento».

Es bastante común que la gente hable de un crecimiento espiritual después de una ECM. Independientemente de las palabras que usen, tienden a centrarse en la sensación de haber conectado con algo más grande que ellos mismos y a hacer énfasis en la importancia de amar y cuidar a los demás. Varios estudios han demostrado que estas personas manifiestan una mayor compasión y preocupación por los demás que antes de la ECM, y que están dispuestas a hacer todo lo posible para ayudar a otras personas.[182]

En esencia, esto es lo que dice la conocida como Regla de Oro: «Trata a los demás como te gustaría que te trataran a ti». Cada una de las grandes religiones incluye alguna variante de esta regla como pauta básica.[183] Aparece en un papiro egipcio del año 500 a.C., en los escritos de los filósofos griegos Isócrates y Sexto, en el Levítico del Antiguo Testamento, en los libros de Mateo y Gálatas del Nuevo Testamento, en el Talmud de Babilonia, en el Corán musulmán, en el Mahabharata y el Padma Purana hindúes, en el Udanavarga budista, en el Jain Sutrakritanga, en las Analectas de Confucio y en el T'ai-shang Kan-ying P'ien taoísta.

Las religiones que creen en Dios propugnan la Regla de Oro

182. Russell Noyes, Peter Fenwick, Janice Miner Holden, y Sandra Rozan Christian, «Aftereffects of Pleasurable Western Adult Near-Death Experiences», en *The Handbook of Near-Death Experiences*, cit., págs. 41-62.
183. Antony Flew, *A Dictionary of Philosophy*, Londres, Pan Books, 1979, pág. 134; William Spooner, «The Golden Rule», en *Encyclopedia of Religion and Ethics*, vol. 6, James Hastings (ed.), Nueva York, Charles Scribner's Sons, 1914, págs. 310-312; Simon Blackburn, *Ethics*, Oxford: Oxford University Press, 2001, págs. 101; Greg Epstein, *Good without God*, Nueva York, HarperCollins, 2010, pág. 115; Jeffrey Wattles, *The Golden Rule*, Oxford; Oxford University Press, 1996; Gretchen Vogel, «The Evolution of the Golden Rule», *Science*, 303(5661), 2004, págs. 1128-1131.

como un mandato divino, y las religiones que no creen en Dios la defienden como una guía razonable para llevar una vida plena. Tal como dijo la escritora Dinty Moore: «Si Dios existe, yo debería vivir según unos principios de bondad, compasión y consciencia, y si no existe, debería vivir según los mismos principios de bondad, compasión y consciencia. Es así de maravillosamente simple».[184]

Investigaciones recientes en neurociencia sugieren que la naturaleza universal de la Regla de Oro es resultado de un mecanismo cerebral inconsciente que ha evolucionado a lo largo de los milenios para garantizar nuestra supervivencia en grupo.[185] La universalidad de este precepto espiritual común a casi todas las religiones se refleja continuamente en los relatos de las ECM. Quienes las experimentan hablan a menudo de la Regla de Oro no como pauta moral que debamos esforzarnos por seguir, sino como una descripción del funcionamiento del mundo, una ley de la naturaleza tan ineludible como la gravedad.[186] A menudo los pacientes declaran que han experimentado esta ley natural en sus ECM, puesto que, en la revisión de su vida, sienten el efecto que sus acciones han tenido sobre los demás. Y, si bien no se sienten castigados o juzgados por sus malas acciones, sí que reciben, como parte de esta recopilación vital, todo lo que ellos han dado, punto por punto.

Tom Sawyer tuvo una ECM cuando la camioneta bajo la que estaba trabajando se le desplomó encima y le aplastó el pecho. Experimentó entonces una revisión de su vida que le hizo revivir todas sus malas acciones desde el punto de vista de sus «víctimas». Me contó la escena de una pelea a puñetazos:

184. Esta cita aparece en las páginas 196-197 de Dinty Moore, *The Accidental Buddhist*, Nueva York, Broadway Books, 1997.

185. Donald Pfaff and Sandra Sherman, «Possible Legal Implications of Neural Mechanisms Underlying Ethical Behaviour», en *Law and Neuroscience: Current Legal Issues 2010*, vol. 13, Michael Freeman (ed.), Oxford, Oxford University Press, 2011, págs. 419-432.

186. David Lorimer, *Whole in One*, Londres, Arkana, 1990.

«Me vi a mí mismo a los diecinueve años, conduciendo mi camioneta por la avenida Clinton. De pronto salió un tipo superdeprisa detrás de una furgoneta y estuve a punto de atropellarlo. Era verano, llevaba las ventanillas bajadas y me incliné hacia él. Le dije, bastante sarcástico: "La próxima vez deberías pensarte lo de usar el paso de peatones", y entonces me mandó a la mierda, se acercó a la ventanilla y me dio una bofetada con la mano abierta.

»Entonces yo saqué la llave del contacto, salí de la camioneta y le di una paliza al tío; le di un montón de puñetazos. Se cayó de espaldas y se golpeó la cabeza. Casi lo mato, pero no estaba pensando en él. Estaba indignado. Llegaron corriendo los chicos de la gasolinera que había al otro lado de la calle y les dije: "Bueno, ya habéis visto que él me ha dado primero". Y muy metódicamente volví a meterme en la camioneta y me fui.

»¡Y ahora, revisión de vida! Siento de nuevo la descarga de adrenalina que me sale de dentro, siento la sensación de hormigueo en las manos, la calidez de mi cara que se pone roja. Puedo sentir la rabia que me da que ese idiota haya violado mi tranquila búsqueda de la felicidad. No había visto a ese hombre antes ni volví a verlo después del altercado. Pero en la revisión de vida pude saber que había bebido y que estaba muy triste porque su esposa había fallecido. En mi recorrido vital, vi el taburete del bar donde se tomaba sus copas. Vi el camino que recorrió por la calle, una manzana y media, antes de salir disparado por detrás de aquel vehículo y ponerse delante de mi camioneta.

»También vi cómo el puño de Tom venía directo hacia mi cara. Y sentí la indignación, la rabia, la vergüenza, la frustración, el dolor físico. Sentí cómo se me clavaban los dientes en el labio inferior. En otras palabras, estaba dentro del cuerpo de aquel hombre, viéndolo todo a través de sus ojos. Experimenté toda la relación entre aquel tipo y yo. De verdad, yo estaba dentro de los ojos de aquel hombre. Y por primera vez vi no solo qué aspecto tenía un Tom enfurecido, sino también lo que hacía sentir. Experimenté el dolor físico, la degradación, la vergüenza, la humillación y la impotencia de que te vapulearan de aquella manera.

»En cuanto me bajé de la camioneta, le di a aquel tipo treinta y dos puñetazos. Le rompí la nariz y le dejé la cara hecha un verdadero desastre. Se cayó de espaldas y se golpeó la cabeza contra el pavimento. Vale, "él me dio primero". ¡Intente usar eso en su revisión de vida! Lo sentí todo, hasta el estado inconsciente en que quedó el hombre. En mi revisión de vida experimenté los sucesos desde el punto de vista de un extraño, desde el punto de vista de una tercera persona. Todo sucedía simultáneamente a través de mis ojos y de los suyos. Durante aquella revisión lo vi todo. No juzgaba los hechos ni era negativo. Tuve la experiencia de estar observando algo sin sentir ninguna emoción ni superioridad moral, apegos o juicios de valor.

»Desearía poder contarle cuál fue la sensación de verdad y cómo es una revisión de vida, pero jamás conseguiría hacerlo con precisión. ¿Quedarse totalmente devastado por la mierda que has dejado en la vida de otras personas? ¿O iluminado y vigorizado por el amor y la alegría que has llevado a la de otras? Bueno, pues ¿sabe qué? Prácticamente ambas cosas se compensan. Al final seremos responsables de nosotros mismos, juzgaremos y reviviremos de forma extensa todas las cosas importantes que hemos hecho en este mundo y a otras personas».

Algunas personas desdeñan estas lecciones espirituales de las ECM como tópicos religiosos trillados.[187] Bueno, sí que lo son. La razón por la que podemos tener la sensación de que las lecciones de las ECM son un cliché es que todas ellas las hemos escuchado ya. Una y otra vez, estas personas me han insistido en que las ECM no les revelaron nada que no supieran ya, sino

187. Véase, por ejemplo, Ted Goertzel, «What Are Contact "Experiencers" Really Experiencing?», *Skeptical Inquirer*, 43(1), 2019, págs. 57-59.

que les recordaron cosas que habían sabido y olvidado o dejado de lado hace mucho tiempo. Kim Clark Sharp tuvo una ECM tras desplomarse inconsciente sobre la acera a los diecisiete años. Una enfermera que estaba cerca le buscó el pulso sin encontrárselo y pidió que llamaran a los bomberos. Estos llegaron rápidamente y la conectaron a una máquina portátil de ventilación porque no respiraba y empezaron a hacerle un masaje cardíaco. Kim me describió lo que experimentó después de desplomarse en el suelo:

«De pronto, debajo de mí estalló una enorme explosión de luz que se extendió hasta los confines de mi visión. La luz me dio conocimiento, aunque no escuché ni una palabra. Se trataba de un discurso mucho más claro y asequible que el imperfecto lenguaje. Estaba descubriendo las respuestas a las eternas preguntas de la vida, preguntas tan antiguas que nos reímos de ellas y las consideramos tópicos. Sentí como si estuviera recordando cosas que alguna vez había sabido, pero que de algún modo había olvidado, y me parecía increíble no haber descubierto todo eso antes».

Está claro que la verdadera prueba del crecimiento espiritual no es aquello que la gente siente o dice, sino lo que se refleja en la vida cotidiana. Tal como señaló el educador Frank Crane: «La regla de oro no tiene ninguna utilidad a no ser que uno se dé cuenta de que solo depende de él aplicarla».[188] Fran Sherwood tuvo una ECM a los cuarenta y siete años, durante una cirugía abdominal de urgencia.[189] Hablaba así de la importancia de centrarse no en la propia experiencia, sino de actuar a partir de lo aprendido:

188. Citado en la página 45 de Robert D. Ramsey, *School Leadership From A to Z*, Thousand Oaks (California), Corwin Press, 2003.
189. Fran ha explicado su ECM en Frances R. Sherwood, «My Near-Death Experience», *Vital Signs*, 2(3), 1982, págs. 7-8.

«Todo esto tuvo y sigue teniendo un efecto tan profundo en mi vida que no he vuelto a ser la misma. Sin embargo, yo sigo siendo yo, aunque quizá soy una persona más libre que antes. Todos mis valores han cambiado y siguen cambiando, y cada vez se hacen más claros. A menudo tengo el deseo de vincularme de forma más profunda a mi prójimo, y siempre estoy buscando un contacto más cercano con Dios. Y en la rutina diaria de la vida, trato de mejorar aquello que puedo y donde puedo, y de difundir un mensaje de amor de todas las pequeñas formas que podemos hacerlo.

»La experiencia en sí es algo bueno, y contarla me proporciona cierta alegría y no deja de maravillarme. Pero llega un punto en el que la experiencia deja de ser el centro de atención. Tienes que verlo solo como un comienzo, un nuevo nacimiento, si se quiere, y desde ahí, empezar a crecer. Y esta vez, el crecimiento es una nueva realidad que te indica que te impliques con los demás. El yo comienza a difuminarse y, aunque desees aferrarte a él, porque es lo que conoces, hay que dejarlo ir. Porque si no estarás negando el propósito vital que tienes ahora. Este crecimiento es por tu bien y por tu máxima felicidad.

»Aparte de hablar de ello, de contarlo, tienes que pasar a la acción. No es que una tenga que dejar de hablar o de contarlo, pero la acción se incluye ahí, la acción de cumplir aquello para lo que se nos envió de vuelta. Puede que a cada uno se nos haya presentado de distintas maneras, pero es el mismo mensaje, alto y claro. Todos sabemos lo que es, y aunque puede decirse de mil maneras distintas, solo una palabra lo engloba todo: amor. Y el mensaje es este: "Así como yo os he amado, amaos los unos a los otros". Esa es una verdad irrevocable».

Y, de hecho, lo que descubrí fue que las consecuencias más impresionantes de las ECM no eran los cambios de actitud, sino los cambios radicales de estilo de vida que a menudo conllevaban.

17

Una nueva vida

La metralla se coló por el hueco de la sisa del chaleco antibalas de Steve Price, un joven marine de veinticuatro años, justo en el momento en el que este disparaba su fusil.[190] Un fragmento de mortero le atravesó el pulmón. Cuando los médicos por fin consiguieron llegar hasta él, lo evacuaron en avión desde la jungla vietnamita hasta un hospital militar en Filipinas, donde sería operado. Durante la operación, dejó su cuerpo y tuvo una maravillosa sensación de luminosidad, calidez y paz. Steve, un hombre corpulento y muy tatuado que se describe a sí mismo como el matón del colegio, se echó a llorar al contarme lo sucedido:

«De pronto me vi cerca del techo, contemplando mi cuerpo. Una luz blanca y brillante me envolvía y me abrazaba. Me acogía. Sentí una calidez y una paz enormes, y me embargaba el sentimiento más beatífico y alegre que puedas imaginar. Estaba en un lugar como el Jardín del Edén. Durante mucho tiempo no había pronunciado la palabra "Dios", pero ahora puedo decir

---

190. La ECM de Steve está descrita en «Fascinating Near-Death Experiences Changed Lives-Forever», *Weekly World News*, 19 de diciembre de 2000, página 35. También aparece en las páginas 217-227 de Barbara Harris y Lionel C. Bascom, *Full Circle*, Nueva York, Pocket Books, 1990.

que aquella luz era Dios. Era como el abrazo que la madre más amorosa daría a su bebé, pero multiplicado un millón de veces. Había un riachuelo que atravesaba el jardín borboteando, y al otro lado estaba mi abuelo, fallecido hacía mucho tiempo. Quise acercarme a él, y entonces todo terminó».

Una vez recuperado, intentó volver a combatir, pero descubrió que le resultaba difícil:

«Estaba al mando de una unidad. Hacía todas las cosas que se supone que debía hacer, menos disparar mi arma, era incapaz. Siempre había querido ser marine, y de pronto me daba cuenta de que ya no podía hacer mi trabajo. La ECM tuvo unos efectos increíbles en mi vida. Por mucho que lo intenté, no fui capaz de volver a disparar un fusil. Al final, dejé los marines y ahora trabajo como técnico de laboratorio. Me incorporé a la Guardia Nacional porque se dedica a ayudar a la gente en vez de a matarla. Ahora soy una persona cortés, reflexiva, muy distinta del marine machito y agresivo que fui. Me he vuelto tan sensible que puedo sentir el dolor de otras personas. Tengo conversaciones con la gente sobre cosas metafísicas. Antes, me habría burlado de cualquiera que se pusiera a hablar de ese tipo de cosas».

Hay muchas personas que, como Steve, cuentan que después de tener una ECM dejan de estar satisfechos o cómodos con su vida anterior. Como resultado, algunos cambian de trabajo, igual que hizo Steve. De todas las personas que yo he examinado, un tercio cambió de ocupación después su ECM y tres cuartas partes hicieron algún cambio importante en su estilo de vida o en sus actividades. Estos cambios resultan más drásticos en los casos de personas cuyas profesiones previas a la ECM implicaban algún grado de violencia, como ser miembro de la policía o del ejército. Joe Geraci, el policía de treinta y seis años que estuvo a punto de desangrarse durante una operación, hablaba también de un cambio de vida similar al de Steve como consecuencia de su ECM:

«Yo era un poli duro y serio. La ECM lo cambió todo. Salí del hospital siendo un hombre totalmente distinto. Después de haber sido policía y estar acostumbrado a ver sangre, descubrí que era incapaz de ver la televisión porque me resultaba demasiado violenta. Llegué a ponernos en peligro a mi compañero de patrulla y a mí por ser incapaz de disparar, así que dejé la policía y me formé como profesor. Aunque dar clase en el instituto me resulta muy satisfactorio, en ocasiones me han reprendido por implicarme demasiado en la vida personal de los alumnos».

En la década de los setenta, Mickey, que se dedicaba a recaudar dinero para la mafia, también experimentó una transformación profunda tras una ECM.[191] Sumido en un mundo materialista de «dinero rápido y de salir adelante rompiendo cabezas», la última ocupación que tenía antes de la ECM era como jefe de administración de un complejo turístico propiedad de la mafia. Una de sus tareas principales era proporcionar servicios sexuales y otra clase de amenidades ilícitas a los famosos que actuaban en el hotel. Ese puesto incluía tener a su cargo a un grupo de prostitutas de lujo a las que a menudo maltrataba. Después de sufrir un infarto, tuvo una ECM en la que experimentó un fuerte sentimiento beatífico, vio la luz y tuvo contacto con un ser divino y con un hermano al que quería mucho y que había muerto años atrás.

Regresó de su ECM manifestando un efecto similar al de Steve y Joe: el sentimiento de que el amor y el espíritu de cooperación eran lo más importante, y de que la competencia y los bienes materiales eran algo irrelevante. Este cambio de actitud no cayó bien entre sus amigos mafiosos, aunque le permitieron salir del círculo de la familia. Quien protestó cuando dio un giro a su carrera y empezó a dedicarse a ayudar a niños delincuentes

191. La ECM de Mickey aparece en las páginas 41-44 de Charles Flynn, *After the Beyond*, Englewood Cliffs (New Jersey), Prentice Hall, 1986.

y a víctimas de maltrato intrafamiliar fue su novia. Un día, cuando él ya había salido del hospital, estaban comiendo y ella se echó a llorar: «¡Ya no eres el mismo!» Cuando él le preguntó qué quería decir, ella respondió: «Ya no te preocupan las cosas importantes». Es decir: el dinero, las joyas, los coches de alta gama. La relación acabó poco después. Mickey comparaba su actitud y su comportamiento antes y después de la ECM en términos muy gráficos:

«Antes consideraba que la gente debía ayudarse a sí misma. Vamos, que si no se ayudan a sí mismos, a mí me daba igual lo que les pasara. Mi actitud era bastante cínica. Antes de la ECM jamás habría podido verme como un profesional de los cuidados. Pero después, me descubría a mí mismo escuchando y dando consejos a otras personas. Y me decían: «Sabes escuchar de verdad. Entiendes cómo me siento». Antes decía: «Mira, colega, no tengo tiempo. Dios ayuda a quienes se ayudan a sí mismos. Así que mueve el culo, sal ahí fuera y coge lo tuyo. Porque ahí fuera, en la calle, es la guerra. Asegúrate de ir siempre protegido, porque ahí fuera es la guerra.

»Antes pensaba, "tengo que apañármelas como pueda. Sobrevivir". En cuanto empezaba a compadecerme de alguien, me decía: "¡Maldita sea, yo no soy el niñero de mi hermano!". Pero después de la ECM, me cambió toda la perspectiva. Me doy cuenta de cuando la gente sufre. Antes, lo que hacía era causar ese sufrimiento. Después del ataque al corazón, ya no pude hacerlo más. Antes, si me metía en un trabajo relacionado con el juego o lo que fuera, tenía que terminarlo, eran las reglas.

»Tener una experiencia cercana a la muerte me convirtió en una persona más sensible y consciente del sufrimiento ajeno. Se me saltan las lágrimas con el dolor de otras personas. La gente que conozco no es capaz de entenderlo. A veces me paro, miro a mi alrededor y digo: "¿Qué demonios estoy haciendo? Podía estar ganando diez veces más". Pero no quiero hacer eso. Mis necesidades son sencillas. Estoy muy contento. Podría vivir en una sola habitación. Antes tenía un Cadillac enorme, un apartamento de lujo. Necesitaba ese tipo de cosas, las necesitaba para conformar mi identidad. Ahora, a decir verdad, no me importa lo más mínimo si gano diez dólares al día o diez mil. No me importa; no significa nada. No son esas cosas las que importan en nuestro viaje aquí, en la tierra.

»En este momento, estoy hasta las orejas de facturas. Me llegan de todo tipo. Pero en realidad no me importa. El dinero ya no es una motivación. Ya no puedo hacer el tipo de cosas que hacía para ganar dinero rápido. No puedo hacerlo. No es que ahora piense que Dios, el pez gordo del cielo, me va a zumbar. Por el contrario, esto es algo entre él y yo».

Este tipo de cambio de actitud que repercute en el ámbito profesional lo manifiestan también las personas que tenían un trabajo muy competitivo. Emily tuvo una ECM con cuarenta y nueve años. Estuvo a punto de ahogarse nadando en el Golfo de México. Hablaba de cómo después de la experiencia perdió su instinto y sus valores «asesinos»:

«Llevaba diecisiete años trabajando como inversora inmobiliaria y me iba muy bien. Desde que ocurrió aquello, le he dejado mi empresa a uno de mis hijos y me he hecho miembro de la Lutheran Church Home, donde soy agente inmobiliaria para personas mayores. Actualmente puedo decir con honestidad que vivo cada día al máximo y nunca tendré miedo a morir. ¡No puede ser más que un viaje magnífico!

»La experiencia me proporcionó un gran sentido de la compasión y una sensación intensísima de que la ira y el odio son sentimientos erróneos, un desperdicio. La alegría de sentirme viva ha disipado gran parte de las actitudes combativas que me caracterizaban; ¡mi instinto "asesino" para cerrar un trato ha desaparecido! Mi prioridad ya no es ganar mucho dinero. La empatía y la necesidad de ayudar a otras personas que sufren me nace del corazón. El tiempo que paso con mis hijos para mí ahora es un tesoro, como no lo había sido nunca. Antes no dudaba en abandonar cualquier reunión familiar si había que "cerrar un trato", ¡ahora ni hablar! Simplemente, ya no me merece la pena complicarme la vida con cosas materiales. Y nunca pierdo la oportunidad de decirles a mis seres queridos que los quiero; puede que no tenga otra ocasión de hacerlo».

Otro caso similar: Gordon Allen era un empresario de gran éxito, rapaz y con pocos escrúpulos, dedicado a las finanzas. A los cuarenta y cinco años[192] sufrió una grave patología cardíaca congestiva y tuvo una ECM. Después de esa experiencia, cortó todos los vínculos con su negocio y dejó el mundo financiero. Se hizo terapeuta y empleó su nueva visión para ayudar a otras personas a transformar su vida:

«Se me comunicó inmediatamente la idea de que todas las capacidades y talentos, todo lo que me había sido dado y con lo que había sido enormemente bendecido, tenía un propósito mayor que aquel para el que yo lo usaba, que era hacer dinero, y que ese no era su propósito, sino que había otro, y que a partir de entonces debía aplicarlo de la forma en que se me iba a mostrar. Definitivamente, ese fue el momento en que cambió mi vida.

»Cuando me desperté, sentía el corazón henchido y podríamos describirlo como "en llamas". Tienes la sensación de que tu corazón arde, incendiado de amor, ¿vale? El sentimiento de amor que tuve durante la experiencia extracorpórea se ha quedado conmigo. Yo estoy allí; está dentro de mí. No ha desaparecido, no ha cambiado.

»Así que estoy intentando entender adónde me lleva, pero he decidido no salvar nada de mi vida anterior en el mundo financiero y empresarial, nada. Bueno, y a aquellas personas que se pusieron más vehementes cuando les dije que iba a dejar de

192. Gordon ha contado su ECM en *The Day I Died*, producido por Kate Broome, Londres, BBC Films, 2002.

trabajar como gurú de las finanzas, con lo que ya no iban a poder ganar montones de dinero conmigo... mediante el método que fuera, los llamé por teléfono y les dije: "Hola, Bill", "Hola, Jack" o quien fuera, "soy Gordon. ¿Te acuerdas de...?" "Ah, Gordon", y puedes oír cómo alejan el teléfono esperando el golpe, porque en los viejos tiempos podría venir ahí un golpe en busca de su dinero o lo que fuera que yo estuviera haciendo. Y les decía: "Oye, bueno, la última vez que hablamos no me quedé muy contento con la conversación, y creo que no sería sincero si no te dijera que no me porté bien contigo, que no fui cuidadoso, así que solo quería llamarte y pedirte perdón por las cosas que pueda haberte hecho.

»Mira, si alguna vez quieres oír un silencio sepulcral por teléfono, haz esto. El silencio es total. Luego oyes un pequeño titubeo y dicen: "Bueno, sí, supongo", o lo que sea, y ahí se acaba la cosa».

Es curioso que el hecho de que estas personas afirmen que después de una ECM han dejado de sentir apego por las cosas mundanas no significa que las rechacen. De hecho, lo que muchos afirman es que como ya no experimentan el impulso de acumular posesiones, se sienten, paradójicamente, más libres de disfrutar con plenitud de los placeres materiales. No es que renuncien a los bienes mundanos, sino que sienten menos apego. Han dejado de definirse por aquello que poseen.

Tom Sawyer, el supervisor del departamento de carreteras aplastado por su camión, llegó un día a una reunión en mi casa con una sonrisa de oreja a oreja después de haber estado cinco horas conduciendo su Cadillac Eldorado. Aunque el coche fuera de segunda mano, ser dueño de un automóvil tan extravagante no se correspondía con la imagen que yo me hacía de un obrero que aseguraba que había dejado de tener interés por las posesiones materiales. Él no veía ninguna contradicción. Decía que le gustaban los asientos lujosos y lo suave que iba su Eldorado, cuya conducción era mucho más placentera que la de cualquier otro coche que hubiera tenido. Lo que lo había llevado a comprar aquel Cadillac de segunda mano era la voluntad de disfrutar de todo lo que la vida podía ofrecerle, incluidos placeres como los dulces y los coches que se conducen con suavidad, y no el deseo de poseer cosas. Y, ciertamente, un par de años después, cuando ya no pudo seguir pagándolo, se deshizo de él sin una lágrima. Su objetivo nunca había sido poseer un Cadillac. Lo importante era la emoción de conducirlo durante un tiempo.

Hay personas que llegan a sentir que la ECM no solo modifica sus prioridades, sino que les salva de un estilo de vida destructivo. Dan Williams sufrió una parada cardíaca a los treinta y siete años, provocada por el síndrome de abstinencia de las drogas. Me habló de que, después de su ECM, había experimentado una transformación notable:

«Lo había perdido todo por causa de mi adicción a las drogas legales e ilegales. Estuve en centros de desintoxicación al menos nueve veces, me denunciaron al menos en doce ocasiones por cuestiones relacionadas con drogas y varias otras relacionadas con el alcohol. Ya había renunciado a cualquier intento de estar limpio y sobrio; prácticamente había renunciado a la vida.

»¿Cómo pasa un tío de ser un adicto irredento a las drogas, prácticamente sin hogar y sin un duro, que se dedica a robar drogas para poder meterse, a convertirse en propietario de residencias para personas mayores y a dedicarse a acompañar y consolar a personas que están a punto de morir? Sigo sin conseguir entender del todo el asombroso poder transformador de aquella ECM. Los efectos siguen sorprendiéndonos a mí y a mi esposa. Fue realmente una bendición. Yo era un escéptico total que empleaba la lógica y el método científico para enfrentar los problemas de la vida. En todas las cuestiones espirituales era un ignorante, estaba perdido.

»En octubre de 2003 me detuvieron otra vez. Los médicos

y terapeutas especialistas en adicciones ya me habían advertido que, muy probablemente, el efecto rebote que tendría para mí la abstinencia, después de los quince años que llevaba tomando pastillas diariamente, me mataría, así que me preparé para morir en la cárcel. Al séptimo día de estar en la cárcel, durante un ataque convulsivo, se me paró el corazón. Me reanimaron y me llevaron de urgencia al hospital.

»Parecía como si estuviera viajando fuera de mi cuerpo y después volviendo a él. Era como si pudiera irme, pero no tenía adónde. Me sentía como si flotara en un espacio negro y lechoso. Empecé a tener una sensación que me atraía poderosamente. Una sensación que no era de este mundo: todo mi sufrimiento había desaparecido. Mi primera idea fue literalmente: "No existe en la tierra ninguna droga que pueda hacerte sentir así". Soy incapaz de poner palabras a aquella sensación: quizá el nirvana, la forma más pura de amor, lo que sea. Pero sabía que ya no volvería a ser el mismo. Sentía que me iba acercando a ese sentimiento a través de la sustancia lechosa, que era atraído por él.

»En ese momento, sentí que había una presencia conmigo. Supongo que podría llamarlo guía o ángel, pero no vi a ninguna figura o persona real. Por todas partes, no había nada más que una luz que no me lastimaba los ojos. El brillo de la luz era inédito. La presencia me guiaba en medio de la luz; parecía estar a mi lado o detrás de mí. Confié en ella. Sentí como si la conociera. Había una sensación general de paz. Ninguna sensación de temor. Era la perfección. Me resultaba de verdad imposible describirlo.

»En un momento determinado llegué a ver mi adicción como lo que realmente era y pude enfrentarme a ella, o mejor dicho, luchar contra ella. Vi que representaba lo peor de mí y esto me cabreó. Me sentí avergonzado de aquello en lo que me había convertido. Por primera vez en mi vida sentí rabia, y por primera vez en mi vida tenía ventaja sobre mi adicción. En la ECM, combatí, gané y acabé con la adicción. Se acabó. No he vuelto a desear tomar drogas ni alcohol desde que pasó todo aquello, hace dieciséis años. Sucedieron más cosas en la ECM, pero esta fue la más impactante. En lugar de aprovecharme del prójimo, ahora estoy al servicio del prójimo. Hoy sé quién soy y hacia donde voy. Ya no estoy perdido».

Está claro que las personas que han pasado por una ECM siguen siendo personas igual que el resto de nosotros, mezclas complicadas de sentimientos y pensamientos, buenos y malos, agradables y desagradables, altruistas y egoístas. Tom Sawyer era el ejemplo perfecto. Su mujer, Elaine, me habló de lo ambivalente de las bondades de su ECM. Con una mirada brillante en sus ojos oscuros, me contó cómo era Tom antes de la ECM: «Era violento, me tiraba zapatos y cosas, me gritaba que era el cabeza de familia y que teníamos que hacer lo que él dijera». Entonces sonrió y añadió: «Pero después de la ECM se ha vuelto compasivo, gentil y considerado. No nos ha levantado la mano ni a mí ni a los niños ni una sola vez en todos los años que han pasado desde la ECM». Por otro lado, Elaine también se lamentaba de que su marido trataba con igual empatía amorosa a todo el mundo y que, a veces, se sentía abandonada, relegada ante cualquier extraño necesitado de ayuda. Movió la cabeza, y dijo, suspirando: «A Tom le da exactamente igual que nuestro sofá se está cayendo a trozos y necesitemos uno nuevo. Tenemos el dinero para comprar uno, pero no le ve sentido».

Y del mismo modo que las ECM no convierten a las personas en santas, la vida después de una ECM no es solo arcoíris y mariposas. Lo que descubrí es que las ECM también conllevan graves problemas.

18

Aterrizajes dificultosos

La mayoría de las secuelas de las que hablan las personas que han tenido una ECM son efectos positivos. Pero ¿cómo sería posible que una experiencia tan profunda y tan radicalmente distinta de la vida cotidiana no generara también problemas? En realidad, no todas las consecuencias de las ECM son positivas. Algunas personas tienen dificultades para reconciliar sus ECM con sus creencias religiosas. A otros les resulta difícil retomar sus antiguas ocupaciones y estilos de vida, que ya no tienen para ellos el mismo significado, o comunicar a los demás el impacto de la ECM. Algunos incluso dicen estar enfadados por seguir vivos, o por estar vivos otra vez.

Una noche, Cecilia, una profesora de sesenta y un años, empezó a vomitar con tal violencia que sintió que ambos costados se le desgarraban. El dolor era insoportable, le subió la fiebre rápidamente y no paraba de temblar. Le castañeteaban los dientes y por más mantas que se echara encima no entraba en calor. Su marido la llevó al hospital y una radiografía reveló que en su costado derecho había una masa del tamaño de un puño. La operaron y lo que encontraron fue un apéndice gangrenoso que se había roto, lo que le había provocado una infección general en la cavidad abdominal. Cecilia describe la experiencia cercana a la muerte que tuvo mientras se le disparaba la fiebre:

«Me sentí transportada a lo que solo puedo describir como oscuridad universal. Era como si me hubieran llevado al espacio exterior y estuviera mirando hacia lo que sabía que era la Tierra. Parecía un globo con un brillo azulado. Desde la gran distancia que yo la veía, tenía aproximadamente el tamaño de una pelota de goma. Recibí el mensaje: "Puedes irte. Las semillas están plantadas; tu trabajo continuará".

»Experimenté una maravillosa sensación de paz y libertad. Vi a mis alumnos saliendo a ayudar a otras personas y supe que el trabajo que amaba continuaría sin mí. Percibí lo pequeños que somos como individuos en este vasto universo. Sin duda, mis allegados llorarían mi muerte, pero en realidad mi fallecimiento sería tan insignificante como un grano menos de arena en la tierra o una gota menos de agua en el océano. La muerte no es nada que debamos temer. Me proporcionó un increíble sentimiento de amor y paz. También vi lo insignificantes que son las cosas materiales que dejamos atrás. Me sentí lista para irme, extendí los brazos hacia dos espíritus que estaban en la habitación, observando, esperando, ¡y luego empezaron a retroceder y me dejaron atrás! Les supliqué: "Estoy aquí; llevadme", pero se desvanecieron poco a poco».

Aquella experiencia feliz de Cecilia terminó con la vuelta a su cuerpo atormentado por el dolor:

«Empezó mi viaje de vuelta al mundo real. La recuperación fue lenta y tediosa. Mi cuerpo se iba curando, pero yo lamentaba no haber muerto. La magnífica paz que había experimentado era algo que no podía olvidar. Atravesé semanas de depresión. Todo se volvió un gran esfuerzo: vestirme, atarme los zapatos, masticar la comida, tragar, conducir, girar el volante, subir escaleras, girar el pomo de la puerta, caminar, caminar..., ¡todo, hasta hablar! Acarrear mi cuerpo físico era demasiado esfuerzo. Recuerdo que pensé que tendría que esperar otros veinte años hasta volver a tener otra oportunidad como aquella. Y sabía que la muerte tenía que llegar de forma natural para que pudiera disfrutar de aquella paz.

»No sabía cómo salir de ese agujero que parecía hacerse cada vez más profundo. Miré por todas partes en un intento desesperado por encontrar respuestas. Me compré un cuaderno para llevar un diario sobre cómo iba a superarlo. En mi primera entrada le escribí a Dios con ira. Le preguntaba: "¿Por qué sigo viva?"».

Para otros, el sentimiento negativo no se asemeja tanto a la ira como a la tristeza o al arrepentimiento. Lynn, atropellada por un conductor borracho cuando iba en bicicleta, describe así sus sentimientos al despertar del coma, deseando meterse otra vez en su ECM:

«No quería volver. Me abruma pensar en cómo aquella experiencia ha cambiado y sigue cambiando mi vida. Después del accidente, cuando salí del centro de rehabilitación, estaba tan deprimida que lo único que quería era morirme. Mis padres me llevaron a un centro psiquiátrico y me negué a hablar con nadie durante unos tres meses. Solo pensaba en lo mucho que odiaba estar aquí, en que quería volver a aquel lugar. Sentía como si hubiera perdido todo por lo que había trabajado y, además, mi identidad. ¡Aquel lugar era tan maravilloso, y tenía tantas ganas de volver a él! Estaba enfadadísima, la gente de la tierra me parecía mezquina y nadie me entendía. Tampoco es que un centro psiquiátrico sea exactamente el lugar ideal para intentar hablar con alguien sobre este tema.

»Después del accidente, lo único que hacía era dormir. También sentía mucho dolor físico y estaba confusa, porque era consciente de que no sabía nada. Estaba furiosa por haber tenido aquella experiencia; no siempre es algo maravilloso. Te hace la vida más difícil; al menos, en mi caso. La sensación que he tenido siempre es un poco como "Vaya, muchas gracias, pero ya podías haberme contado un poquito más o no haberme contado nada en absoluto". Me llevó un tiempo adaptarme emocionalmente al hecho de que cuando te mueres no dejas de existir sin más. Me afectó de verdad, no conseguía entenderlo.

»Por esa época, empezó la guerra del Golfo y no era capaz de entender por qué ocurrían tantas cosas malas en el mundo. Sentía mucho dolor y no comprendía nada, ni por qué me sucedía todo eso a mí. No lo entendía: si de verdad existía un creador que es absolutamente increíble hasta un punto inimaginable, ¿por qué permite que se haga daño a niños, animales, personas inocentes?».

Lynn tardó algunos años en reconciliarse con estar viva de nuevo, pero al final llegó a apreciar aquella segunda oportunidad: «Han pasado años desde que tuve el accidente y creo que estoy empezando a relajarme y a aprender cosas. Y sé que suena raro, pero me emociona mucho estar viva. La vida es increíble; es un gran regalo. No tengo miedo de morir, pero aún no estoy lista. Hay demasiadas cosas que quiero hacer antes. La otra noche estaba sentada fuera, mirando la luna... ¡me parece tan increíble ver otro cuerpo celeste desde aquí. Siento que he dado un montón de cosas por sentado, especialmente el tiempo! No digo que no tenga aún días malos de vez en cuando. Tengo días horribles; pero me alegro de estar viva. Es muy distinto de cómo me sentía justo después de la ECM».

Para algunas personas, el problema no es la ira ni la depresión, sino una sensación paralizante de confusión. Louise Kopsky tuvo una ECM a los veintinueve años mientras la anestesiaban para el parto. Oyó cómo los latidos de su corazón se hacían cada vez más fuertes, y luego, de pronto, se detenían. En la ECM visitó lo que parecía un mundo distinto y se despertó en un estado de confusión total sin saber cuál era el mundo real y cuál un sueño:

«Cuando escuché que se paraban los latidos de mi corazón, tuve la sensación de estar en el espacio, y me aparecí ante mí misma como una luz. Y allí, conmigo, había muchas muchas muchas luces más. Fue una sensación muy muy pacífica, extremadamente pacífica. Fue lo primero que noté. Todo tan pacífico, tan tranquilo y silencioso. Sabía que tenía que volver. No recuerdo específicamente que alguien me dijera que tenía que volver, lo que sí recuerdo es haberme sentido decepcionada.

»Entonces me vi fuera de mi cuerpo en la sala de partos, observaba a los médicos y enfermeras desde arriba. Y, sin más, en ese momento regresé a mi cuerpo, no sé cómo. No recuerdo hacerlo de ninguna forma específica. Estaba de nuevo anestesiada, imagino. No me desperté hasta pasado un tiempo.

»Cuando abrí los ojos me sentí aterrorizada, porque no podía distinguir la realidad de lo que llamo mi "sueño". Sabía que no era un sueño, pero no sabía cómo llamarlo, así que mentalmente me refería a ello como un sueño. Pero lo pasé fatal, me costó bastante todo aquello. Al día siguiente se lo conté a mi marido: que a pesar de que estaba amamantando a mi bebé, y las enfermeras y el médico iban y venían, y mis padres, y los de mi marido... aun con todo, yo sentía que eso era un sueño, que la realidad era el sueño y que lo que había experimentado era la realidad. Y este fue mi problema.

»Durante semanas, todo fue horrible; cuando se lo conté a mi esposo él dijo que era solo por la anestesia. Le dije que aquello era distinto, que era profundo. Es imposible encontrar palabras para describirlo. Me decía a mí misma que esto era la realidad y lo otro el sueño. Y durante bastante tiempo pensé que estaba perdiendo la cabeza, y por eso tuve que reprimirlo, porque cada vez que empezaba a pensar en ello tenía que parar y alejarlo de mi cabeza y repetirme: "Lo real es esto, lo real es esto, no lo que experimentaste". Así que no volví a hablar de ello. Estuve así meses, me venía a la mente y lo alejaba porque me resultaba superaterrador, no la experiencia, sino lo que me había dejado allí.

»Estuve bastante perturbada psicológicamente y me llevó mucho tiempo superarlo. No sabía que había estado cerca de la muerte y tenía problemas para separar ambas realidades. Lo que me pasaba en el hospital, el bebé y la gente que venía a verme, era el sueño; y lo otro era la realidad, y ahí estaba el problema. La experiencia en sí fue muy agradable, pero el problema estaba en distinguir entre la realidad y aquella experiencia, así que pensé que debía enterrar la experiencia para mantener la cordura.

»Como nunca había oído hablar de experiencias cercanas a la muerte, no podía entender por lo que había pasado. Si me ocurriera hoy, lo disfrutaría. Ahora me doy cuenta de que lo que experimenté era como el cielo, como lo que te ocurre después de la muerte, pero aún no lo conozco como algo absoluto. Aquello te da cierta seguridad. Yo ya creía en un más allá, pero es como un refuerzo, supongo, una pequeña prueba».

También hay quienes no sienten ira, depresión ni confusión, pero sí se sienten ridiculizados o incomprendidos cuando hablan de estas experiencias. Edith tuvo una ECM a los treinta y ocho años cuando unas úlceras le perforaron el estómago. En contraste con el insoportable dolor que atenazaba su cuerpo, la experiencia fue maravillosa:

«Lo siguiente que percibí es que estaba en un nuevo entorno. De pronto, no me encontraba en la cama del hospital con toda aquella parafernalia médica limitando mi anatomía. Podía ver toda la habitación, hasta la delicada telaraña en un rincón del techo y un poco de yeso agrietado sobre la ventana. No sentí ni una pizca de aprensión ni miedo por aquella inusual situación. Estaba disfrutando a fondo la experiencia. Mientras miraba a mi alrededor y escudriñaba mi cuerpo desde lo alto, percibí una luz increíble. No era la luz del sol normal, ni una bombilla de cien vatios, ni un fuego llameante, ni un montón de velas. No era una explosión celestial en el cielo de medianoche. Era algo radiante, un resplandor refulgente. Hacía calor. Irradiaba una paz sobrenatural y un radiante esplendor. No hay nada en la tierra que tenga ese color ni palabras para describir la profundidad de su belleza visionaria. Es un lugar de amor total en el que existe la máxima seguridad, para siempre.

»Desde algún lugar del interior de la luz sentí otra presencia.

Miré a mi alrededor, pero no pude identificar exactamente lo que era. Sin duda, no era humano, conozco bien lo que significa esa palabra. No tenía forma definida; no era animal, vegetal ni mineral. Instintivamente, sin embargo, sabía que no tenía nada que temer de aquella presencia. Me sentí aún más tranquila y segura. Como si viniera de todo mi alrededor, una voz dijo: "Aquí estás a salvo".

»Estaba abrumada, porque no podía ver de dónde venía la voz. Entonces me dijo que podía quedarme allí para siempre o podía volver a mi cuerpo y seguir con mi vida; fue decisión mía. No quería regresar al dolor físico. No quería volver a la infelicidad, al conflicto, al estrés. Me gustaba estar allí y no quería renunciar a aquella paz, aquella serenidad y seguridad. Miré el cuerpo en la cama, con todos aquellos apéndices artificiales y deseé aún más quedarme donde estaba. Mientras miraba mi cuerpo, empecé a ver cómo mi vida pasaba ante mí, instantáneamente, en una enorme pantalla de televisión y en vivos colores tridimensionales. Estaba todo, no faltaba ni un detalle, incluso cosas en las que no había pensado en años. Se produjo un tira y afloja dentro de mí que es lo más intenso que he sentido nunca: vete, quédate... ¡Quédate, vete! La voz supo mi decisión sin que yo tuviera que verbalizarla. Por mi marido y mis dos hijos tenía que volver a mi cuerpo, sin importar lo que implicara. Con toda la dulzura celestial imaginable, la voz añadió suavemente: "Volverás y mantendrás unida a tu familia; serás su cemento".

»Y entonces, como en un enorme columpio maravilloso, me fueron bajado con mucha suavidad, muy lentamente, hasta devolverme a mi cuerpo. Sentí un golpe seco y como por reflejo, abrí los ojos y miré rápidamente a mi alrededor. No había duda; estaba en mi cuerpo otra vez».

Pero cuando volvió y mencionó su ECM se sintió ridiculizada e incomprendida, y la amenazaron con un internamiento psiquiátrico:

«¡Estaba pletórica! Quería contar mi historia antes de que me estallaran las entrañas. ¡Qué asombrosa maravilla había visto! Tenía que intentar describir aquella luz en su poder y gracia infinitos. Me dije: "Qué suerte tengo de haberme traído un pedazo de ella, siempre la tendré dentro".

»Vino una enfermera para medirme la tensión. La miré y empecé a contarle mi experiencia. Me estuvo escuchando hasta que terminé. Mientras me quitaba el tensiómetro me dijo: "Bien, querida, todo eso es muy interesante, pero estás muy enferma y has sufrido una alucinación". Pensé que no había entendido nada de lo que había querido explicarle.

»Poco después llegó otra enfermera y le conté la historia. Cuando acabé, me dijo que la medicación que me estaban dando a menudo provocaba sueños extraños. Pero yo sabía lo que había visto, sabía lo que me había pasado, ¡y no era un sueño extraño! ¿Cómo podía ser un sueño algo tan vívido y real? Pensé que era mejor esperar un poco antes de volver a contarle a nadie mi experiencia.

»Cuando llegó el turno de noche, lo intenté por tercera vez. Esta vez, cuando terminé, la enfermera me dijo en un tono frío y profesional que si seguía hablando así terminarían por llamar a un psiquiatra. Con aquello me asusté mucho. Pensé que si el ámbito médico iba a pensar que estaba loca, mejor me callaba todo el asunto. Me di cuenta de que lo mejor que podía hacer era aferrarme a la luz, no soltarla nunca, pero quedarme muy muy calladita. Y así lo hice».

A otras personas lo que les resulta difícil después de una ECM es entender y mantener los límites interpersonales que marca nuestra cultura. Una vez que experimentan la sensación de que todos estamos interconectados, a veces abordan a los demás de formas que pueden ser consideradas inapropiadas. A Joe Geraci, el policía reconvertido en profesor después de su ECM, el director lo reprendía por su comportamiento y lo tildaba de «poco profesional» cuando se acercaba a sus alumnos para ayudarlos con sus problemas personales. Alex, un chico de veinticinco años que tenía problemas para encontrar su camino en la vida después de una ECM, apareció un día en la puerta de mi casa. En su coche, con sus maletas y su golden retriever. Me había oído hablar sobre las ECM y había hecho el viaje de dos horas hasta la ciudad donde yo vivía, esperando que le acogiera en mi hogar el tiempo que fuera necesario para resolver sus problemas post ECM. Por suerte para mi matrimonio, mi formación como psiquiatra me ha enseñado a establecer límites saludables. Durante una larga cena en un restaurante tranquilo, escuché sus problemas e inquietudes y pude ponerle en contacto con un terapeuta de su zona familiarizado con las complejidades de las ECM y con un grupo de apoyo local al que podría asistir para hablar abiertamente con otras personas que también habían tenido una ECM.

Y fui consciente de que esto es lo que hace falta: más profesionales del cuidado que se tomen las ECM en serio, como sucesos reales, y más grupos de apoyo que contrarresten la devastadora sensación de soledad y confusión que estas experiencias provocan en algunas personas.

Durante la década de los ochenta el tema de las experiencias cercanas a la muerte se visibilizó y generalizó. Y cuando mis colegas médicos se enteraron de mi interés en las ECM, algunos empezaron a remitirme a sus pacientes para tratar las dificultades psiquiátricas que manifestaban a consecuencia de sus experiencias.[193] Tras obtener un éxito limitado trabajando con ellos en terapia individual, decidí juntarlos en un grupo. Pronto descubrí que les servía más el apoyo y la comprensión que recibían unos de otros que los que les proporcionaba yo. El grupo evolucionó rápidamente desde la psicoterapia a un gru-

193. He descrito algunos de estos casos en Bruce Greyson, «The Near-Death Experience as a Focus of Clinical Attention», *Journal of Nervous and Mental Disease*, 185(5), 1997, págs. 327-334.

po de apoyo abierto a cualquier persona, y ha seguido reuniéndose mensualmente durante más de cuarenta años. Muchos de los participantes han llevado a sus familiares al grupo de apoyo. Kenny era adolescente cuando tuvo una parada cardíaca al electrocutarse con la chispa de una línea eléctrica de alto voltaje. Tuvo una ECM con visiones tanto celestiales como infernales, y sintió que Cristo lo había salvado y enviado de vuelta con una misión. Sus padres lo trajeron a mi consulta porque no terminaba de encajar con sus amigos del instituto, que no entendían por qué había cambiado. Yo llevé a Kenny al grupo de apoyo y él, a su vez, trajo a sus padres para que entendieran que sus problemas no eran excepcionales. Mucho después de que el propio Kenny dejara de asistir al grupo, sus padres siguieron yendo.

En las tres décadas que han pasado desde que Kenny asistió por primera vez al grupo, ha seguido luchando con los efectos de su ECM. Resume esa lucha con estas palabras:

«Desde entonces he pasado por muchos altibajos, algunos buenos, otros malos. A lo largo de los años, he descubierto mi lado empático. Sé que mis verdaderos dones están en la parte emocional y tengo una gran capacidad para consolar y ayudar a la gente cuando está en su peor momento. Creo que el accidente dio forma a mi vida. Sé que mi vida tiene un propósito y que si no morí entonces fue para hacer algo que es más grande que yo, ya sea ayudar activamente a las personas o simplemente estar disponible para ellas».

Dado que muchas personas tienen problemas para recuperar su vida diaria tras sus ECM, en 1984 la Asociación Internacional de Estudios Cercanos a la Muerte (IANDS) financió un taller de cinco días sobre cómo ayudarlas.[194] Conduje aquel taller jun-

---

194. Bruce Greyson y Barbara Harris, «Clinical Approaches to the Near-Death Experiencer», *Journal of Near-Death Studies*, 6, 1987, págs. 41-52.

to con Barbara Harris Whitfield, que entonces era miembro de la junta de IANDS y que también había pasado por una ECM. Invitamos a treinta y dos participantes, la mitad profesionales de los cuidados (médicos, enfermeras, psicólogos, trabajadores sociales, clérigos) y la otra mitad personas que habían tenido una ECM; también había algunas que pertenecían a ambas categorías. El grupo analizó una amplia gama de estrategias y técnicas terapéuticas para no tratar a estas personas ni como enfermos ni como víctimas indefensas. Se nos ocurrieron unas pautas generales centradas en tres objetivos. Primero, ayudar a las personas a comprender su ECM de la forma más útil posible. Segundo, respetar el poder de la experiencia como catalizador de una transformación. Y tercero, centrarse en el objetivo que tuvieran estas personas en su vida. En el taller se propusieron también toda una serie de técnicas específicas para poder trabajar en pos de estos objetivos. Y un elemento clave era el grupo de apoyo.

El estamento médico tardó aún otra década en reconocer la importancia que tienen en la vida de las personas experiencias como las ECM. En 1994, se reconoció por primera vez en el *Manual de Diagnóstico y Estadística de la Asociación Estadounidense de Psiquiatría (DSM-IV)* que estas experiencias pueden provocar una enorme confusión y llevar a las personas a buscar ayuda. El *DSM-IV* incluyó una nueva categoría denominada «Problemas religiosos o espirituales»[195] para dar cabida a un tipo de problemas que pueden exigir atención profesional, pero que no son en sí mismos trastornos mentales. Los «problemas religiosos o espirituales» incluyen, por ejemplo, «experiencias que implican una pérdida o cuestionamiento de la fe... o un cuestionamiento de los valores espirituales». En un artículo complementario que explica esta nueva categoría, los autores ponen

---

195. American Psychiatric Association, *Diagnostic and Statistical Manual of Mental Disorders*, Washington, American Psychiatric Association, 1994, pág. 685.

como ejemplo las experiencias cercanas a la muerte, y emplean casos de mis pacientes para ilustrar los efectos —ira, depresión o sensación de aislamiento— que con frecuencia pueden provocar las ECM.[196]

A lo largo de los años, he desarrollado algunas pautas adicionales para uso del personal hospitalario, principalmente médicos, enfermeras y capellanes, que son quienes más probablemente se encontrarán con pacientes que hayan tenido experiencias cercanas a la muerte. También pueden ser útiles para los familiares y allegados de estas personas. Entre ellas está, en primer lugar, escuchar el relato que la persona haga de la ECM sin presionar para obtener detalles ni tratar de explicar o interpretar lo sucedido. Otra pauta es la de tranquilizar a la persona, asegurándole que las ECM son normales y comunes, al tiempo que se reconoce el profundo impacto personal que tienen. Una tercera: alentar a la persona para que explore cualquier cambio en su actitud, creencias o valores, y cómo puede afectar a su vida. También puede ser útil preguntarle específicamente por cualquier posible sensación de ira, tristeza o confusión, y si hay algo acerca de la ECM o sus efectos que le parezca desconcertante, difícil de entender o molesto.

En fechas recientes, mi colega Marieta Pehlivanova y yo hemos estudiado el tipo de ayuda y apoyo que suelen buscar quienes tienen una ECM y necesitan procesarla, las barreras que encuentran en esa búsqueda y a la hora de obtener ayuda, y si estos esfuerzos son beneficiosos y de qué manera.[197] Lo que hemos descubierto es que dos tercios de las personas que

---

196. Robert P. Turner, David Lukoff, Ruth Tiffany Barnhouse, y Francis G. Lu, «Religious or Spiritual Problem: A Culturally Sensitive Diagnostic Category in the DSM-IV», *Journal of Nervous and Mental Disease*, 183(7), 1995, págs. 435-444.

197. Marieta Pehlivanova, «Support Needs and Outcomes for Near-Death Experiencers», presentado en el congreso de 2019 del American Center for the Integration of Spiritually Transformative Experiences, Atlanta, 15 de noviembre de 2019.

buscaron ayuda lo hicieron más de un año después de la ECM. Y cuando finalmente se decidieron fue por varias razones. La más común es que estaban luchando con las secuelas de la ECM, y la segunda, para abordar alguna característica preocupante de la propia ECM. La tercera razón más común fue que estaban teniendo problemas con otras personas como resultado de su ECM.

Un tercio de las personas que buscaron ayuda recurrió a profesionales de salud mental. Un número menor buscó la asesoría de consejeros espirituales, profesionales médicos, organizaciones como IANDS, recursos online como foros o grupos de redes sociales y apoyo religioso. Una cuarta parte recibió psicoterapia o asesoramiento individual. Un número menor de personas acudió a sesiones de hipnosis, hizo meditación, tomó medicación, recurrió a curanderos psíquicos o asistió a terapia familiar, terapia de grupo o a grupos de autoayuda. Otros empezaron a hacer yoga u otras terapias físicas.

La buena noticia que arroja este estudio es que las tres cuartas partes de las personas que buscaron ayuda la encontraron y sintieron que había sido una experiencia positiva. Los beneficios que mencionan más comúnmente son la adquisición de una nueva perspectiva acerca de sus dificultades y la validación de sus ECM y de su reacción. Otros afirman haberse beneficiado del hecho de encontrar un lugar seguro donde compartir sus pensamientos y sentimientos, recibir ayuda para entender sus ECM y apoyo emocional. La mala noticia es que una cuarta parte de las personas que sintieron necesidad de obtener ayuda nunca la recibió. Las razones que dan para ello suelen ser que no sabían que esa ayuda existía y el miedo a que los consideraran locos o a que no los creyeran.

Hoy existen muchos grupos de apoyo, que realizan reuniones periódicas, destinados tanto a las personas que han tenido una ECM como al público en general. Hay más de cincuenta grupos afiliados a la IANDS en diversas ciudades de

Estados Unidos y otros veinte más en varios países del mundo.[198] Brindan comprensión e información a quienes han tenido una ECM, y ofrecen formación al público en general y la posibilidad de hablar de las experiencias cercanas a la muerte en un entorno accesible y seguro. Además, para quienes no tienen uno de estos grupos de apoyo cerca, la IANDS ofrece grupos de apoyo por internet en la IANDS Sharing Groups Online, conversaciones en grupos pequeños que ponen el acento en el intercambio de experiencias personales en un ambiente seguro, confidencial y afectuoso.[199]

En mi trabajo con las personas que han tenido una experiencia cercana a la muerte y con sus familias, he descubierto que las consecuencias problemáticas no afectan solo a los supervivientes. Elaine Sawyer se quejaba de que Tom descuidaba las necesidades materiales de su familia y los sentimientos de ella. Los familiares y amigos pueden tener dificultades para comprender y adaptarse a los cambios en los valores, actitudes, creencias y comportamientos que sufren las personas después de una ECM.[200] A largo plazo, el buen funcionamiento de las relaciones familiares después de una ECM puede venir determinado tanto por cómo integren la experiencia quienes han sufrido una ECM como por cómo ven y encajan sus familiares la nueva identidad que pueden desarrollar estas personas. Investigaciones llevadas a cabo en Estados Unidos y en Australia han mostrado que los

198. La información para ponerse en contactos con estos grupos puede encontrarse en <https://www.iands.org/groups/affiliated-groups/group-re sources.html>.

199. La información sobre estos grupos en <www.isgo.iands.org>.

200. Rozan Christian y Janice Miner Holden, «"Til Death Do Us Part": Marital Aftermath of One Spouse's Near-Death Experience», *Journal of Near-Death Studies*, 30(4), 2012, págs. 207-231; Mori Insinger, «The Impact of a Near-Death Experience on Family Relationships», *Journal of Near-Death Studies*, 9(3), 1991, págs. 141-181.

matrimonios en los que uno de los miembros de la pareja ha tenido una ECM son menos estables que antes de la experiencia, y el 65 por ciento termina en divorcio.[201] Esta inestabilidad conyugal suele atribuirse, generalmente, a problemas de comunicación, desacuerdos sobre el papel de cada uno y diferencias de valores y objetivos.

Para los padres puede ser particularmente difícil comprender y aceptar las secuelas de una ECM en sus hijos. Los padres de Kenny no supieron qué hacer cuando su hijo, hasta entonces un chico popular y extrovertido, perdió el interés en los deportes, la música rock y en socializar con sus amigos y, en cambio, se centró en perseguir una serie de metas vitales que le parecían más significativas. Las dificultades para entender lo que estaba pasando Kenny, y también por lo que estaban pasando ellos, hizo que siguieran asistiendo al grupo de apoyo mucho después de que el propio Kenny dejara de ir.

Una vez, un cirujano de pediatría de mi hospital me pidió que hablara con una mujer cuyo hijo de seis años estaba siendo operado a corazón abierto. La operación debía reparar el daño de una lesión de nacimiento que le provocaba arritmias cada vez más frecuentes y, ocasionalmente, dificultades para respirar. La noche antes de la operación, se le había parado el corazón y luego comenzó a latir de nuevo por sí solo cuando los médicos se preparaban para darle una descarga. A la mañana siguiente, mientras lo llevaban al quirófano, la madre parecía agitada y el cirujano pidió que un psiquiatra hablara con ella urgentemente.

Cuando entré en la habitación de Bobby, la madre, Ginger, estaba sentada junto a la cama vacía, retorciendo un pañuelo entre las manos. Levantó la vista cuando llamé a la puerta abierta y entré. Me presenté y le expliqué que el cirujano de su hijo me había pedido que hablara con ella mientras Bobby estaba en

201. Charles P. Flynn, *After the Beyond*, op. cit.; Cherie Sutherland, *Reborn in the Light*, Nueva York, Bantam, 1992.

el quirófano. Ella asintió y se miró las manos. No estaba llorando, pero se le escapaba algún sollozo.

—Me imagino que todo esto debe de darle bastante miedo —empecé—. Yo estaría preocupado si estuvieran operando a mi hijo del corazón.

—Es tan confuso todo —dijo Ginger, tartamudeando levemente—. Todos estos años preguntándome si estará bien, preguntándome por qué le pasaba esto, si yo había hecho algo mal. —Guardó silencio y se pasó el pañuelo entre las manos hecho una pelota—. Luego la decisión de operar... Y después, anoche... —Sacudió la cabeza, como si intentara sacarse el recuerdo.

—¿Anoche?

—¿Sabe que se le paró el corazón? —preguntó, mirándome por primera vez. Asentí y ella devolvió rápidamente la mirada a sus manos antes de que yo pudiera decir nada.

—¿Qué pasó? —le pregunté.

—Lo superó, pero hizo que la operación de esta mañana me preocupara aún más... Y después, esta mañana...

—¿Esta mañana?

Ella siguió mirándose las manos.

—Justo antes de que vinieran a buscar a Bobby para la operación, le dije... —Se le quebró la voz y tragó saliva—. Le dije: «Vamos a juntar nuestras manos y a rezar para que todo vaya bien». Y Bobby me miró a los ojos y me dijo con una gran sonrisa: «No, mamá, no hace falta que lo hagamos». —Volvió a tragar saliva, seguía jugueteando con el pañuelo; luego continuó—: Me dijo que no hacía falta que juntáramos las manos para rezar. Yo... yo estaba confusa y turbada, porque estaba preocupada por la operación, y él se pone a bromear. Así que le pregunté: «¿Eso quién te lo ha dicho?». Y él me miró fijamente y contestó: «Me lo dijo Jesús anoche». Me dio miedo, doctor.

Ginger estalló en llanto y dejó de hablar. Le puse suavemente una mano sobre el antebrazo y ella levantó la vista y me miró como buscando algo.

—Me hago cargo de lo turbador que suena —le dije, asintiendo—. ¿Qué más dijo Bobby?

—Que Jesús le había dicho que la operación iba a salir bien y que se le arreglaría el corazón. Y que él había juntado las manos y le había preguntado a Jesús si tenían que rezar y Jesús había sonreído y le había dicho que no hacía falta juntar las manos. Jesús le dijo que todo lo que había que hacer era decir la oración de corazón y que Dios la escucharía. —Se detuvo un instante, aún escudriñando mi rostro, y luego continuó—: No sabía qué decir, así que le apreté la mano y no dije nada. Bobby no habla así. Era como si fuera otra persona la que hablaba por su boca... Me asusté.

Asentí de nuevo e intenté adoptar un tono tranquilizador.

—Debe de haber sido inquietante oír a Bobby hablar así. Pero no es infrecuente. A menudo, las personas que sufren un paro cardíaco o que van a enfrentarse a algo grave como una operación a corazón abierto cuentan que han visto a Jesús o a Dios. —Sentí que su brazo se relajaba un poco bajo mi mano y continué—. Sé que da miedo, porque no lo entendemos. Pero las personas que tienen estas experiencias suelen estar bien. No les turba. Por lo general, suelen sentirse más tranquilos y eso puede ayudar a Bobby a estar más relajado ante la operación. No significa que esté loco ni que tenga nada malo. Simplemente significa que estaba asustado por su problema de corazón y por la operación, igual que usted. Su experiencia de anoche lo ayuda a enfrentarse a ello.

Ginger suspiró profundamente y asintió.

—Pero... ¿recuperaré a mi niño?

—Volverá con un corazón más fuerte. —Sonreí y asentí—. Y quizá con más fe en que está en buenas manos y en que las cosas saldrán bien.

—Gracias, doctor —dijo Ginger. Sonrió y respiró profundamente—. Estaré bien.

Permanecí en silencio, intentando evaluar si se lo creía o no, y luego le pregunté:

—¿Quiere que vuelva más tarde?

—No, no —me dijo rápidamente—. Mientras la operación salga bien, estaré bien. —Se calló un momento y añadió—: Solo necesito aclararme con todo esto.

—¿Le gustaría hablar con el capellán del hospital?

—Igual sí —dijo, vacilante—. Pero mejor hablo con mi pastor cuando volvamos a casa.

Le di mi tarjeta y le dije que no dudara en llamarme si necesitaba hablar más, bien mientras Bobby siguiera en el hospital o cuando se fueran a casa. Ella me dio las gracias y me fui, preguntándome si debería hablarle de ella al capellán o no. Decidí no hacerlo y dejar que Ginger pidiera ayuda si quería. Escribí una breve nota en la historia clínica de Bobby, diciendo que había hablado con su madre para comentar sus preocupaciones sobre la operación y que estaría encantado de volver a verla si ella o el personal pensaban que era útil.

No es extraño que la familia y los amigos descubran que son sus propias actitudes, creencias y comportamientos los que cambian después de que alguien cercano tenga una ECM. Y lo mismo ocurre, como he podido descubrir, con los investigadores que estudian experiencias cercanas a la muerte. Muchas veces, cuando yo salía de casa para visitar a alguna de estas personas o asistir a un congreso sobre ECM, mi mujer, Jenny, se preguntaba si la persona que regresaría a casa seguiría siendo el mismo marido al que acababa de decir adiós. Y debo admitir que en ocasiones yo también me lo preguntaba. Lo que sí sabía era que adentrarse en las experiencias cercanas a la muerte me estaba haciendo crecer y cambiar mi concepción sobre cómo funcionan la mente y el cerebro y sobre quiénes somos realmente.

19

Una nueva visión de la realidad

Un día, mi novia del instituto, Jenny, se despertó a las cuatro de la mañana escuchando la voz alarmada de su madre: «¡A tu padre le pasa algo! ¡No se despierta! ¡Ayúdame!». Acompañó a su madre al dormitorio, y allí estaba su padre, tumbado de espaldas, inmóvil salvo por algún jadeo ocasional. En un momento dado, los jadeos cesaron. Jenny recordó todo lo que había aprendido como socorrista de la Cruz Roja y empezó a hacerle el boca a boca a su padre mientras su madre llamaba al médico. Estuvo intentando reanimarlo durante media hora, hasta que el médico llegó y certificó la muerte de su padre.

Veinticinco años después, Alice, mi suegra, vino a visitarnos a Jenny y a mí durante las vacaciones de Año Nuevo. Habíamos despertado a nuestro hijo y nuestra hija preadolescentes para ver la caída de la bola de Times Square por televisión. Fue un rato muy hogareño, comimos algo y vimos a la multitud congelada en Nueva York celebrando el año nuevo. Después, cuando los niños se fueron otra vez a la cama, Alice, Jenny y yo nos tomamos una copa de champán y reflexionamos sobre el año anterior y sobre nuestras esperanzas para el siguiente. Tras un silencio durante el cual Alice quizá estuvo recordando las nocheviejas de la época en la que eran ella y su marido quienes despertaban a sus hijos para ver la caída de la bola, mi suegra nos preguntó: «¿Os he contado alguna vez el sueño que tuve la noche antes de que muriera Jimmy?».

Jenny y yo nos miramos, y mi mujer negó sorprendida. Entonces, Alice nos contó que había soñado que estaba en una habitación oscura. Era consciente de que había un hombre allí, con ella. Se abrió una puerta y por ella entró una brillante luz blanca. El hombre se dirigió al umbral de la puerta y Alice quiso irse con él, pero no podía. No sentía miedo, sabía que el hombre iba a estar bien, pero quería irse con él. Luego él cruzó la puerta y desapareció en la luz, dejando a Alice en la oscuridad. Se despertó del sueño y se dijo: «Esto debe de ser lo que sientes cuando te mueres. Cruzas una puerta hacia la luz y dejas atrás a los demás. Tengo que contárselo a Jimmy por la mañana». Y se volvió a dormir. «Pero no tuve oportunidad —nos dijo—. Se murió antes de que pudiera contárselo.»

A Jenny y a mí nos sorprendió que no nos hubiera hablado antes de este sueño. Parecía una parte muy importante de todo lo relacionado con la muerte de su marido, pero nos lo contaba ahora casi como si se hubiera acordado por casualidad. Mientras la escuchaba hablar, lo único que podía pensar era en lo reconfortante que debía de haber sido aquella experiencia para Alice... y en lo reacia que había sido a hablar de ella durante todo un cuarto de siglo. Me hizo caer en la cuenta de que las experiencias espirituales que tienen que ver con la muerte suelen ser demasiado personales como para contárselas a otra persona, y que, por tanto, puede que ocurran mucho más a menudo de lo que creemos.

También me hizo darme cuenta de lo fácil que me había resultado escuchar el relato de Alice sin parpadear. Recordé lo descolocado que me había dejado que Holly hablara de la mancha de espaguetis en mi corbata. Sin embargo, décadas después, escuchar a mi suegra contando lo que parecía una premonición de la muerte de su esposo me parecía algo perfectamente plausible.

Los años que pasé en la facultad de Medicina formándome como psiquiatra y las décadas de estudio de experiencias cercanas a la muerte me han puesto delante toda una variedad de situaciones en las que parece que nuestros pensamientos y sentimientos no pueden explicarse como una mera función cerebral. He llegado a entender que algunas de las cosas que me habían enseñado sobre la mente y el cerebro son más bien suposiciones que hechos. La idea de que nuestra mente (nuestros pensamientos, nuestros sentimientos, nuestras esperanzas, nuestros miedos) son únicamente producto de nuestro cerebro físico no es un hecho científico, es una teoría filosófica que se propone como hipótesis explicativa de unos hechos científicos. Y es solo una de las muchas teorías que existen, algunas de las cuales pueden ofrecernos una explicación mejor sobre nuestros pensamientos y sentimientos. Estas décadas de estudio me han permitido sopesar con comodidad toda una variedad de teorías acerca de la mente y del cerebro y emplear modelos diferentes para distintas tareas.

A mi juicio, experiencias como las ECM tienen que ver tanto con el cerebro físico como con la mente no física. Podemos centrarnos en el cerebro físico y analizar los cambios químicos y eléctricos que se producen durante una ECM, o podemos ocuparnos de la mente no física y explorar los sentimientos de paz y amor, la percepción extracorpórea y los encuentros con seres queridos fallecidos. Ambos aspectos están ahí, tanto el físico como el no físico, y podemos observar cualquiera de los dos simplemente cambiando el enfoque. Podemos considerar las ECM como una función del cerebro físico o como una función de la mente no física, pero ninguna de las dos perspectivas proporciona por sí sola una descripción completa de la experiencia.

Hace casi veinte años, el neurocientífico Andy Newberg, de la Universidad de Pensilvania, midió el flujo sanguíneo del cerebro de unas monjas franciscanas mientras rezaban y descubrió que existía una mayor actividad en determinadas partes del cerebro. Cuando enseñó los resultados del escáner cerebral a sus colegas neurocientíficos, la respuesta fue puramente física: «¡Así que esas son las partes del cerebro que les hacen creer que están hablando con Dios!». Pero cuando se los enseñó a las monjas, la respuesta de estas combinaba lo físico y lo no físico: «¡Así que esas son las partes del cerebro que Dios usa para hablarnos!». Tal como concluyó Andy: «Los escépticos han usado mi hallazgo para confirmar que la experiencia religiosa no es más que una confabulación neuronal del cerebro, y los practicantes religiosos han citado mi trabajo como prueba de que los seres humanos están biológicamente "diseñados para Dios"».[202]

Así que cuando experiencias como las ECM pueden interpretarse de más de una forma, ¿cómo decidimos qué modelo usar? ¿Son resultado de cambios en el cerebro físico o son experiencias de la mente no física? ¿Tenemos que elegir o podemos recurrir a ambos?

Me parece plausible pensar que las ECM son fruto de una serie de alteraciones eléctricas o químicas en el cerebro que permiten que la mente experimente una separación del cuerpo en el momento de la muerte. No existe un conflicto inherente entre la hipótesis física y la hipótesis no física de las ECM. Lo físico y lo no físico son distintos niveles de explicación o de descripción. Es como decir que mi escritorio es de caoba —descripción física— y que mi escritorio es un legado de mi abuelo —descripción no física—. Ambas son correctas y ninguna es, por sí sola, una descripción completa de mi escritorio. Del mismo modo, la descripción física y la descripción no física de las ECM pueden ser correctas, pero ninguna ofrece por sí sola una imagen completa de las mismas.

En nuestra vida cotidiana, nuestras partes físicas y nuestras partes no físicas parecen funcionar juntas como una sola. Los cambios en el cuerpo físico pueden producir profundas alteraciones en la mente no física. Hace varios años algunos de mis amigos empezaron a jubilarse. Me daban envidia, pero no podía imaginarme jubilándome yo. Disfrutaba de mi práctica clínica tratando a pacientes con problemas psiquiátricos, disfrutaba

---

202. Esta cita aparece en la página 178 de Andrew Newberg y Mark Robert Waldman, *Why We Believe What We Believe*, Nueva York, Free Press, 2006.

enseñando a los estudiantes de medicina y a los de psiquiatría, y disfrutaba estudiando experiencias cercanas a la muerte. Si bien aquellas actividades no llegaron nunca a definir totalmente quién era yo, sí eran una parte tan grande y completa de mi vida que era incapaz de imaginar qué otra cosa podría llenar el inmenso hueco que se abriría si dejaba de dedicarme a ellas.

Después, mi cadera empezó a darme problemas y tuvieron que operarme para cambiarla. Tras la operación estuve en la cama varias semanas, y después más semanas de fisioterapia antes de poder regresar al trabajo. Para mi enorme sorpresa, aquellas semanas de baja forzosa me abrieron nuevas e inesperadas oportunidades que encontré igual de satisfactorias y emocionantes que mi trabajo como profesor de psiquiatría. Pude pasar más tiempo con mi mujer y también pude descubrir las distintas formas en las que podía contarle al mundo todo lo que había aprendido sobre las ECM. En un sentido muy real, el hecho físico de tener que operarme la cadera desencadenó un profundo cambio no físico en mi actitud, incluida la disposición a jubilarme.

Y así como los cambios físicos del cuerpo pueden operar transformaciones en nuestra mente, también los cambios en nuestros pensamientos y sentimientos no físicos pueden desencadenar transformaciones en nuestro cuerpo físico. Todo aquello que pensamos y sentimos produce cambios en nuestro cerebro. Al dejarnos arrebatar por una puesta de sol deslumbrante o al saborear una trufa de chocolate, o si nos alegramos por haber ayudado a quien lo necesita, todas estas sensaciones están asociadas con cambios eléctricos y químicos que ocurren en el cerebro. Las pruebas con resonancia magnética han demostrado que la meditación, práctica mental para enfocar nuestra mente no física, transforma, con el tiempo, el cerebro físico, reduciendo el tamaño de las áreas que reaccionan al estrés.[203] Y tanto las

203. Adrienne A. Taren, J. David Creswell, y Peter J. Gianaros, «Dispositional Mindfulness Co-Varies with Smaller Amygdala and Caudate Volumes in Community Adults», *PLOS ONE*, 8(5), 2013, e64574.

resonancias magnéticas como los electroencefalogramas de las personas que tienen una ECM muestran que meditar acerca de ella altera su cerebro físico,[204] haciendo que aumente la actividad eléctrica y el flujo sanguíneo en áreas relacionadas con las emociones positivas y las imágenes mentales. Las resonancias y las tomografías PET y SPECT realizadas a pacientes de psicoterapia muestran que transformar los pensamientos propios mediante psicoterapia, otro proceso que no es físico, modifica también el cerebro físico, haciendo que disminuya el flujo sanguíneo y la actividad metabólica en las regiones asociadas con la ansiedad o la depresión.[205]

Aunque en nuestra vida diaria el cerebro físico y la mente no física parecen funcionar como una sola unidad, las personas que han tenido una ECM insisten en que la experiencia de estar despiertos y conscientes mientras su cerebro está dañado les ha dejado la convicción de que, a veces, su mente puede actuar con independencia de su cerebro, o que no es solo un producto de su cerebro físico. Y eso también los lleva a creer que su mente o su consciencia pueden seguir existiendo una vez muerto el cuerpo físico. ¿Cómo debemos entender todo esto quienes no hemos tenido una ECM? Dado que la mayoría de estas personas aseguran que una ECM no puede expresarse adecuadamente con palabras y que necesitan recurrir a metáforas, ¿podemos realmente estar seguros de la forma en que debemos interpretar lo que experimentaron?

Supongo que muchos de los lectores serán como yo. Nues-

204. Mario Beauregard, Jérôme Courtemanche y Vincent Paquette, «Brain Activity in Near-Death Experiencers during a Meditative State», *Resuscitation*, 80(9), 2009, págs. 1006-1010.

205. David Linden, «How Psychotherapy Changes the Brain – The Contribution of Functional Neuroimaging», *Molecular Psychiatry*, 11(6), 2006, págs. 528-538; Jeffrey M. Schwartz, «Neuroanatomical Aspects of Cognitive-Behavioural Therapy Response in Obsessive-Compulsive Disorder: An Evolving Perspective on Brain and Behaviour», *British Journal of Psychiatry*, 173, suplemento 35, 1998, págs. 38-44.

tra vida se basa en los hechos que perciben nuestros ojos y oídos, y en las deducciones lógicas que hacemos a partir de ello. No hemos recibido ninguna revelación divina que nos diga lo que es verdad y lo que no lo es. La mayoría de las personas con experiencias cercanas a la muerte se sienten muy seguras de conocer la verdad debido a la prueba, muy personal, de su propia experiencia. ¿Dónde nos deja a los demás este hecho, si no hemos tenido ninguna ECM y no podemos contar con esa certeza? ¿Cómo podemos valorar las afirmaciones de estas personas sobre las verdades que les fueron reveladas en sus ECM?

He llegado a aceptar que no tenemos todas las respuestas. La incertidumbre y la ambigüedad ya no me asustan, porque estudiar las ECM me ha ayudado a estar más cómodo con el hecho de no tener todas las respuestas. Una tarde, hace un par de años, estaba tumbado, no dormido, pero sí muy relajado, en un estado de ensoñación, y tuve la sensación de que mi cuerpo se hacía cada vez más grande. Al principio, no tenía ningún sentimiento en concreto que acompañara a aquella sensación, pero a medida que seguía creciendo, parecía que me hubiera vuelto mucho más grande que el planeta Tierra. Según continuaba expandiéndome por el universo, alcanzando estrellas distantes, me di cuenta de pronto de que los átomos que formaban mi cuerpo no habían aumentado de tamaño, sino que yo seguía agrandándome porque la distancia entre mis átomos individuales aumentaba. Con sorpresa, reconocí esta experiencia como la misma que había tenido en aquel sueño terrorífico décadas atrás, la noche antes de dar una charla en la Asociación Estadounidense de Psiquiatría. Y, al igual que con aquel sueño, supe que todo aquello era solo producto de mi imaginación y de mis emociones. Pero mientras el primer sueño había sido aterrador, aquella experiencia fue dichosa. En vez de sentir pánico mientras iba y venía entre mis átomos, que se separaban unos de otros rápidamente, disfrutaba de la libertad de expandirme por el universo.

No tenía necesidad de mantener juntos los átomos de mi cuerpo, sino que disfruté de la sensación de explorar la inmensidad del cosmos.

Salí de aquella experiencia sintiéndome rejuvenecido y más vivo, no temblando y empapado en sudor como décadas atrás. Está claro que ahora soy mucho mayor y que esta segunda vez no me encontraba bajo la presión de dar una conferencia en público. Pero, con todo, aquella experiencia fue muy distinta de la del sueño aterrador que había tenido el mismo contenido, la misma trama. Creo que si ambas experiencias fueron distintas es porque yo era distinto. El efecto acumulativo de haber escuchado durante todos estos años a todas las personas que han experimentado una ECM me ha ayudado a ser capaz de aceptar lo desconocido y sentirme cómodo con lo inexplicable.

Durante cuarenta años, he podido ver cómo las experiencias cercanas a la muerte afectan profundamente tanto a las propias personas que las viven como a sus allegados. Y también he visto los efectos que han tenido en mí como investigador. Pero ¿qué hay de las personas que no han tenido esta larga relación con las experiencias cercanas a la muerte? ¿Pueden verse afectadas también por las ECM?

Pues resulta que, de hecho, algunos de estos cambios en las actitudes, los valores y el comportamiento que observamos en quienes han tenido una ECM han llegado a manifestarse también en otras personas que simplemente han tenido noticia de alguna ECM a través de terceras personas. El psicólogo Ken Ring denomina a estos efectos un «virus benigno» que las personas pueden contraer a partir de quienes han tenido una ECM o de otras personas que también han sido infectadas a su vez.[206] En la literatura médica existe un número creciente de informes clínicos

---

206. Kenneth Ring y Evelyn Elsaesser Valarino, *Lessons from the Light*, Nueva York, Insight/Plenum, 1998.

que demuestran que el hecho de conocer la existencia de las ECM puede brindar consuelo, esperanza o inspiración a personas que no han tenido estas experiencias.

Hay cinco investigaciones realizadas con estudiantes universitarios que nos confirman estos efectos. En una de ellas, llevada a cabo en la Miami University de Ohio, se descubrió que más del 80 por ciento de los estudiantes de un curso de sociología en el que se estudiaban las ECM experimentaba un mayor sentimiento de empatía hacia los demás y una mayor autoestima tanto al acabar el semestre como un año después, cuando se les hizo un seguimiento.[207] Otro estudio de la Universidad Estatal de Montana descubrió que aquellos estudiantes de enfermería que hacían un curso sobre ECM manifestaban un menor miedo a la muerte, una vocación más espiritual y una mayor sensación de tener un propósito en la vida.[208] Dos estudios distintos de la Universidad de Connecticut mostraron que los estudiantes universitarios de una clase de psicología sobre las ECM mostraban más aprecio por la vida, mayor aceptación de sí mismos y una mayor empatía hacia los demás.[209] También un mayor sentido de espiritualidad, menos interés en las posesiones materiales y menos miedo a la muerte.

Y una investigación de la Universidad de Massey, en Nueva Zelanda, comparó los resultados de un grupo de estudiantes, escogidos al azar, que vio material educativo *online* sobre las ECM, con los de un segundo grupo que no vio dicho material. Quienes habían accedido a la información sobre las ECM mostraban un mayor aprecio por la vida,[210] una mayor espiritualidad

207. Charles Flynn, *After the Beyond*, cit.
208. Kenneth Ring, «The Impact of Near-Death Experiences on Persons Who Have Not Had Them: A Report of a Preliminary Study and Two Replications», *Journal of Near-Death Studies*, 13(4), 1995, págs. 223-235.
209. Kenneth Ring, *The Omega Project*, Nueva York, William Morrow, 1992; Ring, «The Impact of Near-Death Experiences», art. cit.
210. Natasha Tassell-Matamua, Nicole Lindsay, Simon Bennett, *et al.*, «Does Learning about Near-Death Experiences Promote Psycho-Spiritual

y una actitud más positiva ante la muerte; y menos ansiedad por las posesiones materiales y los logros.

También se incluyó información sobre las ECM en el plan de estudios de ciencias de la salud de un instituto de Kentucky, incluida la charla de una profesora que les habló de su propia ECM, desencadenada tras sufrir un aneurisma.[211] La profesora les explicó que había dejado su cuerpo y que se sentía en paz, y que después de haber pasado por esta experiencia sentía un renovado vigor por seguir viviendo y no le tenía miedo a la muerte. Un informe preliminar sobre los efectos que puede tener la formación sobre ECM indica que los alumnos manifiestan cambios positivos en sus emociones y en su conducta. Así, los seis estudios que se han desarrollado hasta el momento han concluido que instruir a los alumnos de secundaria, universitarios o de enfermería sobre las ECM tiene efectos positivos en ellos.

Después de décadas dedicadas a enseñar a médicos, enfermeras, capellanes de hospitales y diversos profesionales sanitarios acerca de las experiencias cercanas a la muerte, me entusiasma comprobar que el conocimiento de las ECM está empezando a influir también en la práctica de la atención médica. Numerosas facultades de Medicina y Enfermería incluyen hoy las ECM en sus planes de estudios.[212] En los últimos años, esta formación ha inspirado nuevos enfoques para el tratamiento de los pacientes, ya que los sanitaros están más sensibilizados con el

Benefits in Those Who Have Not Had a Near-Death Experience?», *Journal of Spirituality in Mental Health*, 19(2), 2017, págs. 95-115.

211. Glenn E. Richardson, «The Life-after-Death Phenomenon», *Journal of School Health*, 49(8), 1979, págs. 451-453.

212. Robert D. Sheeler, «Teaching Near Death Experiences to Medical Students», *Journal of Near-Death Studies*, 23(4), 2005, págs. 239-247; Mary D. McEvoy, «The Near-Death Experience: Implications for Nursing Education», *Loss, Grief & Care*, 4(1-2), 1990, págs. 51-55.

tema y la frecuencia y los efectos que las ECM tienen en sus pacientes.[213] Los estudios han demostrado que incluir información sobre las ECM en el tratamiento de pacientes con tendencias suicidas que no han respondido a la terapia convencional puede reducir o erradicar dichas tendencias.[214] Otras investigaciones han demostrado que la información sobre las ECM puede ayudar a sobrellevar mejor el sufrimiento de las personas que atraviesan un proceso de duelo, lo que supone menos sentimientos de ansiedad, ira o culpa, y las ayuda a sentirse de nuevo vinculadas con la vida.[215] Por tanto, parece que las experiencias cercanas a la muerte pueden tener un efecto dominó en toda la sociedad, ayudando a la gente a abordar sus preocupaciones sobre la muerte y a mejorar su capacidad para disfrutar de la vida y sentir empatía.

Cada vez existen más pruebas de que difundir el conocimiento de la existencia de las experiencias cercanas a la muerte y de sus implicaciones no solo tiene la capacidad de influir positivamente en las personas, sino que ya lo está haciendo. Fue Joe Geraci, el hombre que casi se desangra tras una operación a los treinta y seis años, quien me lo hizo ver de este modo:

«Creo que nuestra sociedad puede ser muy negativa: "No hagas esto. No hagas aquello", un sistema cerrado muy de blanco y negro. Pero si la gente se limitara a amar y cuidar, no habría

213. Ryan D. Foster, Debbie James, y Janice Miner Holden, «Practical Applications of Research on Near-Death Experiences», en *The Handbook of Near-Death Experiences*, cit., págs. 235-258.
214. John M. McDonagh, «Introducing Near-Death Research Findings into Psychotherapy», *Journal of Near-Death Studies*, 22(4), 2004, págs. 269-273; Engelbert Winkler, «The Elias Project: Using the Near-Death Experience Potential in therapy», *Journal of Near-Death Studies*, 22(2), 2003, págs. 79-82.
215. Mette Marianne Vinter, «An Insight into the Afterlife? Informing Patients about Near-Death Experiences», *Professional Nurse*, 10(3), 1994, págs. 171-173; Bruce J. Horacek, «Amazing Grace: The Healing Effects of Near-Death Experiences on Those Dying and Grieving», *Journal of Near-Death Studies*, 16(2), 1997, págs.149-161.

necesidad de preocuparnos por todo lo que no se debe hacer. No la habría. Sé que esto suena muy idealista y poco práctico, pero creo que el amor puede ser tan contagioso como el odio.

»Y para hacer eso, las personas tenemos que empezar por algún lado. A pequeña escala, yo, contándote mi experiencia, y otra persona, leyendo lo que vas a escribir. Se multiplica superrápido. Y no soy yo el único que ha tenido esta experiencia. Hay miles de personas en todo el mundo. ¡Multiplica mi historia por mil y verás lo rápido que crece! Puede hacerse. De hecho, el proceso ya está en marcha.

20

Vida antes de la muerte

Gran parte del interés general que despiertan las experiencias cercanas a la muerte tiene que ver con la esperanza de que puedan decirnos algo acerca de la vida después de la muerte. Y de hecho, la mayoría de las personas que han tenido una de estas experiencias regresan convencidas de que una parte de nosotros sigue existiendo después de la muerte. Pero también consideran que las lecciones que extraen sobre la vida antes de la muerte tienen igual importancia. A menudo, las ECM les dan una nueva perspectiva sobre lo que hace que esta vida tenga un propósito y un sentido. Aunque este libro se titula *Después de la muerte*, no habla solo de lo que puede sucederles a las personas después de morir, sino también de lo que les sucede en esta vida después de tener una ECM. Según entiendo yo las experiencias cercanas a la muerte, no tienen tanto que ver, en última instancia, con la muerte, sino con transformar, renovar e infundir un propósito a nuestras vidas en el momento actual.

Mi deseo es que este libro contribuya a ampliar la discusión sobre las ECM más allá de lo que nos enseñan de la mente y del cerebro y de una posible vida después de la muerte. Desearía que esa discusión se ampliara a los problemas más críticos de nuestra vida aquí y ahora. Es posible que después de la muerte vayamos a encontrarnos en otro lugar, pero ahora estamos aquí. Después de trabajar durante medio siglo con personas que han tenido experiencias cercanas a la muerte, he aprendido varias lecciones sobre lo que implican para nosotros en este momento.

Lo primero que aprendí es que las ECM son experiencias comunes que pueden ocurrirle a cualquiera. La mayoría de los investigadores estima que entre un 10 y un 20 por ciento de las personas que llegan a encontrarse próximas a la muerte dice haber tenido una ECM, esto es, un 5 por ciento de la población general. Ninguno de los numerosos estudios desarrollados durante los últimos cuarenta años ha logrado detectar ninguna variable que nos permita predecir quién va a tener una ECM y quién no. Les suceden a hombres y a mujeres, a personas de todas las edades, todas las religiones y de todos los grupos étnicos. En absoluto son episodios extraños, ni experiencias que solo tiene cierto tipo de personas. ¿Qué significa esto para quienes no hemos tenido una ECM? El hecho de que las ECM sean experiencias comunes que pueden pasarle a cualquiera significa que, tarde o temprano, conoceremos a alguien que haya tenido una, si es que no lo conocemos ya. Si en Estados Unidos una de cada veinte personas ha tenido una ECM, es probable que todos los estadounidenses conozcan a alguien, de su familia extensa o de su trabajo o de su clase, que haya tenido una.

La segunda lección es que las ECM son experiencias normales que ocurren a las personas en circunstancias excepcionales. Los recuerdos de las ECM son como los recuerdos de las cosas reales y no como los recuerdos de las fantasías o cosas que imaginamos. Nuestro cerebro procesa las ECM como sucesos que ocurren en la realidad, no como sueños ni como alucinaciones. Ninguno de los numerosos estudios realizados ha detectado la existencia de vínculo alguno entre las ECM y algún tipo de trastorno mental. De hecho, lo que varios de estos estudios sugieren es que las ECM pueden ofrecernos cierta protección contra el posible desarrollo de un trastorno mental después de haber tenido un contacto cercano a la muerte. ¿Qué significa esto para el resto de nosotros? El hecho de que las ECM sean experiencias normales y no señal de una patología mental significa que quienes pasan por una de estas experiencias no deben ser derivadas a un terapeuta o profesional en salud mental solo por haber tenido una ECM. Lo que necesitan que les ofrezcamos es la seguridad de que los consideramos «normales», la validación de que su experiencia fue real y la oportunidad de compartirla con nosotros y llegar a comprenderla.

La tercera lección es que las ECM suelen dejar una serie de secuelas profundas y duraderas. Independientemente de que estas secuelas sean positivas —por ejemplo, una mayor capacidad para disfrutar de la vida— o negativas —por ejemplo, una dificultad para volver al trabajo o al estilo de vida anterior—, generalmente es útil reconocer y abordar estos cambios y lo que pueden suponer tanto en la vida como en las relaciones personales de quien la experimenta. Aunque la mayoría de quienes tienen una ECM se enfrentan a estas transformaciones por sí mismos, sus familiares y amigos, así como los profesionales de la salud con los que traten, deben ser conscientes de la existencia de estas secuelas y estar atentos a cualquier indicio de que la persona necesita ayuda. Si uno tiene una relación cercana con una persona que ha tenido una ECM, es posible que deba estar al tanto de los cambios en su relación y quizá también ayudarla a decidir qué cosas desea transformar en su vida para incorporar esos efectos de la ECM.

La cuarta lección es que las ECM hacen que disminuya el miedo a la muerte. La mayoría de la gente da por hecho que la muerte debe de ser una experiencia aterradora. Sin embargo, casi todas las personas que han tenido una ECM afirman que esa experiencia redujo en gran medida su miedo a morir, y muchas dicen que incluso lo anuló por completo. Esto se produce independientemente de que la ECM fuera una de las típicas experiencias felices o una de las que raramente son aterradoras. Saber que las ECM quitan el miedo a la muerte a quienes las han vivido puede hacernos pensar de manera diferente sobre nuestra propia muerte. Saber que, cuando nos morimos, el proceso suele ser pacífico e incluso dichoso puede hacernos pensar que no debemos tener miedo a morir. También puede hacer que nos preocupemos menos por el sufrimiento que puedan experimentar nuestros seres queridos en el momento de su muerte. Sin embargo, no debemos pensar que esto evitará nuestro proceso de duelo. La muerte de un ser querido sigue entrañando la pérdida de una relación y de una historia compartida. Incluso si no estamos preocupados por su sufrimiento, sentiremos el dolor de su pérdida. Las personas que han tenido una ECM siguen lamentando la pérdida de los demás cuando estos mueren.

Consecuencia de la disminución del miedo a la muerte es que, paradójicamente, las ECM también reducen el miedo a la vida. Muchos de los que han experimentado una ECM aseguran que, puesto que ya no temen a la muerte, tampoco sienten que haya tanto que perder como pensaban. No sienten la necesidad de mantener un control tan estricto sobre su vida, sino que se sienten libres de asumir algunos riesgos. El hecho de que perder el miedo a la muerte lleve a estas personas a tenerle menos miedo a la vida puede animarnos a los demás a abrirnos y a disfrutar de todo lo que la vida tiene que ofrecernos y a que cometer errores nos importe menos.

Y eso nos lleva a la quinta lección: tener una ECM hace que las personas lleguen a vivir más plenamente el momento presente, en vez de dedicarse a revivir en el pasado o a fantasear con el futuro. Yo intuyo que esta tendencia a vivir el presente se debe, al menos en parte, a la experiencia de haber estado a punto de morir, es decir, a encontrarse en un momento que creen que será el último. Por tanto, a mi juicio tiene sentido que las personas que han tenido ECM sean capaces de seguir viviendo con el recuerdo de esa experiencia y, a causa de ello, intenten aprovechar al máximo cada uno de sus días. Todos aquellos que han sobrevivido a una ECM han creído que estaban viviendo sus últimos momentos, sin posibilidad de decir adiós ni de dejar resueltos los asuntos pendientes.

Si todos pensáramos que este momento, el que estamos viviendo ahora mismo, podría ser el último, ¿cómo nos portaríamos con nuestros amigos, nuestros hijos, nuestras parejas, los desconocidos que encontramos por la calle, e incluso con nosotros mismos? El ejemplo de estas personas que han tenido una ECM y, después de haber estado a punto de morir, intentan vivir con más intensidad el presente puede hacer que el resto nos decidamos también a disfrutar de la vida más plenamente y a vivir el momento. Y aprovechar al máximo la vida, vivir la vida más plenamente en el presente, nos permite apreciar y valorar no solo la alegría sino también el dolor de todas nuestras experiencias.

A John Wren-Lewis le envenenaron para intentar robarle cuando viajaba en autobús por Tailandia con su mujer, Ann Faraday.[216] Al rato, Ann se dio cuenta, alarmada, de que a John se le estaban poniendo azules los labios; cuando trató de buscarle el pulso, no se lo encontró. Consiguió llegar hasta un hospital cercano, donde los médicos no parecían tener mucha esperanza de salvarlo. Dando por hecho que lo habían drogado —táctica que emplean comúnmente los ladrones de esa región—, le pusieron un antídoto contra los narcóticos, oxígeno y un gotero intravenoso. Revivió unas siete horas después, tras haber tenido

---

216. John ha contado su ECM en John Wren-Lewis, «The Darkness of God: A Personal Report on Consciousness Transformation through an Encounter with Death», *Journal of Humanistic Psychology*, 28(2), 1988, págs. 105-112.

una ECM profundamente conmovedora, en un estado que llamó «consciencia de la eternidad». Me habló de cómo había adquirido un aprecio mayor por la vida, y cómo esa actitud permaneció con él para siempre:

«Igual que soy capaz de sacar más placer que antes a todas esas "buenas" experiencias como las puestas de sol, el canto de los pájaros, el arte, la gente agradable y la buena comida, también soy capaz de obtener placer de cosas que en mi anterior estado hubiera llamado desagradables: por ejemplo, la habitación del hospital tailandés, un día muy húmedo, o un resfriado. Este último descubrimiento, el hecho de poder disfrutar positivamente de un resfriado, no regodearme simplemente en la indulgencia de pasar un día en la cama, sino disfrutar realmente de las inusuales sensaciones de mi nariz y garganta, fue una gran sorpresa.

»Por esa misma época, descubrí que el tinnitus, un pitido en los oídos que he tenido durante algunos años, había dejado de ser una molestia leve, que en el mejor de los casos a veces conseguía olvidar, y se había convertido en un sonido delicioso al que recibía como a un viejo amigo cada vez que se imponía a mi atención. De hecho, empecé también a disfrutar del cansancio y de los muchos pequeños dolores que aquejan a un cuerpo de sesenta años».

Ver que estas experiencias pueden llevar a las personas a abordar cada uno de los días como si fuera el último puede impulsarnos a llenar nuestra existencia no solo de obligaciones, sino también de alegría, sabiendo que puede que no tengamos una segunda oportunidad. Tal como escribió la poeta Patricia Clafford, «tu trabajo seguirá estando ahí cuando hayas terminado de enseñarle ese arcoíris al niño, pero el arcoíris no seguirá estando ahí cuando termines tu trabajo». Vivir plenamente cada momento no significa dejar de planear cosas para el futuro o de recordar el pasado. Significa estar plenamente en el presente mientras planificamos o rememoramos y dejarnos absorber por completo por la experiencia del momento.

La sexta lección es que las ECM nos plantean determinadas preguntas sobre la relación entre la mente y el cerebro. En nuestra vida diaria a menudo parece como si el cerebro y la mente fueran la misma cosa. Pero casi todas las personas que han tenido una ECM cuentan que durante la experiencia sus pensamientos y su percepción se volvieron más claros que nunca, justo en un momento en el que sus cerebros estaban gravemente dañados. Además, a veces hablan de haber podido percibir con precisión cosas que ocurrían en torno a su cuerpo, pero desde un punto de vista exterior a su cuerpo físico. Todas estas paradojas nos indican que necesitamos un modelo diferente para explicar cómo interactúan el cerebro y la mente. Lo que nos sugieren es que quizá el cerebro físico esté actuando como un teléfono móvil, recibiendo los pensamientos y sentimientos de la mente no física y convirtiéndolos en señales eléctricas y químicas para que el cuerpo pueda entenderlas y utilizarlas. Y también nos sugieren que, al menos en circunstancias extremas, la mente puede funcionar perfectamente sin un cerebro que la filtre.

Ignoro si la propuesta de una mente que opera de forma separada del cerebro es la mejor explicación para aquellas ECM en las que las personas tienen una visión precisa desde un punto de vista externo a su cuerpo físico. Pero no tengo ninguna explicación alternativa para ese hecho. Y tampoco sé si la idea de que el cerebro actúa como un filtro de los pensamientos y los sentimientos, igual que los ojos actúan como filtros de las ondas lumínicas, es la mejor explicación para aquellas ECM en las que las personas pueden pensar y ver con claridad mientras su cerebro está gravemente dañado. Sin duda, este modelo plantea más preguntas sobre qué es y dónde está la mente y sobre cómo interactúa exactamente con el cerebro. Pero tampoco tengo ninguna otra explicación para este hecho. Es posible que acabe por ocurrírsenos otra explicación, pero hasta entonces, la idea de que la mente y el cerebro son entidades separadas, y que el cerebro actúa como filtro de nuestros pensamientos y nuestros sentimientos, parece ser la hipótesis de trabajo más plausible.

Las cuestión que plantean las ECM acerca de la relación entre nuestros pensamientos y sentimientos y nuestro cerebro puede hacer que nos preguntemos si somos únicamente máquinas biológicas o algo más que eso. Independientemente de que uno piense que la idea de una mente que funciona con independencia del cerebro tiene sentido o no, las ECM deberían hacerle sentir cierto escepticismo ante nuestras actuales hipótesis para explicar cómo funcionan el cerebro y la mente, y también sobre si nuestros pensamientos y sentimientos pueden ser algo más que cambios eléctricos y químicos en nuestras células cerebrales.

La séptima de estas lecciones es que las ECM nos plantean interrogantes acerca de la posible existencia de la consciencia después de la muerte. Si es cierto que nuestra mente puede funcionar en circunstancias extremas sin un cerebro físico, también sería posible que continuara existiendo una vez muerto el cerebro. Puede que la respuesta a la cuestión de qué sucede después de la muerte exceda el alcance de nuestros métodos científicos actuales, o puede que esté más allá de la capacidad de nuestra imaginación científica. Pero es muy probable que la respuesta científica, si es que llegamos a obtenerla alguna vez, nos llegue a través de pruebas indirectas, como el rastro que dejan las partículas subatómicas en una cámara de burbujas. Ignoro si la mejor forma de explicar las ECM en las que las personas ven a seres queridos que han fallecido y que nadie sabía que habían muerto es mediante la existencia de algún tipo de consciencia que permanece después de la muerte. Pero no tengo ninguna alternativa para explicar este hecho. Puede que al final encontremos otra explicación, pero hasta entonces, la existencia de algún tipo de consciencia posterior a la muerte parece ser la hipótesis de trabajo más plausible.

Las pruebas de que en condiciones extremas podemos percibir cosas más allá de lo que nuestros sentidos físicos ven y oyen, y de que podemos recordar cosas que nuestro cerebro físico no ha procesado, nos llegan no solo de las ECM, sino de diversas vías de investigación. Así que, para mí, tiene sentido vivir como si estos fueran realmente los hechos: que somos algo más que nuestro cuerpo físico, que una parte de nosotros sigue existiendo después de que nuestro cuerpo deja de funcionar y que puede que estemos íntimamente conectados con algo mayor que nosotros mismos. Y eso tiene tremendas implicaciones en nuestra forma de vivir y en lo que hace que nuestras vidas sean significativas y valiosas.

Hace varios años, me invitaron a visitar el complejo del Dalai Lama en Dharamsala, en la India, para participar en un diálogo entre sabios budistas y científicos occidentales en torno a la mente y la materia.[217] Presenté mi investigación científica acerca de si la consciencia es o no producto del cerebro, apoyándome en gran medida en los datos obtenidos de las ECM. A diferencia del público habitual ante el que normalmente suelo hablar en Estados Unidos, los monjes budistas estaban bastante familiarizados con las experiencias que describía, aunque les sorprendió descubrir que había científicos estudiándolas.

Sin embargo, para mí lo más importante fue un comentario que hizo el propio Dalai Lama acerca de las diferencias entre la ciencia occidental y el budismo. Ambas disciplinas, explicó, están basadas en la observación y la lógica deductiva, y, en su búsqueda de la verdad, ambas privilegian la experiencia por delante de las creencias. Pero, añadió, parece que los científicos occidentales desean comprender cómo funciona el mundo natural para cambiarlo y controlarlo. Es decir, el objetivo de la mayoría de los científicos es dominar nuestro entorno. Los bu-

217. Bruce Greyson, «Is Consciousness Produced by the Brain?», en *Cosmology and Consciousness*, Bryce Johnson (ed.), Dharamsala, India, Library of Tibetan Works and Archives, 2013, págs. 59-87.

distas, por su parte, desean comprender cómo funciona el mundo para vivir de forma más armoniosa con él. En otras palabras, el objetivo del budismo es coexistir con la naturaleza —y no dominarla—, para reducir nuestro sufrimiento. Reconocer esta diferencia me afectó profundamente y me ha hecho cuestionarme todo aquello que hago como científico, por qué lo hago y cuál es su utilidad. También me hizo plantearme mis motivaciones a la hora de acometer una investigación, y pasar del «¿Qué podemos aprender de estos resultados sobre cómo funciona el mundo?» a «¿Cómo podrían estos resultados ayudarnos a reducir el sufrimiento que hay en el mundo?»

Ambos objetivos, controlar la naturaleza y reducir el sufrimiento, no son necesariamente excluyentes. La ciencia médica estudia las enfermedades tanto para cambiar su curso como para aliviar el sufrimiento de los pacientes. Pero lo que sugiere la perspectiva budista es que comprender incluso aquellos fenómenos que no podemos cambiar puede ayudarnos a aliviar el sufrimiento del mundo. Las experiencias cercanas a la muerte están más allá de nuestro control y no hay razón para pensar que esto vaya a cambiar alguna vez. Pero podemos entenderlas y entender sus consecuencias. Y las pruebas que tenemos hasta ahora sugieren que comprenderlas mejor —incluir las ECM en nuestra ciencia y nuestra medicina— puede ayudarnos a reducir el sufrimiento.

¿Qué significa todo esto para quienes no hemos tenido ECM? Pensemos en un posible tercer *después* relacionado con este libro. Además de lo que podría suceder después de la muerte y lo que sucede después de una ECM, me gustaría pensar también en lo que puede ocurrir después de la lectura de este libro. Desearía que las reflexiones que el lector extraiga de mis palabras no terminen en el momento en que cierre este libro, sino que sigan vivas en lo que piensa y siente sobre la vida, la muerte y más allá.

Con independencia de cómo interpretemos las causas de las ECM, es indudable que estas experiencias nos demuestran que aún tenemos mucho que aprender sobre la mente y sus capacidades. Pero todavía más, las ECM parecen dar a aquellas personas que las han experimentado la chispa necesaria para reevaluar su vida e imprimir cambios en la forma en que invierten el tiempo y en el modo en que se relacionan con el resto de las personas. Nos dicen que la muerte es más paz y luz que miedo y sufrimiento. Nos dicen que la vida es más búsqueda de sentido y empatía que de riquezas y poder. Nos dicen que apreciar tanto los aspectos físicos como los no físicos de la vida nos proporciona una comprensión mucho más completa. Y los hechos nos muestran que las experiencias cercanas a la muerte llegan a transformar la vida no solo de aquellas personas que las viven y de sus seres queridos, o de los investigadores que las estudian. Las ECM también pueden transformar la vida de quienes leen sobre ellas y, en última instancia, o eso creo, pueden incluso ayudarnos a cambiar la forma en que nos vemos y nos tratamos unos a otros. Espero que haber aprendido algo sobre las experiencias cercanas a la muerte dé también a los lectores la chispa necesaria para realizar una reevaluación de su vida y para reconectar con aquellas cosas que la dotan de significado y la llenan cada vez de mayor alegría.

Agradecimientos

Tengo muy claro que no podría haber escrito este libro —ni haber disfrutado de la carrera que he desarrollado— sin la guía y la colaboración de muchas personas que me han prestado su ayuda a lo largo de los años. Y merecen gran parte del mérito por haberme orientado y animado durante este viaje. En primer lugar, debo expresar mi agradecimiento infinito a la gran cantidad de personas que han experimentado una ECM y han participado en mi investigación, algunas de las cuales han cumplimentado mis cuestionarios sobre sus experiencias cercanas a la muerte durante más de cuarenta años. Muchos de ellos han aportado comentarios profundos a esta investigación y me han hecho sugerencias útiles para futuros estudios. Sin la generosa entrega de su tiempo, sus conocimientos y su perspectiva, este trabajo no hubiera sido posible. Me siento privilegiado de poder contar aquí todo lo que he aprendido de ellos.

Tengo una deuda tremenda con mi padre, Bill Greyson, quien desde muy temprana edad me inculcó su pasión por la ciencia y por el conocimiento basado en hechos antes que en creencias; y con mi madre, Debbie Greyson, quien desde muy pequeño me enseñó que nada de lo que hacemos significa demasiado a menos que provenga del corazón; a ambos les doy las gracias por educarme en la idea de que, sea lo que sea lo que hagas con tu vida, la medida de tu éxito estará en si has ayudado a otras personas.

También siento un profundo agradecimiento hacia el difunto Ian Stevenson, que me enseñó a aplicar el método científico al estudio de los fenómenos que no tienen explicación, y a Raymond Moody, quien me introdujo en las experiencias cercanas a la muerte, igual que lo hizo con tantas otras personas. También estoy en deuda con todos los pioneros que cofundaron junto a mí la Asociación Internacional de Estudios Cercanos a la Muerte (www.iands.org), la organización que ha conseguido poner las experiencias cercanas a la muerte en el mapa: Ken Ring, quien abrió el camino hacia el riguroso estudio de experiencias cercanas a la muerte, Michael Sabom y John Audette.

Además, quiero expresar mi gratitud a todos aquellos colegas que tanto han colaborado y mejorado mi investigación de las experiencias cercanas a la muerte, en particular el fallecido Ian Stevenson, Ken Ring, Emily Williams Kelly, Surbhi Khanna, Jan Miner Holden, Ed Kelly, Nancy Evans Bush, Masayuki Ohkado, Sam Parnia, Peter Fenwick, Barbara Harris Whitfield, Lauren Moore, Marieta Pehlivanova, Rense Lange, Jim Houran, Mitch Liester, Geena Athappilly, Adriana Sleutjes, Alexander Moreira-Almeida, Enrico Facco, Christian Agrillo, Karl Jansen, Evgeny Krupitsky, Je Long, Pim van Lommel, Ross Dunseath, el difunto John Buckman, Debbie James, Cheryl Fracasso, Harris Friedman, el difunto Chuck Flynn, David Hufford, Jim Tucker, Paul Mounsey, Alan Marty, Nathan Fountain, Lori Derr, Donna Broshek, Jim Council, Karen Packard, Lisa Hacker, Charles Paxton, Claudia Szobot, Charlotte Martial, Héléna Cassol, Vanessa Charland-Verville, Steven Laureys y Enzo Tagliazucchi. He tenido la particular fortuna de haber tenido como colaboradores a algunos investigadores que han experimentado una ECM en primera persona y han impedido que me desviara de la experiencia y privilegiara mi enfoque científico lógico, y otros colaboradores que no han tenido ninguna ECM y han impedido que me desviara de mi enfoque científico lógico y privilegiara la experiencia.

También estoy profundamente en deuda con mis colegas de

la División de Estudios de la Percepción de la Universidad de Virginia (www.uvadops.org), que han mejorado mi trabajo, entre ellos Ed Kelly, Emily Williams Kelly, Jim Tucker, Lori Derr, Marieta Pehlivanova, Carlos Alvarado, Nancy Zingrone, Kim Penberty, Ross Dunseath y Christina Fritz; y a Sue Ruddock, Pat Estes y Diane Kyser, que me han ayudado inmensamente con el trabajo cotidiano de mi investigación. La División de Estudios de la Percepción, que aunque no recibe financiación de la universidad para el desarrollo de sus investigaciones, ha llevado a cabo rigurosos estudios científicos durante más de medio siglo, financiados en su totalidad por donaciones, me brindó un lugar seguro para explorar el mundo desconocido, y hoy sigue haciéndolo con otros investigadores.

También estoy inmensamente agradecido a los fallecidos Chester F. Carlson y Priscilla Woolfan, cuyas donaciones financiaron mi cátedra en la Universidad de Virginia; a las fundaciones de investigación sin ánimo de lucro que han financiado mi investigación a lo largo de los años, en particular la Fundación BIAL (Fundação BIAL), el Instituto de Áreas Fronterizas de Psicología y Salud Mental (Institut für Grenzgebiete der Psychologie und Psychohygiene), el fondo Japón-EE. UU. para Ciencias de la Salud, el Fondo Azuma Nagamasa, la Fundación James S. McDonnell, la Fundación Hermanos Bernstein y el Instituto Fetzer (anteriormente Fundación John E. Fetzer); al apoyo que han prestado a esta investigación Richard Adams, Cheryl Birch y David Leiter; y al apoyo de mis colegas de las universidades de Virginia, Michigan y Connecticut.

También debo reconocer mi deuda con los muchos colegas que a lo largo de las décadas han analizado y detectado puntos ciegos en mi investigación. Sin duda, sus críticas han mejorado la calidad de mi trabajo y han contribuido a que comprendamos mejor las experiencias cercanas a la muerte.

Hay pocos libros que estén escritos por una sola persona, y con este yo he recibido mucha ayuda. Tengo una deuda enorme con las muchas personas que han tenido una ECM y que son la fuente de los relatos originales que he citado en este libro. Cada una de las palabras que he escrito las leyó en primer lugar mi mujer, Jenny, que me conoce mejor que yo mismo. Se aseguró de que todas las descripciones de mi reacción a dichos relatos fueran auténticas y de que los sentimientos y el tono sonaran genuinos. Después lo leyó mi brillante colaborador Jason Buchholz, que me enseñó a dar vida a la historia y a convertir el libro que yo quería escribir en un libro que los demás quisieran leer. Por último, mi hermana mayor, más lista que yo, Nancy Beckerman, detectó y corrigió concienzudamente todos mis errores y todas las ambigüedades, tal como ha hecho a lo largo de mi vida.

Le debo un eterno agradecimiento al visionario equipo de Idea Architects, que me ayudó a hacer realidad mi idea inicial y convertirla en este libro, en particular a Doug Abrams y Lara Love Hardin, cuyo entusiasmo y pasión por mi trabajo fue una guía fundamental. También debo expresar mi agradecimiento a George Witte, mi editor en St. Martin's Press, que me brindó muy buena orientación y consejos prácticos durante la elaboración de este libro. Estoy en deuda con Steve Bhaerman, también conocido como Swami Beyondananda, que hace cuarenta años me animó a escribir un libro; y con Rebecca Valla, una psiquiatra infinitamente lúcida con un corazón de oro, quien me hizo sentarme y comprender mi renuencia a exponerme en un escrito por mi carácter introvertido.

Finalmente, quiero expresar mi eterna gratitud a Jenny Greyson, mi brújula, mi ancla, mi compañera de vida y mi mejor amiga a lo largo de más de medio siglo, quien ha sido mi roca en los altibajos de la investigación sobre las experiencias cercanas a la muerte durante la mayor parte de nuestra vida juntos. Sin su amor y su apoyo nunca podría haber crecido como padre, amigo, psiquiatra o escritor.

Índice alfabético